土偶と縄文社会

阿部 芳郎 編

雄山閣

はじめに

　土偶は考古学の黎明期から人種民族論争の中で注目をあつめ、また各地の好事家たちに愛玩された遺物である。縄文時代にはさまざまな祭祀具と呼ばれる道具が出現する。その中で土偶は石棒と並んで祭祀具の代表格である。

　近年では全国的な資料集成も進められ、各地における土偶の多様な在り方がわかってきた。そうした動向も関係し、近年では各地での型式学的な検討が盛んである。こうした研究動向は明治期以来の土偶研究のなかで、1つの画期ともいえる。

　また、ここ数年来、縄文土偶を集めた展示会は国内外で注目を集め好評を博していると聞く。人形の造形は遠い時間と空間を現代に結びつける役割を演じて愛好者も多い。では土偶とは一体何か。

　本書は、土偶あるいは土偶に関連して製作された道具から縄文社会を読み解くという課題を設けて編まれたものである。そして、その方法は、土偶の型式学的な分析である。

　祭祀的な遺物の研究は、一面において型式学的な分析を置き去りにして経験的・感覚的な解釈が積み上げられてきた負の歴史がある。本書ではまず、型式学的な方法で土偶を分類し、土偶の型式学的なまとまりから見えてくるものの性格を論じ、さらに地域や遺跡における土偶の在り方から、地域社会の内部での土偶祭祀に検討を加えた。

　土偶の存在する時期や地域は広範にわたり、とてもそのすべてを扱うことはできないが、本書が土偶から照らし出される縄文社会の多様性と土偶研究における型式学の重要性を問い直す機運の1つとなれば、目的の1つは達する事が出来たと思う。

2011 年 6 月 24 日

明治大学日本先史文化研究所所長
阿部芳郎

土偶と縄文社会　目次

はじめに………………………………………………………………… 阿部芳郎　i

総　論　土偶と縄文社会………………………………………………… 阿部芳郎　1

第Ⅰ章　土偶型式の成り立ちとその背景……………………………………… 9

　1　関東地方における山形土偶の出現…………………………………… 上野修一　11

　　関東地方におけるハート形土偶終末期の様相 13 ／
　　東北地方における後期前葉から中葉への過渡期の土偶 21 ／山形
　　土偶の成立　27 ／関東地方における山形土偶の成立─椎塚系列と
　　福田系列─ 31 ／おわりに 33

　2　関東地方における縄紋式晩期土偶の成立と終焉への偏在
　　　─拠点集落に観る文化複合から飛び火的な文化変容へ─ ……… 鈴木正博　36

　　序─「土偶インダストリ論」は「縄紋土器文化の特徴」から　36
　　／縄紋式晩期と関東地方における晩期土偶研究の現状　37 ／関東
　　地方における晩期土偶の成立と文化複合社会の形成　39 ／「続ミ
　　ミヅク土偶」の拠点集落への展開と文化複合の進行　53 ／「土版
　　文系土偶」への収斂と文化複合の終着点　61 ／結語─拠点集落に
　　観る文化複合から飛び火的な文化変容へ─　64

　　コラム　栃木県後藤遺跡─山形土偶・後藤系列の標準遺跡─ …… 上野修一　71

　　　　　埼玉県後谷遺跡
　　　　　─第4次調査出土のミミズク土偶について─ …………… 藤沼昌泰　75

第Ⅱ章　土偶祭祀と地域社会　……………………………………………… 81

　1　多摩丘陵の中期集落群と土偶………………………………… 安孫子昭二　82

　　連弧文土器と多摩丘陵の集団　82 ／連弧文土器様式期の集落─
　　TNNo.446-B 遺跡　83 ／連弧文土器の出現と展開　90 ／背面人体
　　文土偶の変遷と分布　93 ／おわりに　98

目　次　iii

2　山形土偶の出現と地域社会
　　―印旛沼南岸遺跡群における土偶群の系統と構成― ……………… 阿部芳郎　104
　　土偶多出地域の形成と山形土偶の出現　104 ／下総台地における
　　山形土偶の構成　114 ／土偶の多量化の実態　117 ／土偶多出地域
　　の社会構造　120

3　土偶多出遺跡の様相―椎塚貝塚・福田貝塚― ……………… 瓦吹　堅　125
　　椎塚貝塚と福田貝塚　127 ／土偶の様相　129 ／おわりに　137

4　北上川上・中流域における後期初頭土偶の型式…………… 八木勝枝　139
　　北上川上・中流域における中期末～後期初頭の土偶研究史　139
　　／中期末から後期初頭の土偶様相　141 ／北上川上・中流域の中
　　期末から後期初頭の土偶型式　155

　コラム　東京都忠生遺跡の土偶と集落―中期後葉の様相― ……川口正幸　160

第Ⅲ章　人体の表現系と器物…………………………………………………… 167

1　土版の出現と関東東部の晩期社会
　　―矢畑土版から福田土版への変遷過程にみえる祭祀構造― …… 阿部芳郎　169
　　土版研究の課題と方法　169 ／福田土版の系譜　171 ／土偶との関
　　係　179 ／土版の出現と東関東地方晩期の社会　181 ／まとめ　184

2　大宮台地を中心とした「人面文土器」…………………………鈴木正博　187
　　―馬場小室山遺蹟の「人面文土器」から洞察する地域社会の波動―
　　序―「顔面付土器」から「人面文土器」まで諸々の経緯など―
　　187 ／馬場小室山遺蹟の「第51号土壙埋設土器群」と「人面文土
　　器」の位相分析　191 ／赤城遺蹟の「人面文土器」と「完形土器
　　集中地点」の位相分析　197 ／大宮台地を中心とした「人面文土
　　器」の型式学　200 ／結語―馬場小室山遺蹟の「人面文土器」か
　　ら洞察する地域社会の波動―　206

　コラム　土偶の装飾表現と装身具
　　　―ミミズク土偶と耳飾り― ……………………………… 吉岡卓真　210

第Ⅳ章　土偶コレクションの形成と背景……………………………………………　217

1　近代における縄文時代コレクションの形成とその活用
　　—高島多米治採集資料を題材として—　……………………………加藤俊吾　218

　　高島多米治の経歴　219／高島の採集活動と蒐集品　222／下郷共
　　済会への移動とコレクションの分散　227／おわりに　229

　　コラム　江見水蔭旧蔵千葉県江原台遺跡の土偶の行方…………阿部芳郎　234

第Ⅴ章　座談会　土偶研究と縄文社会…………安孫子昭二・鈴木正博　241
　　　　　　　　　　　　　　　　　　　　　　上野修一・八木勝枝
　　　　　　　　　　　　　　　　　　　　　司会　阿部芳郎

あとがき……………………………………………………………… 阿部芳郎　277

執筆者紹介………………………………………………………………………　278

総 論　土偶と縄文社会

阿 部 芳 郎

はじめに

　土偶は日本考古学の黎明期の頃から、人種民族論争のなかでさかんに取り上げられてきた遺物の１つである。土偶の顔面の表現に入れ墨習俗を推測したり、体部文様から衣服を想像したり、それを民俗・族学的な観点から展開した議論は、明治・大正期に多くの人々を巻き込んで広まりをみせた。

　そうした中で考案された「遮光器土偶」や「有髭土偶」などという名称は、名称の本意とは異なり顔面表現の型式学的な連続性の上で成立したことが判明した現在でも、なお俗称として健在である。こうした話題性とともに、古物収集家たちの活躍したこの頃には、各地の遺跡での資料採集のための乱掘が横行し、土偶はその中でも珍重された一品であった。今日各地の研究機関や博物館に収蔵されている考古コレクションに多くの土偶が含まれているのは、こうした当時の情勢を反映したものに違いない。

　その後も民俗・族学的な観点からの考察に加え、文化人類学や神話学などからの意味付けが続き、豊穣の神や安産祈願の道具、または再生祈願の「殺される神」など、土偶は縄文時代観の形成のために多忙な役割を演じてきたと言える。

　ただし、これらの諸説の一体どれが正しいのか、妥当な結論に至る方法を明示し、またそれが明解に証明された事例は、今日に至るまで一例もない、といって良い。また、観念論を主軸とした諸説の中には、導かれた解釈が縄文時代の土偶全体に言えるものなのか、あるいは一部の土偶についてのみ指摘できるものなのか、時空間の中での位置づけが不透明な言説が多いことも特徴である。議論もかみ合わず、想像世界の堂々巡りが繰り返されている。

　時間と空間の座標をもたない言説は、およそ歴史的事象の説明には甚だ不備であるし、こうした言説の中には、時期や地域について間違った解釈をしたり、また土偶が縄文時代のいつの時期にも同様にして存在したかのような前提の解釈をしたりしたものもある。そろそろ科学としての問い方を考えなおすべき時期ではないだろうか。それでは土偶に縄文社会の特性を見ることは、それほどに容易なことではないのだろうか。過去の土偶研究の中にも、重要な指摘

や成果は多く、与えられた紙数でそのすべてをまとめることは出来ない。

そのためにここでは過去の研究に軸足をおき、土偶研究の視点と方法を整理するために、土偶の型式と遺跡からの出土量という2つの視点を設けておこう。

1 土偶型式学の指向性

土偶が、その有無もふくめて各地・各時期の中でどのように存在したのかという基本問題は、これまでの土偶研究の歩んだ重要な道筋の1つといえる。

縄文土器の型式学的な研究が順調な歩みをたどりはじめると、土偶の中にも「ハート形土偶」や「山形土偶」、「ミミズク土偶」など、顔面表現の特徴があり、またその分布も異なることがわかってきたのだ（図1）。昭和の前半期には縄文土器の型式編年学が確立する動向の中で、少しずつではあるが、土偶の初期的な分類と編年が縄文土器の型式学的な研究を推し進めた研究者によって構築されはじめた（図1）。

こうした動向は、山内清男、甲野勇、八幡一郎らの推し進めた縄文土器の型式編年学的な研究と軸を同じくした一連の動向のなかでおこったものである（図1）。

この方向性の上に江坂輝彌は土偶の集成作業を進めるとともに、土偶と土器型式の対応関係を明示し、以後の土偶研究のなかで型式学的な研究の基礎を作った。

そして型式編年学的な土偶研究の推進によって、各地の土偶編年の構築が試みられるようになると、土器型式との対応関係だけではなく、土偶の地域的・時期的な偏在性や多様性が鮮明になってきた。それは土偶の型式と出土数との関係が意識されるようになってきたからである。

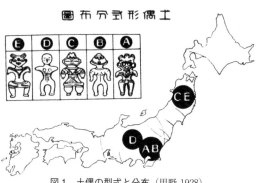

図1　土偶の型式と分布（甲野 1928）

江坂輝彌は土偶の全国的な集成を進める中で、土偶と土器型式との対応関係を示すとともに、各時期の土偶が数的に一様に存在するのではなく、時期ごとに集中する地域が異なることや、西日本における土偶の存在の稀少性について指摘している（図2）。

江坂の指摘は、それまで

にも漠然と認識されてきたことではあったが、土偶の分類とともに時期的な様相の特性について検討しており、考古遺物としての土偶研究の前提条件を整えた。

このことは土器とは異なる存在形態をもつ遺物研究の方向性を示したものと評価できる。すなわち、土器がそれぞれの遺跡から豊富に出土するのに対して、土偶の在り方は大きく異なる偏在性を示すのである。当然のことながら、こうした指摘は各時期における地域間、遺跡間における土偶の在り方の検討という縄文土器の型式編年学的研究とは異なる性質の課題が存在することを明らかにしたのである。

近年では八重樫純樹らによる全国の土偶データベースの構築により、各地の研究者が共通の作業の中でそれぞれの地域の土偶の在り方を相互認識する機会が提供され、また各地の土偶の特色が比較検討される機会にもなり以後の土偶の研究の発展に大きく寄与した。

図2　土偶出土量の地域差（江坂 1960）

しかし一面で各地・各時期に特有の、いわゆる示準的な土偶の編年の構築に限定された側面もあり、一遺跡におけるすべての土偶の存在形態を検討するという問題は棚上げされたままである。土偶が縄文時代という枠組みの中で存在するものの、その有様は各時期と地域の中では決して単純ではないことも一層鮮明になった。現時点において、草創期に初出をみる土偶が以後晩期に至るまで連綿と存在し続ける地域は、どこにもないのである。土偶が縄文社会の中で出現と消滅を繰り返す点滅的なあり方をして展開するという状況は、土器型式の在り方とは全く異なる点だ。こうして観てくると、土偶は基本的には妊娠した女性像ではあるものの、その用途や意味がまったく同一であるのか否か、い

3

よいよ判断は難しくなる。

　また、最大公約数的に基本的には同じ、あるいは類似した意味をもつものと考えても、なぜ出現と消滅を繰り返すのかという問題も浮上する。突き詰めて見ればこの問題は、土偶そのものよりも、土偶を必要とした地域社会の問題として正視する必要があるだろう。

　土偶についてもまた、個別細分化が進んだ縄文時代研究の中で、あくまでも土偶という一個の遺物からは出ることのない、ある意味で禁欲的な研究が続いた。土偶の多様な在り方が判明しつつある現在、そろそろ、この枠組みを超えて議論する必要があるだろう。

　本書は、各時期において、次第にその存在形態が見えてきた土偶の在り方から縄文社会の特質を垣間見ようと企図したものである。そして、本書のテーマとして設定したのは、地域社会における土偶の存在形態である。その第1歩ともいえる取り組みは、土偶の型式学的な分析の精緻化であるが、個々の対象を詳細に分類することは、研究の手段ではあっても、決して考古学本来の目的ではない。その認識を共有し、個々のテーマの中でそこから見える社会的特性に踏み込もうと考えた。

2　土偶の型式

　この問題を具体的に掘り下げて考えるために、関東地方における後期と晩期の土偶の型式学的な検討を紹介した。

　上野修一は後期中葉に出現する山形土偶の出現の経緯とその背景を明らかにするために、ハート形土偶の在り方の変容と、東北地方からの新たな土偶の影響という観点から、関東地方から東北地方の資料に型式学的な検討を加えている。

　これまでの土偶研究ではハート形と山形土偶は時間的な前後関係としてのみ理解されてきたが、両者の土偶の変遷は系統的な断然が存在し、山形土偶が東北地方の土偶の影響を受けて成立した状況をこれまでの持論を基礎に新たな分析を加えて論じている。

　鈴木正博は晩期土偶の構造性に踏み込み、型式学的な分析を通じてあらたな晩期社会の動静を見極める。そこには、従来のミミズク土偶と遮光器土偶という関係を超えて、関東の晩期社会にはより多様な土偶が出現する過程を描きだし、それが土器型式の動向と軸を同じくすることを指摘した。また土偶型式の示す偏在性に、晩期の地域社会の実態を読み解いている。

　土偶研究は土偶だけではなく、他の文化現象との深い関わりを有していることを示し得た実例であろう。

4　総論　土偶と縄文社会

3　土偶と地域社会

　第Ⅱ章では土偶型式がどのような地域社会の中で形成されたのか、という問題について掘り下げて考えた。

　安孫子昭二は、中期後葉の多摩丘陵地域を取り上げて、集落と土偶の関係について検討を加えた。中期後葉の関東地方は環状集落と呼ばれる巨大な集落跡が多数残される時期であり、東京湾東岸地域には馬蹄形貝塚が残され、長期的な居住活動が展開された時期である。しかし、この時期の土偶は、中部地方に一番多くの出土地域が求められるものの、関東地方では極めて限定的な在り方を示している点が大きな特徴である。

　関東地方において、最も多くの土偶を出土しているのが関東西南部の多摩丘陵地帯である。安孫子は多摩ニュータウン内の中期の土偶と集落の関係を扱い、関東地方中期後葉における土偶祭祀の展開の地域的多様性を論じた。東京湾東岸地域を含めた東関東地方は殆ど出土例が無く好対照で全く異なる在り方を示す。両地域の社会は、この時期の精神世界の多様性を映し出している。

　阿部は下総台地における後期中葉の山形土偶を取り上げて、土偶の多出現象と地域社会との関係について検討を加えた。この地域は、後期の土偶多出地域の中心地であり、古くから後期から晩期にかけての遺跡が群集する地域として知られてきた。この地域の土偶の多量化は、山形土偶が成立する加曽利Ｂ２式期以降の現象である。さらにこの時期の集落遺跡からは、いずれも土偶の出土が認められるものの、その数的偏在は顕著である。

　つまり、巨視的に見るならば土偶多出地帯として見える地域は、どの遺跡でも均質的に多量の土偶が保有されているというわけではなく、特定の遺跡に偏在した保有形態が存在するのだ。問題は多量化の背景であろう。山形土偶は、有文の大形品の系統性とはまた別の複雑性をもっている。それは作りの異なる土偶群が併存する状況である。そして、ここでは精製土偶や粗製土偶、または上位土偶や下位土偶という概念に再検討を加え、土偶の多量化、偏在化という現象の背景を論じた。

　瓦吹堅は常総台地において古くから著名な椎塚貝塚と福田貝塚の土偶に焦点を当てて、山形土偶の多様性について論じている。椎塚貝塚と福田貝塚は同一地域にある遺跡であるが、そこから出土した山形土偶には体部の文様や表現系に差異が認められることを指摘した。

　土器型式においても地域差のない地域内の、異なる遺跡から出土する土偶に認められる差異とは一体何を示すのだろうか。そこには、土器型式とは異なる構造性を有する土偶型式の特性が反映されている可能性が高い。その背景につ

いては、先の上野論文が踏み込んだ理解の一端を示している。

八木勝枝は東北地方の中期終末から後期初頭の土偶を扱い、中期終末からの系統的連続の上に後期初頭の土偶が成立する状況について、北上川上・中流域をモデルケースとして取り上げた。遺構からの出土事例を取り上げて土器型式との共伴関係をもとにして編年的関係を検討し、体部の文様装飾に系統的な差異を指摘するとともに、両者の時期的な在り方が検討されている。こうした状況が後期中葉土偶の成立にいかに関わるかも今後の課題であろう。

この時期に関東地方では土偶が断絶するが、中期から後期にかけて連綿とした型式の連続が示す東北地方の状況とは対照的で、その背景の解明が今後の重要な課題となろう。

4 人体の表現系と器物

土偶の顔面表現はたびたび他の遺物に付けられる場合がある。中期では中部地方の顔面把手付土器がその代表例である。深鉢や有孔鍔付土器、さらには香炉形土器などに付着する顔面や人体は、その土器の象徴的な役割を示唆すると考えられてきた。晩期でも土器や土版・岩版に顔面表現をもつものが存在する。

阿部は関東地方の晩期土版の背景を考えるために、顔面付土版に型式学的な検討を加えた。土版に顔面表現がある事例は多くはなく、これまでは例外的な一群として検討されることがなかった。しかし、そこに表現される顔面は同時期に併存する土偶と連鎖しており、さらに複数の系統が認められる。

顔面付土版は晩期の関東地方の土偶と複数系統の顔無土版とをつなぐ役割をもち、それぞれがセットとしての系統性をもつことを指摘した。これらの器物の系統によって縁取られる集団は、東関東地方では独立した地域に単純に排他的な型式の分布圏を形成するのではなく、一遺跡内に複数系統が共存する状況が認められ、祭祀系統からみた晩期の集団関係の複雑性を示している。

鈴木は大宮台地という地域に限定して晩期の土器に見られる「人面文」土器の型式学から、独自の地域的展開と弥生時代への変遷を予測する。土偶の顔面表現との連鎖だけでなく、独自の顔面表現の存在を指摘しつつ、その背景に地域社会の変容の過程を洞察した。

そこには土偶と人面文土器の関係、さらには土器の動態が関係し、これらの相互関係から大宮台地という地域的な特性を見出している。分析はこれらの遺跡における出土状況についても及び、完形土器の出土地点や土坑内の出土状況の再検討から、それらの遺物の存在形態を復元し、その社会的な機能を類推した。これらの研究は土偶研究が他の遺物や現象とのかかわりから、その意義を

問い直す際の具体的な事例の1つといえる。

5　考古コレクションとしての土偶

　第Ⅳ章は土偶だけには限ることではないが、古物収集家の残したコレクションの今日的な研究・活用の課題と将来の展望を試みた。土偶をはじめとしたいわゆる珍品は、こうしたコレクションの中で当時から研究者が注目してきた資料群である。これらの資料の中には、今日の研究においても重要な資料が多く存在しているが、個々のコレクションには収集の年代や収集者の嗜好や収集方法などが関係し、コレクションのもつ情報性としては個性的な資料群を構成している。本章では、下郷伝平コレクションの形成史と資料の今日的な意義を加藤俊吾がまとめている。

　下郷コレクションは、明治時代の古物収集家として著名な高橋多米治の収集資料を中心として構成されており、とくに関東地方の後期から晩期の遺跡の資料群を中心としたものである。その中には膨大な量の土偶が含まれていることは周知の事実であるが、これまでの資料の活用は、これらの中の一部のみが抽出されて利用される場合が多く、資料群全体の形成過程や資料を出土した遺跡自体の研究につなげる点が弱かった。

　加藤はこうした問題点を意識し、資料の由来を丹念に紐解きながら、コレクションの活用に関わる将来的展望をおこなった。

6　座談会の成果

　第Ⅴ章の座談会は、今回の執筆者が、それぞれの立場からの土偶研究の立ち位置と、その目的について議論を重ねたものである。各人の論文にも表れている土偶における型式学的研究の必要性とそこから見えるそれぞれの縄文社会論へと話題を移してすすめた。とくに土偶と社会との間に地域社会というキーワードが強く意識されるものとなったが、思えば、執筆者の大半が土器型式の研究に具体的な蓄積のある、または知識として共有化されている事が示すように、縄文土器の型式学的な手法とその知識は土偶研究においても必須である。さらに、それは中期以降では実態としての土偶そのものの型式学的な構造と、土版や人面付土器などとも連鎖しており、もはや「土器は土器から」という個別遺物研究の手法を目的に読み替えた「土偶は土偶から」などという枠組みではとらえきれない実態をもつことも意識できる。

7　本書のねらい

　本書では、土偶またはそれに関係の深い遺物を材料にして、そこから縄文社

会の特質を垣間見ようと目論んだものである。多様な形態や装飾をもつ各地各時期の土偶の全体を取り上げることは毛頭かなわないが、土偶という道具の存在は一元的に縄文文化を縁取るのではなく、土偶の存在形態が、地域社会の中で複雑な有り様をしていることは、ある程度明らかにすることができた。

　多産の象徴とも言われる土偶であっても、遺跡数が多く人口の増加が見込まれる地域や時期に、必ず決まって存在するわけではないこともわかってきた。多産・豊穣の女神は縄文時代のどこにでも存在したわけではないのだ。さらに土偶の出土数の示すものも、中期から晩期の土偶では同形同大の土偶ではなく、複数の類型や型式と呼ぶ纏まりから構成されていることが多い。

　こうした観点から導かれた実態は、特定の土偶に過大な評価と縄文時代観を押し付けた豪華一点主義とは異なり、その手法は遺跡の構造や地域社会の仕組みの中で土偶を位置づける道筋を用意するための基礎的作業と言っても過言ではないだろう。そして、こうした道筋は型式学的な手法によってはじめて可能となるのである。

　土偶が縄文文化を特徴づける遺物であるという見解は、今日では定説となってきた。しかし、その内実は未だに未解明な点を多く残しているというのが実情ではないだろうか。本書はこのような問題を共通の課題として意識し、それを個々に展開した研究の実例でもある。

　そしてこうした議論の延長線上に、はじめて縄文社会の中での土偶の存在意義が理解できるであろう。

引用・参考文献

　江坂輝彌 1960 『土偶』校倉書房

　甲野　勇 1928 「日本石器時代土偶概説」『日本原始工藝図説』杉山寿栄男編

　原田昌幸 2010 『土偶とその周辺Ⅱ（縄文後期〜晩期）』至文堂

第Ⅰ章　土偶型式の成り立ちとその背景

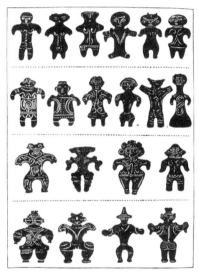

甲野勇の土偶の分類（甲野 1928 より）

1　関東地方における山形土偶の出現

上 野 修 一

はじめに

　関東地方における土偶の編年について、土器型式との対比という視点を明確に示したのは山内清男である。山内は甲野勇によって分類されていたAからEの5型式（甲野1928）のうち、B型（所謂山形土偶）が安行式の直前の土器型式（後の加曽利B式：筆者註）に伴うものであることを明らかにしている（山内1930）。戦後、土偶や岩偶の全国的集成と分類を行い、地域ごとに土偶と土器型式との編年的対比を試みたのが江坂輝彌である（江坂1960）。江坂は関東地方の後期の土偶を3類に分け、第1類が中期末から後期初頭の堀之内1式・2式に伴うハート形土偶と筒形土偶、第2類を加曽利B2式に伴って急に多量に作られるようになった山形土偶、第3類が木菟土偶としている。また、後に仮面土偶と呼ばれるようになる長野県新町遺跡の中空土偶が後期の堀之内式に伴って出土したことにも触れており、現在の土偶編年の骨格がこの時期に定まっていた様子がうかがえる。

　その後、1970年代に入ると開発に伴う発掘調査件数が急増し、土偶の出土数もそれ以前とは比較にならない状況を呈した。こうした資料の充実を背景として、土偶の型式分類の可能性を示唆したのが永峯光一である（永峯1977）。また、小野美代子は水野正好が提示した「土偶祭祀論」（水野1974）を想念的であるとし、まずは年代的序列が不可欠であるとの立場から山形土偶の頭部形状を分析し、後頭部突起・眉と鼻の表現・顎の隆帯などの特徴によって四段階の変遷案を提示した（小野1981）。その後、土偶の形式分類に基づく研究が活発化し、磯前順一がハート形土偶と筒形土偶の突起形状や内面形状に注目しその変遷を示したほか（磯前1985）、山口晋も福島県西方前遺跡資料の分析を基にハート形土偶の変遷に言及している（山口1987）。一方、植木弘はハート形土偶の終末段階に形態の異なる筒形土偶や板状土偶が並存する理由を土偶祭式の多様性と捉え、分布論を展開している（植木1990・1997）。山崎和巳もハート形土偶系の、後期の板状土偶の変遷について論じている（山崎1995）。

これに対して、霞ヶ浦南岸の阿波丘陵に位置する椎塚貝塚、福田貝塚、立木貝塚といった近接するほぼ同時期の遺跡間における土偶の各属性の差に着目し、山形土偶の3段階区分を提示したのが瓦吹堅である（瓦吹 1990）。東北地方では、中村良幸や金子昭彦が岩手県立石遺跡（中村 1979）や新山権現社遺跡（金子 1993）出土の土偶を標準資料として、頭部にカール状の粘土紐の貼り付けをもつ土偶を「立石タイプ」[1]と呼んで、後期前葉の後半から中葉の前半に位置づけ、北上川流域の後期土偶の編年を提示している。後に中村は後頭部の球形の突起や眼・口の表現技法にも注目し、「立石タイプ」の後半には山形土偶の頭部に近似した岩手県稲荷神社遺跡例のような一群が出現することを示し、その時期を加曽利B2式に併行する時期と推定している（中村 1995）。

　こうした形式分類や遺跡間格差に基づく土偶研究に対して、「土偶の動態は土偶から、土偶の年代は「土器型式」から」という理念に基づき、土器型式の研究成果を反映した土偶研究を提唱したのが鈴木正博である。鈴木は土偶研究の方法として、各遺跡における土偶の型式を構成する属性の分析を重視する立場から「土偶インダストリ論」を提唱し、関東地方の晩期土偶の編年を示した（鈴木 1989）。鈴木の研究方法に感化された筆者も、栃木県後藤遺跡土偶の分析を行い、関東地方の山形土偶が福田・椎塚・後藤・金洗沢といった4系列に分類できること、土器文様との共通性が強い福田系列の土偶の分析を通じて、それらが広義の加曽利B2式から曽谷式にかけて型式変化すること、さらには福田・椎塚両系列が霞ヶ浦周辺、後藤系列が渡良瀬川中流域以西という顕著な地域性を有していることなどを明らかにした（上野 1991）。

　その後鈴木は研究の対象をハート形土偶の終末期に移し、後期前葉の土偶文様の変遷には注口土器文様が関与していることや、郷原遺跡のハート形土偶がハート形土偶でも新しい時期（堀之内2式の新しい段階）に位置づけられること、さらには別系列が加曽利B1式まで残存することを示した。また、加曽利B1-2式期の土偶のなかには土器の突起形状が反映されている別系統の土偶（突起土偶）があることを提示している（鈴木 1995）。一方、林克彦も東京都中高瀬遺跡出土の板状土偶を土器把手との共通性から、同時期（報告書では加曽利B2式の古段階）の所産であることを論じ、「中高瀬タイプ」を提唱した（林 2007・2009）。この中で林は「「中高瀬タイプ」と初期の山形土偶との時間的距離は極めて短いと考えられるが、土偶だけの検討では、その変遷過程を考えるのは難しい」と慎重な立場を表明するとともに、「中高瀬タイプ」の土偶が山形土偶に直結することは無いと結論づけている。

　一方、筆者は学史的資料である秋田県舘ノ下遺跡（大仙市）出土の土偶を実測する機会を得、東関東地域における初期の山形土偶との共通属性が多々認め

られることを確認し、山形土偶の祖型が北上川流域で変遷を遂げていた「入組状突起」土偶にあること、それを霞ヶ浦周辺地域の集団が受容した結果、椎塚貝塚の山形土偶が出現したとの見通しを得るに至った（上野 2010b）。

以上が山形土偶の編年に関する研究史の概要である。それらを踏まえて、本稿では山形土偶出現までの様相について述べてみることにする。

1　関東地方におけるハート形土偶終末期の様相

関東地方における山形土偶出現期の問題を複雑にしている原因のひとつに、ハート形土偶終末期の実態解明が進んでいないことがあげられる。その遠因となっているのが、ハート形土偶の標準資料として位置づけられた群馬県郷原遺跡の地理的な位置である。すなわち、この遺跡が群馬県にあったため、長い間ハート形土偶は後期前葉の関東地方の土偶として扱われてきた。しかし実際には、ハート形土偶の分布の中心は福島県東部の阿武隈山地周辺の地域であり、出現の背景には綱取式との関係が深いことがわかってきた。また、郷原遺跡例を基準に設定された郷原系列の土偶に施文された文様は、新潟県の中越地域を中心に分布する南三十稲場式土器と深い関係にあることも明らかになってきた。なお、図5に郷原系列のハート形土偶の分布図を作成しておいたので、参考にしていただければ幸いである。

それでは、縄文時代後期前葉から中葉、すなわち土器型式では堀之内2式か

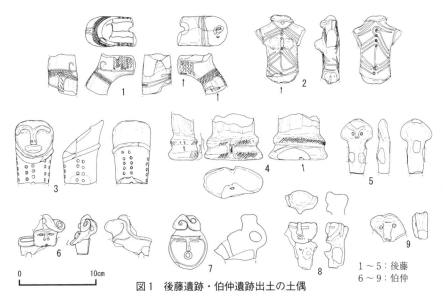

図1　後藤遺跡・伯仲遺跡出土の土偶

ら加曽利B1式への過渡期の時期に、関東地方ではいかなる土偶が作られていたのか、その変遷について概観してみよう。

(1) 後藤遺跡と伯仲遺跡における土偶組成

まずはじめに、郷原系列のハート形土偶分布圏に近い栃木県域の遺跡から、興味深い資料が出土しているので紹介する。

縄文時代の関東地方を水系で区分した場合、古鬼怒川水系の西に広がっていたのが古渡良瀬川水系である。この中流域には群馬県千網谷戸遺跡や栃木県御厨高松遺跡・後藤遺跡・伯仲遺跡・藤岡神社遺跡など後・晩期の著名な遺跡が多数残されている。なかでも栃木市後藤遺跡（竹澤1972）と同市伯仲遺跡（初山・藤田ほか1984）からは、ハート形土偶が終焉をむかえる時期である堀之内2式から加曽利B1式期の好資料が出土している。

①**後藤遺跡**（栃木市藤岡町都賀）

図1-1～5は該期の後藤遺跡出土の土偶である。1は大型のハート形土偶の右腰から脚部にかけての破片である。大腿部には三本一単位の幅狭の平行線文と細粒の縄文が施文され、「C」字状の区切り文が施されている。また、腹部に施文された連続「ハ」字状文や正中線の表現にも注目したい資料である。部分的には中空になっているが、腹部の断面形状を見る限り、中部地方で発達した仮面土偶とは異なる一群であると考えられる。2はいわゆるハート形系の板状土偶である。三本を一単位とする一本描きの沈線によって、三角形状の幾何学文が施されている。背面に施文された「の」字状文や、沈線の端部に対応するように施された円形刺突文が特徴的である。3・4は筒形土偶である。3の胴部には二列一単位の円孔が縦列に施文されている。4は類例に乏しい土偶である。5は無文で粗製の土偶であるが、「Y」字状の眉と円形刺突による目の表現に特徴がある。体部の長胴化が顕著である点などからも、この時期の土偶として扱った。

図2　御厨高松遺跡出土の板状土偶
（前澤1963より転載）

②**伯仲遺跡**（栃木市大平町西水代）

図1-6～9が伯仲遺跡出土の土偶である。伯仲遺跡の土偶は頭部の突起形状から次の2類に分類できる。

第1類　頭頂部に横位の「S」字状の突起が施される一群（6・7）。

6はハート形系の板状土偶であり、頭部から背面にかけて一本描きの沈線による区画文が施されている。口は円形の刺突文である。7は筒形土偶である。頭部

の突起に施された沈線文の端部には、円形の刺突文が加えられている。丸い口は円筒状を呈する胴部の空隙へ貫通している。これらの所属時期については、図1-2の後藤遺跡例や、図2に示した足利市御厨高松遺跡出土の板状土偶も含めて、加曽利B1式に比定できよう。

第2類 頭頂部に東北地方と共通する「入組状突起」が施される一群（図1-8・9）。

8は頭頂部が平坦で、丸い後頭部を囲むように側縁が引き延ばされている。また、口の周囲には細かな刺突文が施されている。この種の土偶は後述するように関東地方でも散見されるが、本来は北上川の中・下流域などに主体的に分布する土偶と関連の深い一群である。9は頭頂部に形骸化した「入組状突起」が施され、目はこの時期に多い円形の刺突文で表現されている。なお、8・9

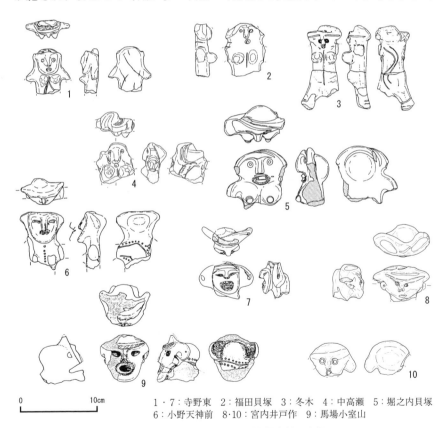

1・7：寺野東　2：福田貝塚　3：冬木　4：中高瀬　5：堀之内貝塚
6：小野天神前　8・10：宮内井戸作　9：馬場小室山

図3　関東地方における山形土偶直前の土偶

とも眉の表現が欠落しているが、こうした頭部形状の土偶は、編年的には加曽利B1式のなかでも新しい段階に位置づけられる可能性が高いと考えられる。

（2）関東地方における「入組状突起」土偶の分布

図3は関東地方における、伯仲遺跡の第2類、すなわち頭頂部に「入組状突起」を有する土偶の類例を示したものである。頭頂部の「入組状突起」の形状、後頭部の半球形の突起の有無、眉の形状などの特徴から次のように細分できる。

第1類 体部が板状を呈し、頭部に各種の「入組状突起」が貼付されるもので、後頭部の突起が未発達なもの（図3-1～3）。

1は「入組状突起」の捩れ部が沈線化し、頭頂部の後方でやや突き出るように貼付されている。また、鳩尾部が沈線で表現されるなど、東北地方北半の土偶や、一部の板状土偶との共通性がうかがえる。2は突起が扁平化して前後に分離した例である。上端部は欠損しているが、両端部が目の位置より下に拡張されている点に注目していただきたい。3は「入組状突起」の一部が扁平・肥大化した例である。突起下に施文された横位の沈線文が、東北地方との関係を雄弁に物語っている。

第2類 「S」字状の突起に眼・鼻が付けられたような形状を呈するもの（図3-4）。

4は胴部が板状の土偶であり、背面には帯状縄文によるモチーフが描かれている。中高瀬タイプの土偶と伴出していることから、時期的には加曽利B1-2式に下る資料と考えられる。

第3類 変形した「入組状突起」と、後頭部に半球状の突起を有するもので、隆帯による眉表現が欠落するもの（図3-5・6）。

5は「入組状突起」の捩れが緩み、突起が前後に重なるように表現しているのが特徴である。乳房は大きく前方へ張り出している。なお、正中線が沈線で表現されている点に注目しておきたい。眼が円形刺突文、口が隆帯凹線文と、それぞれ異なる技法で表現されている点では7と共通する。口唇部には連続した刺突文が施されている点も同様である。6は「入組状突起」の端部が両側に拡張されて、後頭部の突起を囲うような形状を呈している。眼・口は沈線で表現され、口の周囲には連続刺突文が施されている。正中線は1条の刺突文列。背面には東北地方の土器文様と共通するような、幅の広い平行線に刺突列が加えられる文様が施されている。

第4類 「入組状突起」がさまざまに変化し、後頭部には半球状の突起を有し、隆帯による「T」字状の眉表現が施されるもの（図3-7～10）。

7は「入組状突起」が前後する2枚の板状に表現される例であり、頭頂部を上から見ると斜位に前後しているのが確認できる。8も頭頂部に扁平化した「入組状突起」を有し、両端部が拡張されている。眉上の額部に横位の沈線文

が施されているのが特徴的である。眼は円形の刺突文、口は横位の沈線文で表現されている。9は「入組状突起」が板状化し上方と左右に拡張された例である。特に両側縁部は後頭部の半球状の突起を囲むように成形されている。刻み目が施された眉や、刺突で表現された眼・口が特徴的である。背面には6と同様の文様が施されている。10は頭頂部および両側縁部が板状に拡張されている。後頭部には半球状の突起が施されている。眼・口は円形の刺突文で表現されている。

これらは従来、あまり注目されなかった土偶であるが、「入組状突起」の多様な変化、後頭部の半球状突起、前に突き出るような乳房、貼付凹線文で表現された口、さらには口の周囲への連続刺突文など、明らかに東北地方南部の「入組状突起」土偶の影響を受けた一群であると考えられる。

(3) 突起土偶

突起土偶は仮面土偶と同様、頭頂部の文様が発達した一群である。顔面や体部形状からも、明らかにハート形系板状土偶の系譜上に位置づけられる。ここでは、その概要を紹介する（図4）。

第1類 平坦な頭頂部に土器の把手と共通する縦長の突起が貼付されるもの（図4-1〜3）。

1は頭部片。頭頂部には沈線による渦巻文が施され、縄文が充填されている。眼は円形の刺突文で表現されている。2・3は頭頂部中央に前後に細長い突起

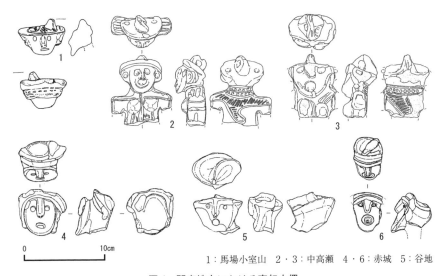

1：馬場小室山　2・3：中高瀬　4・6：赤城　5：谷地

図4　関東地方における突起土偶

が施されている。目・口は共に大きな円形の刺突文で表されており、ともに正中線が沈線で表現されている。背面には磨消縄文による曲線的なモチーフが描かれており、頸部には幅の狭い平行沈線間に円形の刺突文が施されている。発掘時の所見では、両者ともに加曽利B1-2式の土器に伴って出土している。

第2類 平坦や、やや丸みをおびた頭頂部に、隆帯による渦巻文などが貼付されるもの（図4-4〜6）。

いずれも頭部片のみの資料である。眼・口はいずれも円形刺突文で表現されている。4は眉表現が無いのに対して、5・6では「T」字状の眉・鼻表現が施されている。頭頂部の突起形状は4・5が渦巻状であるのに対し、6は短い隆帯が貼付されている。本類は、現在までのところ出土数も少なく詳細は不明であるが、関東地方の西南部を中心に分布するようである。また、第2類とした頭頂部に渦巻状の突起を有する一群は、新潟県元屋敷遺跡では後期中葉から後葉にかけて独自の発達を遂げており、今後の解明が期待される。

（4）関東地方の後期前葉から中葉にかけての土偶の分布

関東地方においては、加曽利B1式の時期に郷原系列のハート形土偶、ハート形土偶系の板状土偶、筒形土偶、東北地方の「入組状突起」土偶の影響とみられる土偶などが併存している。これらの各土偶の分布には顕著な地域性がうかがえる。ここでは、その概要を順に紹介する。

図5は郷原遺跡例と共通する細密沈線文による渦巻文や、「S」字状文と刺突文などのモチーフを指標とする「郷原系列」のハート形土偶の分布を示した。その結果、この種の土偶が東北地方南部から北関東地方に偏在し、南関東の地域とは関連の薄いことがうかがえる。それに対して、堀之内2式の終末から加曽利B1式の時期にかけて、甲信地域から西関東にかけての地域では、数は少ないもののハート形土偶の影響と考えられる、仮面土偶と呼ばれる中空の大型土偶が製作されている。

図6は筒形土偶の分布図である。この種の土偶が南関東地域を中心に製作されていることが、一目瞭然である。近年、千葉県の印旛・手賀沼周辺地域の大規模な集落の調査例が報告されるようになった結果、筒形土偶の分布がより明確になってきた。分布図からは郷原系列のハート形土偶とは異なった地域で積極的に受容された土偶であることが理解できる。

これに対してハート形土偶の系譜に位置づけられる板状土偶は、郷原系列のハート形土偶と筒形土偶の両者の分布圏を越えて製作されている（図7）。特に注目されるのが、東北地方南部や関東地方の遺跡だけでなく、長野県の中信地域に位置する松本市エリ穴遺跡や安曇野市北村遺跡などの広い範囲で受容されている点である。形態的には断面が長方形状を呈する一群と、扁平な楕円形を

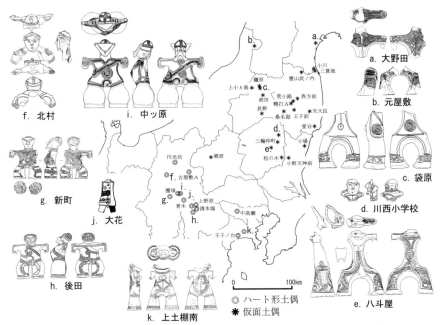

図5　関東地方周辺におけるハート形土偶（郷原系列）・仮面土偶の分布

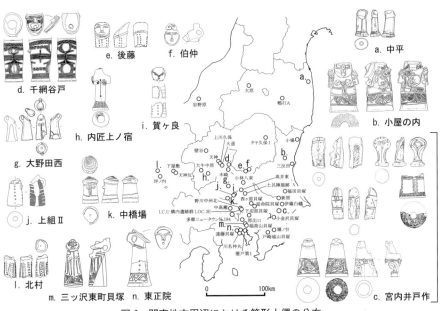

図6　関東地方周辺における筒形土偶の分布

1　関東地方における山形土偶の出現（上野修一）

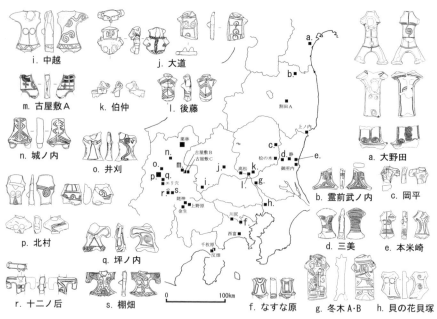

図7 関東地方周辺におけるハート形系板状土偶の分布

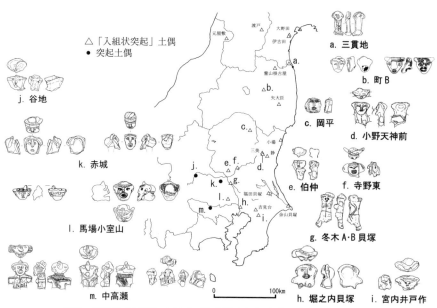

図8 関東地方周辺における「入組状突起」土偶・突起土偶の分布

20 第Ⅰ章 土偶型式の成り立ちとその背景

呈する一群とに二分できる。なお、扁平度があまり大きくなく、胴部の断面形状が正方形に近い例や厚みのある例については板状土偶として扱わず、分布図からは割愛した。

　最後に山形土偶への過渡期の土偶である「入組状突起」土偶と、突起土偶との分布を示したのが図8である。

　前者が東関東を中心に分布しているのに対し、後者は西南関東の地域に分布する様子がうかがえる。このことからも、山形土偶が東関東地域で出現する背景には、東北地方との深い関係があったことが理解できよう。

2　東北地方における後期前葉から中葉への過渡期の土偶

　これまでの説明で、ハート形土偶が型式変化して山形土偶の出現に至るわけでは無いことが御理解いただけたと思う。東北地方南部の阿武隈山地周辺の地域を中心として製作されていたハート形土偶は、後期中葉までに断絶して終焉を迎える一方、北上川流域を中心とした地域では立石タイプと称される「入組状突起」土偶の系統が変化し、その延長上に山形土偶が出現するのである。ここでは、その過程を順に説明する。

（1）大野田遺跡と伊古田遺跡における土偶の様相

①大野田遺跡（仙台市太白区）

　まずは、ハート形土偶の終末期を考える上で興味深い資料が出土している仙台市大野田遺跡例を紹介する。大野田遺跡では合計300点以上の土偶が出土しており、代表的な資料42点が既に紹介されている（主浜2008）。大半を占めているのがハート形土偶であるが、顔の付き方、胴部形状など、従来のハート形土偶とは異なったものが多い。胴部以下が判明する土偶を文様と形状とによって分類すると、以下の6類に分類できる。

　第1類　胴部の断面形状が四角形で、細い集合沈線文による平行線文や渦巻文、刺突文が施される一群（図9-1～4）。

　典型的な郷原系列のハート形土偶（a種：1・2）と、文様が退化し長胴化が著しいもの（b種：3・4）がある。

　第2類　胴部の断面形状が丸みを帯び、条線文による平行線文や波状文などが施される一群（図9-5～7）。

　頭部の後ろに丁髷状の突起を有するハート形土偶系の土偶（a種：5）、胴部の断面が円形に近くやや長胴化した土偶（b種：6）、胴部・腕部共に円柱状をした土偶（c種：7）がある。

　第3類　一本描きの沈線による区画文様や渦巻文などのモチーフが施される一群（図9-8～13）。

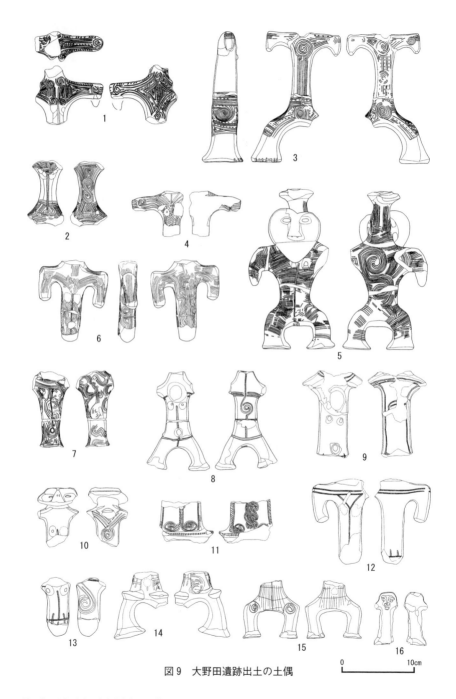

図9　大野田遺跡出土の土偶

胴部の断面形状が長方形状で、全体に角張った板状の土偶（a種：8～11）と、胴部の断面形が角のとれた四角形状を呈し、全体に長胴化が顕著な土偶（b種：12・13）とがある。

a種には胴部が大形の板状を呈する例が多い。また、条線文による入組波状文や渦巻文などが描かれ、連続した刻み目が施される隆帯文と組み合わされる例もみられる（b種：11）。

第4類 胴部に簾状の格子目文が施される一群（図9-14・15）。

14は両腰の外側、15は腹部から腰部にかけて胴部を一周するように格子状の文様が施されている。14の背面には条線文が施されていることから、第2類との共通性がうかがえる。

第5類 無文で胴部の断面形状が円形をした長胴の土偶（図9-16）。

16は、他の各類と異なり、眼が円形の刺突文で表現されている。

次に、これらの事例の中に潜む型式学的特徴について順に考えてみよう。まずは第1類とした郷原系列の土偶である。a種の場合、やや白黄色の胎土や集合沈線による平行線文や渦巻文、刺突文などの特徴が郷原遺跡例に類似する典型的な資料であり、編年的には堀之内2式の新しい段階に位置づけて問題ないと思われる。ただし長胴化と渦巻文などの省略化が顕著なb種については、新しい要素とみるべきであろう。続いて第2類とした条線文が多用される土偶であるが、a種の丁髷状突起の端部に施された隆帯による渦巻文などは、橋状把手とは異なる属性として評価する必要があろう。一方、年代的な決定が比較的容易なのが第3類である。板状化した形状や、一本描きの沈線によるモチーフ、さらには図9-11の「入組条線文」などは、鈴木正博が福島県袋原遺跡例を元に検証した加曽利B1式期のハート形土偶脚部の文様と共通する属性であり、同時期の別系統である「ハート形板状土偶」の大型の類型として位置づけられる。第4類は北上川中流域以北に主に分布する十腰内系の土偶に多用される格子目状の文様が施された例であり、今後詳細な比較が課題となろう。第5類は、長胴化が各類を越えて共通する属性であることを示している点と、眼の表現手法が円形刺突で表現されている点が興味深い。

②伊古田遺跡（仙台市太白区）

伊古田遺跡は大野田遺跡の南西約600mに位置し、旧河道跡に堆積した加曽利B1式期の包含層から23点の土偶が出土している。その中にハート形土偶の範型から変化し、新たな形態を模索している一群があるので、ここに紹介する（図10）。

伊古田遺跡例の最大の特徴は、体部の上端に近い中央部にソケット状の丸い穴を開けて円筒状の頸部を繋ぎ、最後にその頸部と顔を繋ぐという製作技法で

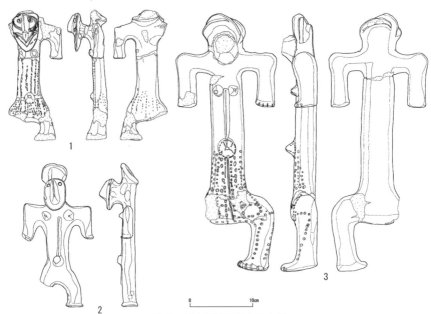

図10 伊古田遺跡出土の土偶

ある。ほかにも、異様なほど胴長の体部形状や、手・足の先端部が細く斜めに成形されたことで自立しないという、後の山形土偶に繋がる新たな属性も出現している。さらには、円形刺突による目の表現、上半身や背面の無文化、隆帯による正中線と出臍状の表現などの特徴を有しており、明らかに従来のハート形土偶とは異なる土偶の創出が意図されている（伊古田系列）。

　話を大野田遺跡の土偶に戻そう。長胴化の顕著だった郷原系列の第1類b種や、第2類のb種・c種、さらには第3類などは、伊古田遺跡例と比較することによって新しい属性であることが理解できる。同時に小粘土塊を貼付した臍の表現もこれらに連動する属性と考えられる。また、顔面部の接合技法からは、第3類の板状土偶も後期中葉の加曽利B1式に帰属する可能性が大であることが確認されるのである。

　ほかにも、両者に共通する丁髷状を呈する後頭部の突起の端部形状が、大野田遺跡の第2類a種では水平方向の平たい螺旋状なのが、伊古田遺跡例では斜位の螺旋状（図10-1・2）や垂直方向の入組文（図10-3）となっており、両者には明確な差が認められる。ハート形土偶の変遷の中で後頭部に円柱状の突起が発達するのは、綱取2式の新段階以降に位置づけられる福島県荒小路遺跡の一群に並行する段階以後のことであり、これらの変化も前者から後者へと変遷

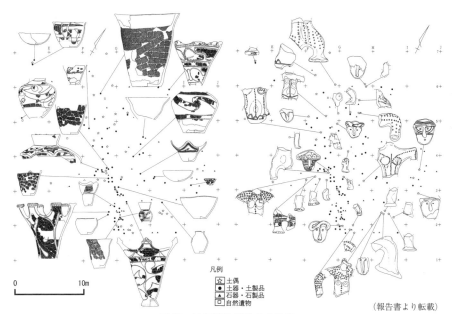

図 11 渡戸遺跡遺物出土状態

する重要な属性として位置づけられる。

　以上、大野田遺跡と伊古田遺跡との比較によって、ハート形土偶の終末期の様相が少しずつ明らかになったと考えられる。しかし残念なことに、伊古田遺跡出土の土偶は全形のうかがえる資料が僅かに3点と少なく、同時期のバリエーションを十分に把握できる数ではない。また、顔面形状に限ってみればハート形土偶の域を出ていないなど、過渡期の様相を理解するにはやや古相であることは否めない。よって、山形土偶の出現という今回の課題に踏み込むためには、同時期でもさらに新しい様相を呈する資料に注目する必要がある。

(2) 渡戸遺跡の土偶─山形土偶への胎動─

　次に、そのような条件を満たす資料として、山形県天童市渡戸遺跡の土偶を紹介しよう。図11は、渡戸遺跡における主要な土器と土偶の出土分布図である（山口・渡辺 1995）。十腰内1式の土器群が僅少なことと、精製の波状口縁深鉢形土器や壺の文様などから、加曽利B1式並行の時期でも伊古田遺跡例より新しい段階に位置づけられる。渡戸遺跡では伊古田系列に位置づけられる土偶（図12-1）と共に、北上川中流域に主体的に分布する頭頂部に「入組状突起」を有する土偶が出土している（図12-2～5）。

　ここでは、後者の「入組状突起」を有する土偶の頭頂部突起形状の変化に注

1　関東地方における山形土偶の出現（上野修一）　25

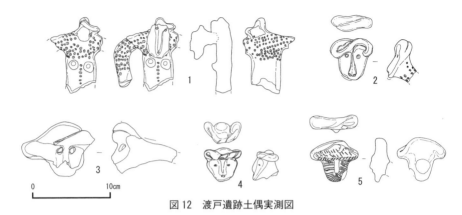

図12　渡戸遺跡土偶実測図

目する。この種の土偶の標準資料として位置づけられる岩手県花巻市立石遺跡例など（図14-1～3）に比べると、以下のような変化が特徴的である。

　先ずは「入組状突起」自体の大型化である。立石遺跡例の場合、この種の装飾は逆三角形をした頭部の最大幅に収まるように成形されるのが原則であったが、渡戸遺跡例の場合、それらが上下に拡張されて横位の「S」字状のモチーフ化したもの（図12-2）や、入り組み部が拡大されただけでなく端部が大きく両側に引き出された結果、正面から見ると頭頂部が扁平な三角形状を呈しているものも見られる（図12-3）。扁平化して重畳した捩り部が斜位の沈線状を呈している点にも注目して頂きたい。

　次は、顔全体が「入組状突起」を含めて平板化された結果、頭頂部が三角形状を呈する一方で下端部に直線的な眉状の表現が加えられた例である（図12-5）。本例では「入組状突起」が形骸化し、僅かに頭頂部の扁平な「S」字状の凹みとなって残されている。型式学的な変遷としてもうかがえる。

　最後は「入組状突起」の捩れの部分に形成される段が斜位の沈線へと形骸化し、両端部が折り返されて肥厚した両端部が側頭部後方へ引き出されて、丸みを帯びた頭頂部（後頭部）を繞るように施文された例である（図12-4）。とりわけ興味深いのは、山形土偶の特徴である板状で三角形をした頭部と、後頭部の半球状突起の祖型とも言うべき形状が出現しているという点である。

　ほかにも、立石遺跡例などの場合は「入組状突起」と「Y」字状の眉とが分離しているのが原則であったのに対し、渡戸遺跡例の場合はいずれも眉が省略され、変形した「入組状突起」に鼻が直接連結されるという技法が採用されている点に注目したい。なぜなら、この後の土偶では「T」字状の眉と鼻の関係が定着していくと共に、眉と頭頂部との間に区画線が形成される様子がうかが

えるからである。この表現も後期中葉の山形土偶と共通する属性であり、過渡的な段階を示す型式学的な変化と考えられる。

　以上が、渡戸遺跡で確認された「入組状突起」の変化及びそれに関連する形状の変化である。箇条書きに纏めてみると、次のように表現できる。

　①　入組状突起の大形化
　②　入組状突起の大形化（上下や前後に重畳）
　③　顔全体の平板化（入組状突起を含む）
　④　入組状突起の捩れ部分の沈線化（段の消滅）
　⑤　入組状突起の両端部への突出
　⑥　⑤＋丸みを帯びた頭頂部（後頭部）を覆うように後方へ拡張
　⑦　入組状突起の下端部に鼻が直接貼付される
　⑧　眼・口が円形刺突文で表現される

3　山形土偶の成立

(1) 東北地方における山形土偶への過渡期の様相

　当然のことながら、こうした変化は渡戸遺跡の土偶にだけみられる現象ではなく、北上川流域を中心とした東北地方北部の遺跡でも顕著に確認できる。岩手県の長倉Ⅰ遺跡（軽米町）、蒔内遺跡（盛岡市）、大文字遺跡（奥州市）、相の沢遺跡（一関市）、宮城県宝ヶ峯遺跡（登米市）、坂戸遺跡（同）などからも、この時期の良好な資料が出土している。

　ここでは、これらの土偶にみられる特徴的な属性の変化に注目し、いかにして秋田県大仙市舘ノ下遺跡例（図13-11）のような、典型的な山形土偶が出現するのか、その過程を検証してみたいと思う。

　まず初めは、頭頂部に「入組状突起」が何らかの形で残存する一群である（図13図1〜6）。

　1から3は「入組状突起」が大形化したものである。1はさらに端部が両側に環状に拡張され、耳飾り状の貫通孔が施されている。顔面の形状にもハート形土偶の伝統がうかがえるが、眼や口は沈線や刺突文で表現されている。2は「入組状突起」の中央部が上方へ拡張されたことで、頭頂部が三角形状に近づいている。この土偶の場合、大きな「Y」字状の眉と突起との間に沈線文が施されている点に注目していただきたい。3は横長の扁平化した「入組状突起」と顔との間に沈線による平行線文が施されている。4も「入組状突起」が扁平化し、前後2枚の板状を呈している。上半身への刺突施文、前方に突出する乳房や腰部の連続鋸歯状文、大腿部の帯状縄文など、この時期の土偶の全容が

図13 「入組状突起」土偶から山形土偶への変遷

1・3・13：宝ヶ峯　2・4・8・12：大文字　5・9：葭内
7：相ノ沢　6・10：坂戸　11：舘ノ下　14：稲荷神社

うかがえる好資料である。5では「入組状突起」と顔の間に刻み目が施された隆帯と沈線文が施されている。また、この時期の特徴でもある口の周囲に刺突文が集中して施されている（関東地方の土偶の例、図3-5～7も参照いただきたい）。6は「入組状突起」が顔の上で上下に重なるように成形されている。さらにその上に大きく扁平な三角形状の突起を有している。この土偶の頭頂部形態こそ、型式学的には「入組状突起」土偶と山形土偶との間を埋めるものとして位置づけたい。

　次は、「入組状突起」が完全に平坦化して頭部の一部となり、その両端部が拡張され、丸みを帯びた頭頂部（後頭部）を囲むように後方へ引き延ばされる一群である（図13-7・8）。

　7は頭頂部に斜縄文、顔との間に1条の沈線文が施され、口の周囲には刺突文が施されている。8は後頭部の突起が半球状を呈し、頭部と顔との間に1条の沈線文が施されている。これらは渡戸遺跡例で確認された、「入組状突起」の変形と半球状突起の出現という変化と共通する現象である。

　興味深いことに、こうした変化は、この時期の東北地方北部を代表する「立石系列」の土偶にもみることができる。顔の小さい「動物のような顔をした土偶」の場合にまで「入組状突起」の捻り部の沈線化や捻り数の省略がみられるだけでなく、造形的にどうみてもバランスの悪い、後頭部の半球状突起までもが付けられている（図14）。すなわち「入組状突起」の退化と後頭部の半球状突起の発達は、特定の遺跡における特定の系列のみに顕現する形態変化ではなく、北上川流域を中心とした東北地方北部の遺跡で系列を越えて存在する型式学的変化であることが判明した。もちろん、額部分への沈線施文や、貼付文による眼・口表現、さらには口の周囲への刺突文の付加という属性も、この時期の型式学的変化として把握されよう。

（2）東北地方における山形土偶の成立

　最後が、山形土偶成立期の一群である（図13-9～13）。これらの土偶は「入組状突起」が形骸化し、頭頂部が三角形状を呈しているために、一見しただけでは同系統の土偶とは理解しづらい資料も含まれている。正面から見た場合、頭頂部が三角形状を呈する土偶であり、いずれも頭部に横位の沈線文が施されている。また、後頭部には半球状の突起を有し、それを囲うかのように両端部が拡張されているのが特徴である。

　9は頭頂部が破損しているために一部は不明であるが、前後に平板化した「入組状突起」の痕跡が僅かにうかがえることや、頭部の両端部への拡張が弱いために後頭部の球形の突起が露出している点などから、過渡的な様相を示しているものと思われる。なお、隆帯による「T」字状をなす眉・鼻が明瞭に形

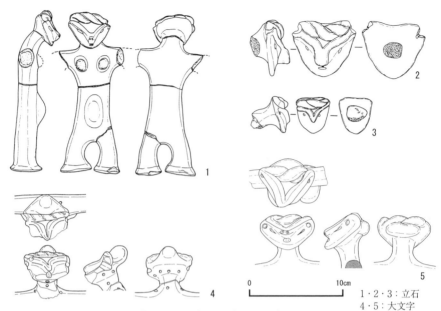

1・2・3:立石
4・5:大文字

図14 「入組状突起」土偶(立石系列)の頭部変化

成され、眉の上部に沈線文が施されている点、眼・口が貼付文に刺突を加えて表現されている点などは、前述してきた一群に比べて明らかに変化が認められる。10は突起部があまり扁平化せず、断面が丸い棒状のまま側縁部下方へ拡張されている。12・13は拡張された頭頂部や両側縁部、眉の上方などが沈線で区画され、そこに縄文が施されている例である。頭頂部の区画線が直線でなく、12の場合は屈曲線で、13の場合は弧線で描かれているのが特徴である。11が学史的に著名な秋田県舘ノ下遺跡出土例である(眞崎 1887)。12や13に比べて頭部の両側縁部がより下方に拡張されている点に違いはあるものの、型式学的にはこの段階に位置づけられる土偶だと考えられる。なお、14は縄文が施された頭頂部の形状がさらに鋭角となり、縦位の沈線が新たな属性として加えられている。側頭部に屈曲がみられる点や後頭部に施された半球状の突起がやや平坦化し沈線による円圏文が施されている点、背面に磨消縄文によるモチーフが施されている点などは、より後出する属性と考えられる。

以上、山形土偶出現期の頭部形状の変化と、頭部正面に施文される横位の沈線文が出現する過程について述べてきた。なお、これらの土偶の編年的位置については、1～3が渡戸遺跡の事例と同様の理由で加曽利B1式の新しい時期と判断した。4～8が次の段階で、9～11、さらには12～14への変化が考えら

れる。

　型式学的に最も新しいと判断した岩手県花巻市稲荷神社遺跡の土偶を、茨城県稲敷市福田貝塚出土の学史的な土偶（図17）との比較から、関東地方の加曽利B2式に比定するなら、4～8、9～11は加曽利B1-2式に並行する時期での変化と言えよう。

4　関東地方における山形土偶の成立 —椎塚系列と福田系列—

　東北地方における山形土偶の成立については、前述の通りである。しかし残念なことに、時期を明らかにできるような土器との伴出例に乏しいために、現状では各段階の編年的位置を確定することが難しい。そこで今回は、東北地方の典型的な山形土偶である舘ノ下遺跡例を、関東地方の代表的な山形土偶である茨城県椎塚貝塚出土例（図16-1）と比較することで、それらの編年的位置を考えてみたい。

　まずは共通する属性である。具体的には、体部や手足の形状、三角形状を呈する頭頂部、頭部区画沈線文、細い隆帯によるT字形の眉・鼻、貼付文で表現された眼・口、後頭部の半球形の突起、前に突き出す豊かな乳房表現、腰部の連続鋸歯状沈線文、大腿部の文様帯などが指摘できる。一方、異なる属性としては、顔面の全体形状、顎部の隆帯、頸部を繞る円形刺突文列が施された平行線文、刻み目隆帯で表現された正中線、大腿部の「横連対弧線文」などが挙げられる。ここでは椎塚貝塚例の大腿部に施文された「横連対弧線文」表

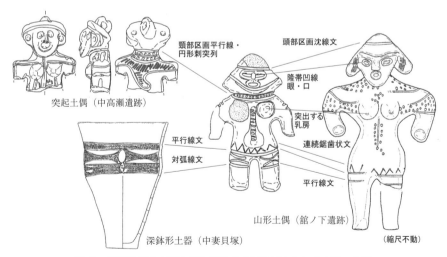

図15　椎塚貝塚の山形土偶と共通する属性がみられる土偶・土器

現と、頸部に施された「円形刺突文列が施された平行線文」に注目する。前者の「横連対弧線文」は、東関東に分布する加曽利B1-2式中妻系列（鈴木1984）の深鉢形土器の胴部文様と対比される文様であり、型式学的には対称性の崩壊と弧線モチーフの直線化の方向で変遷することが明らかにされている（上野1991）。後者の「円形刺突文列が施された平行線文」については、再び図4-2・3の土偶に注目していただきたい。該期の土偶のなかで、頸部に同様の文様が施文されるのはこの「中高瀬タイプ」の土偶だけである。この種の土偶は出土状態から加曽利B1-2式に位置づけられるものであることは、研究史に記したとおりである。

　以上のような論拠から、ここでは椎塚貝塚の山形土偶の帰属をその時期に比定しておきたいと思う。もちろん舘ノ下遺跡例も同時期に位置づけられるであろう。ほかにも類例は少ないが、椎塚貝塚出土の中空土偶（図16-2）が横連対弧線文の対称性から判断してやはり同時期と考えられる。それに対して、図16-3は後頭部突起の退化や、円圏文の施文から後出の一群と判断している。図16-4は上半身を欠損するので頭部形状は不明であるが、大腿部に横連対弧線文が施される土偶である。弧線文の一部が横位の沈線化していることから、やはり後出の一群と考えられる。

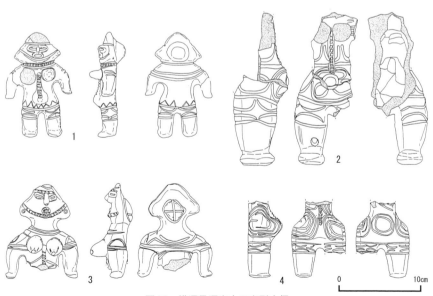

図16　椎塚貝塚出土の山形土偶

5 おわりに

　筆者はかつて、縄文が施文される山形土偶である福田系列にも、大腿部に「横連対弧線文」が施される例が認められるが、それらはいずれも時期的にはやや新しい加曽利B2式の時期と比定したことがある。旧稿執筆当時は、これだけ近接した遺跡であるにもかかわらず何故に椎塚貝塚では沈線文の一群が発達し、福田貝塚では縄文施文の土偶が顕著なのか大きな疑問であったが、今回の型式学的検討でその疑問もようやく解け始めたような気がしている。
　すなわち、椎塚貝塚の集団が積極的に東北地方の土偶を受容した時期、舘ノ下遺跡例のように彼の地において土偶への縄文施文が消極的

図17　福田貝塚出土の山形土偶
顔面部：東京大学総合研究博物館所蔵
胴　部：大阪歴史博物館所蔵
（上野2011より転載）（高さ：12.2cm）

だったからであり、やや遅れて山形土偶の製作を積極的に展開した福田貝塚の集団の場合は、宝ヶ峯遺跡例（図13-13）のように、東北地方において山形土偶への縄文施文が一段と顕著になっていたからだと考えられる。
　以上、関東地方における山形土偶出現期の様相について、ハート形土偶終末期の東北、関東両地域の土偶製作動向と共に述べてきた。
　土偶は縄文時代の祭祀に関わる重要な道具の一つである。今後は他の祭祀遺物の変遷と併せて、各地域における社会の変化について明らかにしていきたいと考えている。

　最後になりましたが、筆者にこのような機会を与えてくださった明治大学の阿部芳郎先生、並びに辛抱強く成稿を待って下さった雄山閣の桑門氏、日頃から有益な意見交換を頂いている鈴木正博、八木勝枝両氏に対しまして深甚なる謝意を表します。
　また次の方々からも種々御教示、御協力を頂きました。御芳名を記させていただき御礼に代えさせていただきます。

岡田陽子　小倉和重　加藤俊吾　金子昭彦　瓦吹　堅　狐塚民花　斎藤弘道
酒井亜希子　椎塚佳子　塚本師也　中村良幸　野坂晃平　林　克彦　松田富美子
森嶋秀一　渡辺邦夫

註
1) この種の土偶を、本書では「入組状突起」土偶と称している。北上川上・中流

域を中心に分布する土偶であり、複数の系列に分類することが可能である。

引用・参考文献

礒前順一 1985「筒形土偶について」『常総台地』13、pp.1-13

植木　弘 1990「土偶の形式と系統について―東日本の後期前半における三形式の土偶をめぐって」『埼玉考古』27、pp.27-76

植木　弘 1997「筒形土偶の系統とその周辺」『土偶研究の地平』「土偶とその情報」研究論集（1）、pp.103-125

上野修一 1991「北関東地方における後・晩期土偶の変遷について（下）」『栃木県立博物館研究紀要』8、pp.19-37

上野修一 2010 a「山形土偶成立期の諸様相」『第 7 回土偶研究会栃木県大会資料』pp.163-174

上野修一 2010 b「山形土偶の成立とその変遷」原田昌幸編『土偶とその周辺Ⅱ』日本の美術 527、pp.163-174

上野修一 2011『土偶の世界―縄文人のこころ―』栃木県立博物館第 101 回企画展図録

江坂輝彌 1960『土偶』校倉書房

及川　洵ほか 2005『大文字遺跡』江刺市埋蔵文化財調査報告書 33

小野美代子 1981「加曽利B式期の土偶について」『土曜考古』4、pp.1-6

金子昭彦 1993『新山権現社遺跡発掘調査報告書』岩手県文化振興事業団埋蔵文化財調査報告書 188

瓦吹　堅 1990「山形土偶」『季刊考古学』30、pp.32-35

瓦吹　堅 1997「山形土偶―椎塚貝塚の様相―」『土偶研究の地平』「土偶とその情報」研究論集（1）、pp.127-148

甲野　勇 1928「日本石器時代土偶概説」『日本原始工芸概説』杉山寿栄男編、pp.231-251

主浜光朗 2008「大野田遺跡出土の土偶」『第 5 回土偶研究会宮城大会資料』pp.3-9

鈴木正博 1984「下総奉免安楽寺貝塚の加曽利B1-2 式土器について」『下総考古学』7、pp.81-90

鈴木正博 1989「安行式土偶研究の基礎」『古代』87、pp.49-95

鈴木正博 1995「「土偶インダストリ論」から観た堀之内 2 式土偶」『茨城県考古学協会誌』7、pp.149-184

鈴木正博 2006「「オムちゃん」の考古学―大宮台地における「突起土偶」の意義―」『語りつぐ「見沼文化」』第 3 回馬場小室山遺跡に学ぶ市民フォーラム、p.23

竹澤　謙ほか 1972「後藤遺跡」『東北縦貫自動車道埋蔵文化財調査報告書』栃木県

埋蔵文化財報告書5、pp.4-44

永峯光一 1977「土偶の系譜」『土偶・埴輪』日本原始美術2、講談社、pp.121-13

中村良幸 1979『立石遺跡』大迫町埋蔵文化財報告3、大迫町教育委員会

中村良幸 1995「北上川流域周辺の動向」『関東地方後期の土偶（山形土偶の終焉まで）』土偶シンポジウム・3栃木大会

野口義麿 1958「先史土偶」『世界陶磁全集』1、河出書房新社、pp.207-220

初山孝行・藤田典夫ほか 1984『伯仲遺跡』栃木県埋蔵文化財調査報告58、（財）栃木県文化振興事業団

浜野美代子 1997「東北南部における山形土偶」『土偶研究の地平』「土偶とその情報」研究論集（1）、pp.149-168

林　克彦 2007「中高瀬遺跡の土偶について」『あきる野市中高瀬遺跡』東京都埋蔵文化財センター調査報告201

林　克彦 2009「中高瀬遺跡の土偶—関東地方西部加曾利B式期の土偶の一類型「中高瀬タイプ」の提唱—」『扶桑』青山考古学会田村晃一先生喜寿記念論文集刊行会、pp.39-59

前澤輝政 1963『御厨高松遺跡の研究』足利市教育委員会・早稲田大学考古学研究室

眞崎勇助 1887「秋田県仙北郡大曲村にて獲たる土偶図」『東京人類学会雑誌』18、pp.285

水野正好 1974「土偶祭式の復元」『信濃』26—4、pp.12-26

山内清男 1930「「所謂亀ヶ岡式土器の分布云々」に関する追加一」『考古学』1—4、pp.273-277

山口　晋 1987「福島県内のハート形土偶について」『西方前遺跡II』三春町文化財調査報告書8、pp.83-109

山口博之・渡辺　薫 1995『渡戸遺跡発掘調査報告書』山形県埋蔵文化財調査報告書35

山崎和巳 1995「板状土偶とその他の土偶」『関東地方後期の土偶（山形土偶の終焉まで）』土偶シンポジウム・3

※ 紙数の都合上、第5〜7図掲載の土偶に係る出典文献を省略させていただいた。詳細については下記の文献を御参照頂きたい。

「土偶とその情報」研究会編 1995『関東地方の土偶』土偶シンポジウム3、栃木大会

2 関東地方における縄紋式晩期土偶の 成立と終焉への偏在

―拠点集落に観る文化複合から飛び火的な文化変容へ―

鈴 木 正 博

序―「土偶インダストリ論」は「縄紋土器文化の特徴」から―

土偶研究は遺蹟形成論と層位に基づく年代的変遷、および造形や装飾の形態学による変化の順序、そして地方的変容の展開と進行濃度を導出する先史考古学の基礎に従う一方、年代や地方により検出の有無や量的な濃淡、および同定の粗密が著しく、さらにはイデオロギー志向により日常生活に必須な形態とは思われないなど一般土器とは異なる性質への対応も必至である。すなわち、「土器型式」と異なる追及目的が希求される学史的背景に加え、「考古文化」に組み込む「土器型式」として組織化する接近法の両者を満足させる立論として「土偶インダストリ論」（鈴木正 1989a）の構築に至る。

「土偶インダストリ論」の方法的特徴をこれまでに開陳した多くの議論から纏めれば、「土偶の作り手」を分析することにより「土器型式」が示す「考古文化」における土偶の位相を明らかにし（鈴木正 1990b・1995・2010a・d）、作り手の意識的な変化と無意識の受容が「土器型式」と如何に関わるかを追及すること（鈴木正 2010b）で、縄紋式から弥生式への移行における土偶の社会的な役割（鈴木正 1993b）をはじめとして人類史的な動態（鈴木正 2010c）を導出する方法、となる。

「土偶インダストリ論」には「土偶の使い手」に接近する議論も組み込まれるが、それのみを抽出する場合は認識の問題として「土偶ユースウェア論」となる。土偶の内部環境ではなく、出土状況や使用痕などを通した外部環境との関わりを分析することにより、祭祀形態や副葬形態、あるいは「マリオネット土偶」のような特殊な事情（鈴木正 2010b）などの解明に威力を発揮するが、本稿の直接の目的である土偶の年代的地方的な形態学が導く文化史的立論からはずれるため、「土偶ユースウェア論」の展開は省略に従う。

また、土偶の形態分類の妙はその本質へ向かうべきとの学史に学ぶならば、昭和初期にすでに「単なる異同の羅列では、この間の機微に触れることが出来ないであろう」（山内 1930b）と喝破され、「土器型式」との相互の関係を追及

し得るまで形態分類が成長する必要性を諭していた。これは研究の初期においては例数が少なくある程度厳密な分類と意味付けが可能であるものの、中間形態が陸続と出現する情報爆発状況においては個別の形態分類に拘泥する意味はなく、変遷する構造に観る年代的組織ならびに変容を促す地域の受容社会に注目しなければならないとの先史考古学の秩序を求める立場からである。

このような学史に刻印される反省を踏まえ、さらに比較考古学の観点からも土偶の価値と研究の本質を展望として収斂させるならば、「土偶は東亜大陸又は弥生式土器文化と比較された場合、我が縄紋土器文化の特徴とされる」（山内 1932）との位相に尽きる。

こうして「縄紋土器文化の特徴」としての土偶研究に与えられた課題を認識するならば、「縄紋土器文化の特徴」を精細化し「土器型式」との関わりを明示する基礎が出発点であり、「土器型式」内部における土偶組成の構造を導出するとともに外部との連絡・交渉の究明にも形態学から接近することが求められ、必然的に「土偶インダストリ論」の手続きは大別志向ではなく、細別志向となる。

「土偶の作り手」は細別志向の「土器型式」に所属し、「土器型式」における特定の作り手が目的に応じた土偶を製作するのであり、「土偶インダストリ論」とはこの当たり前のことを基礎研究として確認することから始まる。

1　縄紋式晩期と関東地方における晩期土偶研究の現状

縄紋式晩期は「亀ヶ岡式及その並行型式」と定義される（山内 1936・1937）。晩期という大別以前においても山内清男は「亀ヶ岡式」の6細別（「大洞B式」→「大洞BC式」→「大洞C1式」→「大洞C2式」→「大洞A式」→「大洞A'式」の「新古の細別」）を確立した上ですでに「所謂薄手式以後」と明示しており、昭和5年（1930）には縄紋式終末を決定づける新たな大別の制定を待つだけの状態に到達していた（山内 1930a）。その後、たとえば「大洞B式」の前に「大洞B1式」が追加されるなど、「亀ヶ岡式」全体の資料蓄積と見直しが「大洞式」編年として進み、これまでの分類の標準とは異なる型式と層位を検証し、最終的に「亀ヶ岡式」を9細別（「大洞B1式」→「大洞B2式」→「大洞BC1式」→「大洞BC2式」→「大洞C1式」→「大洞C2式」→「大洞A1式」→「大洞A2式」→「大洞A'式」）の組織とした（山内 1964）。

約半世紀前の研究成果であるが、層位により統計的に導出され確かめられた各細別に対し、今日では層位の内部構造や遺構における同時性などの面的な順序関係を導出し、山内清男の細別内をペトリー順序化するなど成り立ちの復元と検証がより一層進行し、層位による切断面を統合的に連続させる努力が続い

ている。この結果を踏まえ、「亀ヶ岡式」により定義された晩期の細別秩序は揺るぎない成果として正当性が与えられる。

　関東地方の晩期は年代編成として「安行 3a 式」→「安行 3b 式」→「安行 3c 式」→「安行 3d 式」→「千網式」→「荒海式」の 6 細別が初期の基準となる（山内 1969）が、この層位は「亀ヶ岡式」9 細別と厳密な対応関係を有しておらず、両者の整合性とその検証は「安行式」における喫緊の課題となり、今日に至る（鈴木加 1991・1992a・b・1993a・b・1994・1999）。

　関東地方における晩期土偶の研究は、大別による形態学（江坂 1990）を継承する立場（原田 1995・2010a・b・c）、および細別による型式学の深耕を実践する「土偶インダストリ論」（鈴木正 1989a・2010a）もしくは準じる立場（鈴木敏1990、上野 1991）の二者が代表的な接近法である。

　その後、埼玉考古学会・「土偶とその情報」研究会によるシンポジウム「縄文時代後・晩期安行文化—土器型式と土偶型式の出合い—」（以下、シンポジウムと略）を経ることにより、課題は山積みなれども「土器型式」の必要性も認識され、「土器型式」の細別に帰属する土偶を追及する旨の意見が多少交わされた点は有意義であり、大別による形態学から一歩前進したと評価できる（埼玉考古学会・「土偶とその情報」研究会編 1992、植木 1993、金子 1993、堀越1993）。同時に土偶と「土器型式」の関係や土偶自体の形態学には、拙速による過誤が多く是正の要請も展開される（鈴木正 1993a、堀越 1994）。

　こうした細別への課題も受け、「堀之内 2 式」をモデルとして具体的に「土器型式」と土偶の相互関係を追及する分析方法を改めて確認するのは、「土器型式」の理解を深めながら土偶への接近を図る一定の訓練が成就されなければ、土偶の形態観察は全て学問的に孤立・無意味化する危惧からである（鈴木正 1995）。シンポジウム参加者が大別による形態学からの脱却をめざして細別の同定に各種の見直しを図る進展状況（上野 2009、小野 2009）を知るにつけ、シンポジウム当時における知見の限界は推して知るべし、である。

　さて、関東地方における晩期土偶の研究は晩期中葉までの「安行 3a・b・c・d 式」と晩期後葉の「千網式」／「荒海式」では登場人物が大きく異なる。シンポジウムは前者で、後者は氷遺蹟や荒海貝塚に代表される所謂「有髯土偶」、続いて中屋敷遺蹟や沖 II 遺蹟に代表される所謂「台式土偶」の系統問題と抵触し、弥生式研究者の触れるところが多く、人類史として学的連繋が垣間見られない。

　本稿では、関東地方において「亀ヶ岡式」と密接な関係により晩期土偶が成立するとともに新たな主体性が発現し、年代的地方的に変遷し変容する過程を地域における**文化複合**として解説する。そのため、新たな主体性の伝統が途

絶えた文化変容とその後の動態（鈴木正 1989b・1993a・b・c・2004b・2010b・c）については本稿では核心のみ一部触れるにとどめ、大いに省略する。細別の精度管理として「亀ヶ岡式」9細別に伴存する土偶の確定は今後に議論すべき課題が多く（金子 1993・2001、鈴木正 2010a・b）、関東地方における土偶研究の年代推定も未だに約40年前の6細別にとどまらざるを得ない現状がある。

2　関東地方における晩期土偶の成立と文化複合社会の形成

　現状の編年では関東地方の後期末は「安行2式」、晩期初頭は「安行3a式」とされる。「安行2式」に伴存する土偶はほとんどが定型化した所謂「ミミヅク土偶」（以下、所謂は略）であり、そのため図1に引用したように1980年代に入っても「ミミヅク土偶」は晩期の特徴からは除外され、後期の特徴と考えられていた（江坂校訂・小野 1984）。

　もちろん、それ以前の1970年代に刊行された高井東遺蹟の報告書では「安行2式」と晩期の「ミミヅク土偶」の違いを明確に同定したが、改めて研究成果として確認すること（鈴木正 1981・1982）により、「安行3a式」以後にこそ多くの「ミミヅク土偶」が継続する実態へと踏み出す一歩とした。高井東遺蹟ではさらに「ミミヅク土偶」の中空製作による脚足部も検出されたが、破片のために年代推定が大別にとどまるという当時の課題も負っていた。

（1）「安行1式」定型土偶の反省から「安行2式」縁辺土偶へ

　では、「安行2式」に伴存する土偶は、たとえば「ミミヅク土偶」のような形態的な安定が保証されている定型土偶のみであろうか？　この問題は後期末葉の系統関係のみでなく、所謂「山形土偶」（以下、所謂は略）の残存・継承形態と関係する年代差地方差の抜本的な見直しを学習し（上野 1989・1991）、それを受けた年代的な異端土偶から地方的な縁辺土偶までの「流れ」が図2である。

　図2-1は高井東遺蹟の「高井東式」土偶（鈴木正 1982）で、乳房の造形に注目す

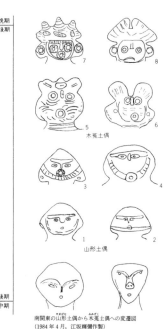

図1　土偶変遷観の古典的立場
　　　（江坂校訂・小野 1984）

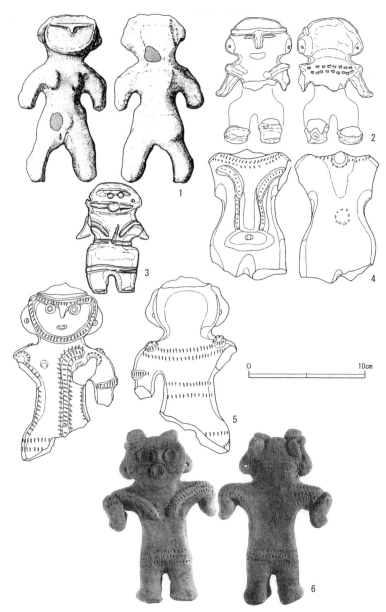

図2　縄紋式後期後葉の異端土偶と縁辺土偶
1：高井東遺蹟（鈴木正 1982）　2：八剣遺蹟（上野 2009）　3：八木原貝塚（阿部 2007）
4・5：西城切通遺跡（市川 2009）　6：九石古宿遺蹟（上野 2009）

るならば、「山形土偶」からの伝統を引いた形態である。これに対して図2-2は上野修一が注目した栃木県八剣遺蹟 SI-06 出土の土偶であるが、「山形土偶」では見られない「肩—乳房隆帯パッド」が形成される（上野 1991）など、伴存する「安行1式」の年代と極めて調和的な形態に特徴がある。なぜならば、この「肩—乳房隆帯パッド」は定型的な「山形土偶」の特徴ではなく、「安行2式」の「ミミヅク土偶」における定型として盛行する形態であり、「山形土偶」からの変遷を考察する属性として注目し（上野 2009）、学習するからである。

この「肩—乳房隆帯パッド」は、「山形土偶」の文化圏ではどのような出現形態を見せるであろうか。図2-3は千葉県八木原貝塚例で、阿部芳郎が「加曽利B3式期～安行1式期」と幅を持たせた「山形土偶の類型とサイズ」の「B類」とした例であるが、類似の形態は千葉県千代田遺蹟からも抽出されており（阿部 2007）、「山形土偶」を母体として「安行1式」前後に形成された異端土偶として注意を喚起したい。八木原貝塚例に比定できる西部関東の形態は上野修一が注目する埼玉県駒形遺蹟例が最適だが、顔面に東西の地方差が著しい。

次に八剣遺蹟例からの変遷を検討するならば、市川修が大宮台地北縁続きの地域性を土偶にも洞察した図2-4・5の埼玉県西城切通遺跡例（市川 2009）が重要である。4は「肩—乳房隆帯パッド」が変形し腹部へと拡張が進んだ形態で、八剣遺蹟例より明らかに後出である。年代を推定する属性として背面首筋に見られるボタン状突起に注目すれば、上野修一により「安行1-2式」と見直された余山貝塚の「ミミヅク土偶」に付される突起と共通することから、4も「安行1-2式」を中心とした範囲を措定する。5は「肩—乳房隆帯パッド」ではなく、隆起正中線文である。が、単なる垂線ではなく、上端を右寄りにずらす作法は特異であり、年代推定の鍵になる。型式学として比較し得る例はやはり上野修一が注目する茨城県思案橋遺蹟の「ミミヅク土偶」に見られ、「安行2式」の典型例であることから、5も思案橋例あるいはその直前の「安行2式」期に帰属するであろう。

さらに上野修一が標識化する栃木県九石古宿遺蹟例（毎澤 1997）の図2-6は、5が「ミミヅク土偶」の影響をより強く受け生成されるように観える。刺突文による文様は4の背面や5の腰部や肩部からの伝統を継承し、「安行2式」縁辺土偶に相応しい形態を学習する。同時に考察を加えたい属性もまた顕著であり、6の縁辺土偶としての注目点は隆帯上の刺突文にある。この属性は新潟県村尻遺蹟において原型が纏まるなど（齋田 1998）、近接した地方の伝統と考察する。「加曽利B3式」～「安行2式」に至る「流れ」に隣接圏からの強い影響として、「村尻土偶」は今後注目すべき組列構造となる。装飾と造形が決し

て固定することのない細部の変化に土偶の妙がある（鈴木正 1990a）。

　図2に示した異端土偶（1・2・3）は年代的な異端で新生形態として問題提起し、縁辺土偶（4・5・6）は系統的な影響関係を課題としたが、土偶の研究で一番遅れが目立つ分野が年代と系統の整備であり、「土偶インダストリ論」は未だ有効な枠組みである。

　では、「安行2式」の土偶は「ミミヅク土偶」として定型的な形態との通説は問題ないのであろうか、特に既成の内部構造として異質性は存在しないのであろうか。すでに千葉県曽谷貝塚の土偶写真を「下総に充填細密刺突文あり！」（鈴木正 2010a）と解説し、内部異質土偶の学史的な代表例の一つとして指摘したが、近年の千葉県遺蹟資料に観られる共通の作法を図3として纏める。

　図3-1〜6は千葉市内野第1遺蹟例（田中ほか 2001）である。大宮台地の「真福寺土偶」と同じ階段の「安行2式」例が「垂髪文」も共通する1で、曽谷貝塚例と同様に脚部への充填細密刺突文がある。「真福寺土偶」をはじめとする「安行2式」の「ミミヅク土偶」は脚部全体を充填縄紋とする作法に限定性が観られ、その直後には2・3のように継承されるが、磨消縄紋を意識した無文部作出による区画文が「安行3a式」への傾斜を窺わせる。顔面形態、正中線文が不明であるものの、背面文様帯の大柄渦文は大柄円文や「6」字形垂髪文が特徴の「安行2式」よりも、それ以降の「安行3a式」に多い特徴に傾斜する。4は1〜3と異なり、体部に施文される例で正中線文ではなく文様が展開する点で「安行3a式」の作法と類似する。5は充填細密刺突文が頚部から顔面、そして頭部にも及ぶ例で、4と同じく正中線文の関与が見られない可能性が高い。6は「顔面付土器」であるが、目や鼻も含め顔面全体に充填細密刺突文が配され、「安行2式」の「ハート形眉鼻」から変化し、「安行3a式」の「T字形独立眉鼻」に従っている。

　このように印旛沼周辺の内野第1遺蹟では、充填細密刺突文が纏まって検出される。文様帯としての特徴は縄紋の代替施文として「安行2式」の脚部充填作法から出現し、直後の「安行3a式」では充填部位が体部や顔面などへの濃密展開作法へと変遷する。「ミミヅク土偶」としては異質な装飾形態であり、変遷と変容に観る位相を明らかにし、多少なりとも異質性の解明に接近したい。

　佐倉市宮内井戸作遺蹟例（小倉ほか 2009）の図3-7は、正中線文・背面文様帯・脚足部の充填作法から「安行2式」でも1とほぼ同年代で、2よりは古式の装飾形態である。7より新出かつ2の直前に位置する形態が図3-8の栄町龍角寺新房遺蹟例（安井・佐布・寺内 2008）である。個々の小双対渦文は「安行2式」の伝統が強く、「安行3a式」の大柄文様化への展開とは区別される。正中線文や背面文様帯からも「安行2式」の最終末と措定する。

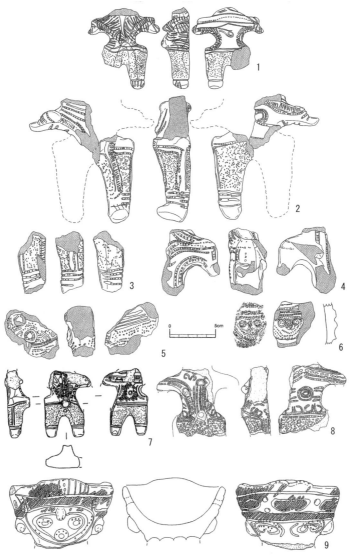

図3 「充填細密刺突文」の「ミミヅク土偶」など
1～6：内野第1遺蹟（田中ほか 2001）　7：宮内井戸作遺蹟（小倉ほか 2009）
8：龍角寺新房遺蹟（安井・佐布・寺内 2008）　9：三直貝塚（吉野ほか 2006）

さらに充填細密刺突文は古鬼怒湾の寺野東遺蹟例から奥東京湾の藤岡神社遺蹟例へ拡散（上野 2010）し、あるいは図3-9の三直貝塚における顔面付異形台付土器例（小野 2009、吉野ほか 2006）や能満上小貝塚例など東京湾東岸方面へ確実に影響を与え、年代的にも「安行3a式」へ変遷する現象を認める。併せて土偶にとどまらず特殊な土器の新たな文様帯としても「安行3a式」に展開される性質が認められるが、本稿では指摘のみにとどめる。

　「安行2式」の土偶研究は型式学的な位相が確定しているかの如く思考停止状態であるが、真相は魑魅魍魎であり、それゆえに「神は細部に宿る」の一言に尽きる。かつて「ミミヅク土偶」のほとんどが「安行2式」に編入されたために今日においても「安行2式」研究の抜本的な見直し射程はなお遠く、「安行3a式」への変遷過程をとっても形態学的には野放しの状態である。機会があるごとに図4と「土器型式」の細別に係わる基本方針（鈴木正 2005）に従い是正を進める心算である。

（2）「安行3a式」の「土偶インダストリ論」と文化複合への傾斜

　「安行3a式」土偶はどのように決定すべきであろうか。内部異質土偶（図3）の解説から判明するように変遷は極めて接続的な滑らかさであり、他方で層位による確定状況は未明である。

　そこで土偶それ自体の形態学ならびに土偶と「土器型式」との型式学的相互関係の交差による体系化が希求され、次の4種の接近法により「安行3a式」の「土偶インダストリ論」（鈴木正 1989a）を導出した。

　「分類の標準」による年代の特定　「ミミヅク土偶」における後晩期の界線は、著名な2個体の土偶がその全てを示している。それが「安行2式」の「真福寺土偶」と「安行3a式」の「滝馬室土偶」による界線で、後晩期界線問題における「分類の標準」である。顔面・頭部、胸腹部、背面、脚足部の各形態全てにおいて後晩期の界線判断が可能な基準として制定した経緯があり、本稿において充填細密刺突文の内部異質土偶をモデルとして解説した際の界線型式学でその一端に触れた。「安行3a式」は4細別以上の階段で構成され、新しい部分は土器の特徴的な文様が貫入する例（安井 2010）などがあり、判別しやすい場合が多い。今日的な課題は「安行3b式」への移行プロセスにあり、今後精緻に見直す機会を得たいと思う。

　「土器─土偶クロス年代論」による「安行3a式」の確定　「ミミヅク土偶」を「真福寺土偶」と「滝馬室土偶」の形態別に分類することはたやすい。しかし、「滝馬室土偶」が「安行3a式」に属することを示すには別な手続きが必要とされる。最も説得力がある手続きは土器と土偶の一体的な関係を分析し、「土器型式」と土偶形態の相関を導出することである。胸腹部が正中線文から単位文

へ、脚足部が充填縄紋から区画磨消縄紋へ、という変化は図4-1に示した埼玉県馬場小室山遺蹟の「安行3a式」土偶付土器（青木・小倉1982）から導出することができ、この資料から顔面・頭部を除いて「滝馬室土偶」は「安行3a式」に属する（鈴木正1989a）。

では、「安行3a式」の顔面形態はどうか。この問題は図4-2に示した埼玉県後谷遺蹟の「安行3a式」顔面付土器（早坂1990）が、「滝馬室土偶」と共通する顔面形態に従うことにより検証され、確定する。

「土器―土偶クロス年代論」と呼ぶ型式学的手続きを踏まえるならば、共通する文様の型式学に加えて造形の形態学による検証も併せて達成され、「滝馬室土偶」を「安行3a式」に比定する考察は一層確実性を増す。

「クロス土偶系統論」による「安行3a式」の「正反合」土偶3系列論　馬場小室山遺蹟の土偶付土器にはさらに重要な年代的証拠が備わる。それが「ミミヅク土偶」の反対側に装飾される、乳房を長めに強調する無文土偶の意義であり、大宮台地の北部周辺地域において「ミミヅク土偶」と系統の異なる晩期初頭縁辺土偶を製作する集団の関与が措定される。図4-1の問題は土器に装飾される

図4　「安行3a式」の「土偶インダストリ論」
1：馬場小室山遺蹟（青木・小倉1982）　2：後谷遺蹟（早坂1990）
3：福田貝塚（辰馬考古資料館所蔵／山内1941）

2体の土偶の製作者である。「ミミヅク土偶」と縁辺土偶は異系統の二者であるが、製作者が一体化している場合には次なる現象において新たなる問題が発現する。

それは年代が同一の異系統土偶間による混血（クロス）現象（鈴木正1989a）の場合、初期の「土偶インダストリ論」では「正反合」の土偶3系列論による「合」（「正」は在地の伝統、「反」は他の地域の系統、「合」がクロス現象）として群馬県における「谷地系列」を制定し、「クロス土偶系統論」の嚆矢とした。その後の資料が充実した大宮台地北縁周辺の「クロス土偶系統論」は、赤城遺蹟における事例を典型とする（鈴木正2010a）が、本稿では近年の下総台地に眼を転じ、注目すべき最前線の資料を示す。

図5-1～5は鎌ヶ谷市中沢貝塚（大内 2010）の晩期前葉土偶である。1・2は「安行3a式」における「合」の土偶であるが、「反」の影響が極めて強い形態である。1は南奥の後期末葉「刻文土器」（鈴木正 2004a）の伝統を継承する体部の刻文が特徴で、大柄の三叉文が胸部で入り組み、肩背部で垂線を中心に対向する文様帯は「大洞B1式」系統と考察するが、造形や装飾の形態に「ミミヅク土偶」からの影響を強調すべき点として、目・口・耳の形態と顔面輪郭刻文帯を指摘できる。併せて仙台湾以北に共通する土偶文様が稀であることから在地における変容を積極的に考慮し、「中沢土偶」と呼ぶ。2も1と同系統の無文土偶である。図4-1の馬場小室山遺蹟の無文土偶も「ミミヅク土偶」に対して「反」の系統を考察したが、下総台地においても無文となる共通の現象・作法を確認した。「反」の影響が強い場合の「合」1・2に対し、3・4は「ミミヅク土偶」であるが、図4-2の顔面と比較して違いが大きい例である。「安行3a式」の3は無文の大きい鼻の系統が「滝馬室土偶」の「正」とは異なる様相で、「反」の属性が関与した例と考察する。4は「安行2式」や「安行3a式」の「ミミヅク土偶」と比べると異端土偶となる「安行3b式」の例であるが、鼻の形態は「滝馬室土偶」の伝統を有する例である。頭髪の立体化や口部が顔面輪郭と一体化する形態は、背部に発達する磨消縄紋とともに「安行3b式」に定着し「安行3c式」に継承される典型であり、「安行3a式」には稀である。

　「ミミヅク土偶」の影響が軽微な「中沢土偶」に対し、図5-6の茨城県御所内遺蹟例（井上ほか 1988）は、体躯や顔面・頭部などの形態に「ミミヅク土偶」の系統を強く残しつつも腰部の文様帯が「反」の系統を示しており、「安行3a式」に観る「合」形態の年代的地域的様相として「御所内土偶」と呼ぶならば、東関東では「中沢土偶」も含めて「反」の強い影響が顕著である。

　かつて「安行3a式土偶インダストリは、ミミヅク系列と福田系列の両極に加えて、谷地系列によって構成されている事実が判明した」（鈴木正 1989a）と土偶3系列論の基本的な考察を展開したが、西関東の「合」の形態である「谷地系列」と比較する意味で、東関東において年代差を有する「中沢土偶」と「御所内土偶」を提示する。

　「顔面系統論」による関東北間の連絡・交渉　前述の「福田系列」は図4-3に示した茨城県福田貝塚の「顔面付土器」であり（山内 1941）、顔面は「大洞B1式」終末前後の系統であるが、「土器―土偶クロス年代論」の一環で「安行3a式」として定着する。「福田系列」の顔面に特徴的な隆帯縄紋眉の形態は「中沢土偶」と共通し、その連鎖は北奥の「蒔内土偶」（鈴木正 2010a）に至るが、「福田系列」の「顔面系統論」によれば、「安行3a式」に所謂「遮光器土偶」（以下、所謂は略）が伴存しないことは戦前から明らかにされてきた。では、

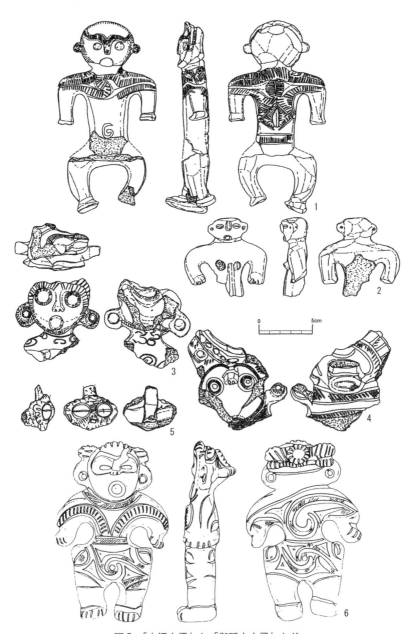

図5 「中沢土偶」と「御所内土偶」など
1〜5：中沢貝塚（大内 2010）　6：御所内遺蹟（井上ほか 1988）

「遮光器土偶」は「安行 3b 式」に伴存するのであろうか。

　この問いかけに対し、「安行 3b 式」には人面文土版（顔面付土版）を用いて「矢畑系列」を制定し、「矢畑系列」の顔面を根拠として「大洞 BC1 式」には「遮光器土偶」直前の顔面が残存することを考察した（鈴木正 1989a・2010a）。南奥の新潟県村尻遺蹟では、「大洞 BC2 式」にも残存し深鉢に付される顔面資料が報告され（齋田 1998）、「遮光器土偶」と異なる顔面の展開は変化と変容の視点から意味深長である。

　一方で中沢貝塚における「安行 3b 式」の「ミミズク土偶」である図 5-4 は、型式学的に「安行 3a 式」直後よりも新しく、「大洞 BC2 式」期に並行する年代と考察する。そこで図 5-5 の「遮光器土偶」系統を考えるならば、中実の形態ではあるが、眼は「大洞 BC1 式」より新しい形態（鈴木正 2010a）となり、4 と同じ階段と推察する。

　このように下総台地における「遮光器土偶」の出現と係わる年代は、「顔面系統論」を根拠とする限り「大洞 BC2 式」期であり、それ以前の縁辺土偶は「遮光器土偶」直前の顔面形態となる。

（3）「安行 3a 式」から「安行 3b 式」へと浸透する文化複合

　関東地方における晩期土偶の成立を「正反合」の土偶 3 系列論の検証とともに概観したが、あくまでも「安行 3a 式」という範疇であり、今後の年代的地方的細別は必至である。また、説明の成り行き上「安行 3b 式」にも一部触れたが、「安行 3a 式」に観られる土偶 3 系列論は「安行 3b 式」に至り、どのような展開を示すのであろうか。

　「既にミミズク系列と矢畑系列を両極としつつ、」「東北系統の土偶としての所謂遮光器土偶を、安行 3b 式土偶インダストリに組み込む事は、現状では無理と云わざるを得ない」とした上で複雑かつ多様な展開について、埼玉県東北原遺蹟の「この亀形土製品は中空であるが、こうした土製品の製作技術が土偶にも影響を及ぼし、高井東例の如き中空土偶が出現するのであろう。安行 3b 式に、中空の遮光器土偶が密に関与する状況を検証出来ない現状では、土偶の中空化現象と中空土製品の存在を関係づける方が、より実態に近いのではないかと思う。安行 3b 式に顕現する土偶の平板化は、残念ながら顔面系列に対しては未明な部分が多く、（中略）顔面系列ではないが、平板系列と命名し、安行 3b 式土偶インダストリの 1 系列として構造化したい。」との概観（鈴木正 1989a）は 20 年以上前の資料整備でもあり、今日的に再検討する。

　中空土偶の展開　「安行 3b 式」の大宮台地では亀を模倣した亀形土製品が丁寧に扱われる風習（鈴木正 2008）があり、しかもその体部文様帯は「平板系列」と共通することから、「安行 3c 式」における中空土偶との関わりが文様系

統から裏付けられる一方で、最近の千葉県資料によれば、「安行3a式」から「安行3b式」にかけてこれまで未明の中空土偶が検出されるなど、「中空土偶は中空土偶から」という原則的な考え方にも注意したい。いずれにしても「安行3b式」は「安行3a式」とは異なる在地主導型の定着現象が顕現する動向に本質が見出せ、「安行3c式」における「ミミヅク土偶」の終焉と「続ミミヅク土偶」形成に連なる。

　最初に注目すべき中空土偶が図6-1の中沢貝塚の胴部例である。腰部の文様は北奥にて系統的な展開が認められる「パンツ状区画」（安孫子1999）であり、西関東の「安行3a式」では「合」形態の「赤城土偶」に中実例が定着する。逐一の文献は省略するが中空の形状は北海道の「大船A土偶」と類似し、臍部に集中する文様帯も北奥で各種年代別地方別に発達しており、腰部区画の上に描かれる小弧線文が図5-3の中沢貝塚「ミミヅク土偶」例と共通する点を除くと、「大洞B1式」中空土偶の系統である。関東において「大洞B1式」中空土偶の存在が明確となる意義は大きく、「ミミヅク土偶」に中空作法が出現する技術基盤は確実に晩期初頭まで遡上する。

　では、「安行3b式」ではどうか。図6-2は宮内井戸作遺蹟の「遮光器土偶」である。中空、体躯の寸胴形態、空気抜き穴の位置が臍と臀部となる点、「炎上臍文」（鈴木正2010a）の作法などから「大洞BC1式」～「大洞BC2式」の微妙な位置付けとなるだけでなく、特に該期の「炎上臍文」に特有の刺突文が施文されない希少な「非刺突文炎上臍文」へ変容する現象は原型を特定するに当たり看過できない。その理由は関東地方を中心として東海地方までの中空「遮光器土偶」はほとんどが「非刺突文炎上臍文」へ変容するからである（鈴木正1989a）。したがって、「遮光器土偶」における本例の位相は中核地域から離れた、関東地方における変容形態の原型であろう。

　図6-3は内野第1遺蹟の非ミミヅク顔面の中空土偶である。頭部形態は「大洞BC式」の「遮光器土偶」の変容で、眼の形態が「遮光器眼手法」ではなく「楕円形隆起眼手法」であるのは大型中空の範疇とは異なるゆえであり、北奥にも観られる作法である。ここで注目すべきは3の頭部形態で、大きさは異なるが「安行3c式中空ミミヅク土偶」（鈴木正1993a）の母体とすべき形態であろう。

　このように千葉県遺蹟では北奥の形態と見間違えるような中空土偶を検出する動向が確認され、集落における位置付けがどの階層からの要求であるのか（鈴木正1990b）、東北との関係も含めて階層的な役割を考える基礎資料となる。初期の「土偶インダストリ論」では「大洞BC式」系の「遮光器土偶」の検出がほとんどなく、「大洞C1式」期例が多い動向を解説したが、今日では晩期

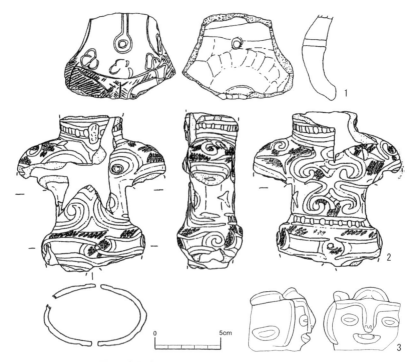

図 6　東関東における晩期初頭〜前葉の中空土偶
1：中沢貝塚（大内 2010）　2：宮内井戸作遺蹟（小倉ほか 2009）　3：内野第 1 遺蹟（田中ほか 2001）

初頭から晩期前葉にかけても注意深く資料を見出す努力が必須となる。
　「安行 3b 式」の「ミミヅク土偶」　「安行 3b 式」遺蹟における中核的な土偶形態は「ミミヅク土偶」である。高井東遺蹟整理の 1970 年代頃は、「安行 3b 式」に「ミミヅク土偶」が伴存する通説は見当たらず、小野美代子はじめ原田昌幸もそうした時代の落し子であり、土偶研究における年代的な壁としての記憶がある。今日では土偶にも型式学の適用が進められる機運と環境整備が認められる（安井 2010）など、逆に「土器型式」の整備において終末と初頭の形態差に厳密性を求める細別が必至となる。
　図 7-1・2 の「ミミヅク土偶」大小 2 個体は宮内井戸作遺蹟の「安行 3b 式」であり、図 6-2・3 の「遮光器土偶」とほぼ同年代である。図 5-3・4 の中沢貝塚例で「安行 3a 式」(3) →「安行 3b 式」(4) の変遷を示し、本例も同期したミミヅク顔面形態変遷に従うが、ともに図 5-4 よりは古い形態であろう。体部から脚足部が不明であり、他で参考までに補う必要がある。

50　第Ⅰ章　土偶型式の成り立ちとその背景

図7-3・4の「ミミヅク土偶」は内野第1遺蹟の「安行3b式」である。中沢貝塚例よりは古く、宮内井戸作例と同じ階段である。3は股間までの短胴形態、4は脚足部まで残存した胴長形態、ともに臍部を中心とした刻文隆起帯を有する典型的な「ミミヅク土偶」となるが、4は「平板系列」と関係するであろう。そして現状では、この年代が「中空ミミヅク土偶」の嚆矢となるようである（堀越 1994）。

　「平板系列」の正体　初期の「土偶インダストリ論」では晩期前葉の中空土偶が未明による制約が大きく、ようやく今日的な整備に至るが、同様に形態的に顕著な特徴ながらも不明部分を残す土偶が「平板系列」である。「肩―乳房隆帯パッド」によりウエストが絞られる「ミミヅク土偶」に対し、胴長形態の「平板系列」は当時は顔面形態を不明としたが、その後の検討で「御所内土偶」などに注目すべき板状形態変遷を措定する。

　実際、胴部のみの類例は関東各地の要所で確認し得るが、図7-5に示した埼玉県赤城遺蹟例（小野ほか 1988）は顔面のみが「ミミヅク土偶」となる「安行3b式」末葉の「平板系列」と紹介した（鈴木正 2010a）が、あるいは「安行3c式」かもしれない。赤城遺蹟にはすでに触れた「パンツ状区画」の「安行3a式」から「安行3d式」に至るまで「赤城土偶」と呼ぶべき「合」形態の標準が制定されるが、本稿では当時不明であったミミヅク顔面が明確になった例を補足の意味で示すにとどめる。

　外部からの刺激となる「反」の「遮光器土偶」に対して、「合」形態である「平板系列」がミミヅク顔面を採用する意義は大きい。「安行3b式」では「ミミヅク土偶」と「平板系列」の二者にミミヅク顔面が採用されるなど、あたかも「ミミヅク土偶」の多様化による新たな動向が出現するかのようであり、逆に伴存する「遮光器土偶」の動向は極めて希薄となる。

　では、「平板系列」の行方はどうなるであろうか。ここでミミヅク顔面と異なる「反」の顔面形態である「矢畑系列」が改めて問題となる。たとえば、栃木県遺蹟における土版集成（渡辺・上野 2010）から人面文（顔面付）土版の出現を確認するならば、藤岡神社遺蹟例が最古で「矢畑系列」の年代である。また、埼玉県も同様であることから、「反」形態の顔面を有する「矢畑系列」および「正」形態のミミヅク顔面を有する「平板系列」によるクロス現象の基盤が準備される。

　「福田系列」→「矢畑系列」はともに土偶とは異なる顔面形態による変遷であるが、「安行3a式」には「中沢土偶」や「御所内土偶」、そして中空土偶が検出され、その中沢貝塚や宮内井戸作遺蹟では「安行3b式」には「遮光器土偶」も検出されるが僅少であることから、「矢畑系列」と「遮光器土偶」の在り方

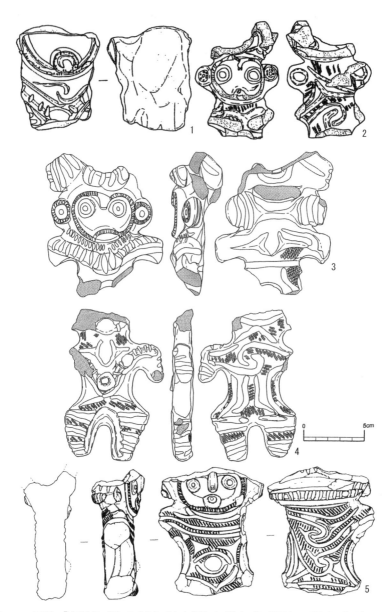

図7　「安行 3b 式」の「ミミヅク土偶」と「ミミヅク顔面」の「平板系列」
　1・2：宮内井戸作遺蹟（小倉ほか 2009）　3・4：内野第 1 遺蹟（田中ほか 2001）
　5：赤城遺蹟（小野ほか 1988）

はあたかも補完的かつ密接不離の関係にあり、「安行 3c 式」の土偶系列に大きな影響を与えることになる。

そこで「ミミヅク土偶」におけるミミヅク顔面および臍部を中心とした「肩—乳房隆帯パッド」を有する独得の体躯形態の伝統性に着目するならば、どこかで「ミミヅク土偶」を印象づける要素を残しつつ、年代的に「安行 3b 式」と異なる特異土偶として位置付けられる「中空ミミヅク土偶」の形態学的範疇を「続ミミヅク土偶」と命名し、「ミミヅク土偶」の終焉と「続ミミヅク土偶」の隆盛が交差する様相の解明が「安行 3c 式」における「土偶インダストリ論」の新たな課題となる。

3 「続ミミヅク土偶」の拠点集落への展開と文化複合の進行

「安行 2 式」の「ミミヅク土偶」と縁辺土偶から「安行 3a 式」形成に伴う土偶 3 系列論へ、そして再び「安行 3b 式」におけるミミヅク顔面の造形形態における多様化（「ミミヅク土偶」、「中空ミミヅク土偶」、「平板系列」）を見たわけであるが、それではミミヅク顔面はその後どこへ行くのであろうか。それはまた「ミミヅク土偶」の終焉を考察することでもある。「安行 3c 式」の「土偶インダストリ論」とはこのような課題と対峙することであるが、紙面の都合もあり、近年の資料増加が著しい千葉県遺蹟の様相に重点をおいて概観する。

初期の「土偶インダストリ論」において導出した動向は、「安行 3c 式」の西関東には新たに西風の強い影響を受容する縁辺土偶が形成され、集落内で混在する現象である。それらは「安行 3b 式」に定着した「平板系列」を母体にした新たなる変遷であり、土版文様と共通する板状形態の「なすな原 A・B 系列」、無文の「橿原 B・C 系列」、やや異質な性質の「屈折像土偶」、そして部分的に「清水天王山土偶」の系統として「中谷土偶」を措定した。特に「中谷土偶」の特徴となる肩部の「球形群集突起文」はなすな原遺蹟では見出せない現象が気がかりであるが、群馬県矢瀬遺蹟では体部無文の系統に「球形群集突起文」土偶が纏まる。しかも群馬県には滝澤遺蹟・中栗須滝川 II 遺蹟など、さらにクロス現象としての施文は埼玉県赤城遺蹟以南の大宮台地南部にまで分布を南下させる現象があり、ここに新たに見出した縁辺土偶を「矢瀬土偶」と呼び、「球形群集突起文」を有する装飾形態として「中谷土偶」と「矢瀬土偶」の二者に連絡・交渉を認めるならば、東関東にはその影響が希薄である。

同様に無文を特徴とする非ミミヅク顔面の「橿原 B・C 系列」も縁辺土偶であるが、「矢瀬土偶」と類似の動向を示しつつ、現利根川以南の南関東にもより広く影響する系統である。

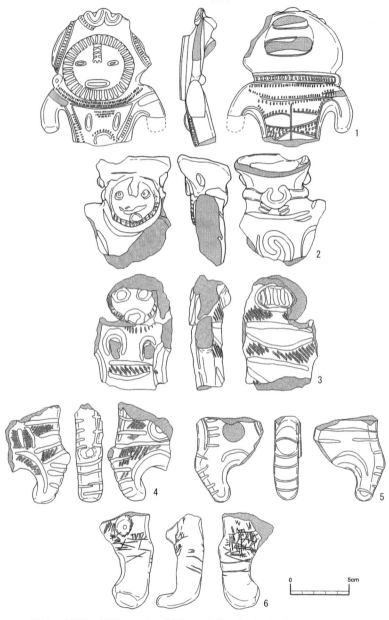

図8 内野第1遺蹟における「安行3c式」の「平板系列」（田中ほか 2001）

（1）「安行3c式」における「平板系列」の隆盛と多様性

　では、板状形態で非ミミヅク顔面の縁辺土偶として顕著化した「なすな原A・B系列」に注目した動向はどうであろうか。「安行3b式」の「平板系列」はミミヅク顔面が特徴となる可能性が高く、「なすな原A・B系列」の顔面はそうではなく、「橿原B・C系列」や「中谷土偶」の影響を受けて変遷した可能性が高い。「なすな原A・B系列」の体部が在地の土版文様と共通する現象は構造的な帰結であり、前代の「安行3b式」における「平板系列」や中空亀形土製品も含めての伝統形態であり、初期の「土偶インダストリ論」では「安行3b式」における「平板系列」の在地化伝統化を重視し、土製品との統合的な現象として東関東を課題とした。そのため、土版文様との関係は僅かな例の指摘にとどまり、「安行3c式」終末の中空土偶として群馬県板倉沼遺蹟例を、板状土偶として千葉県貝の花貝塚例を典型として提示した。

　そこで東関東における状況が明らかとなりつつある現在、新たな形態的特徴として土偶と初期土版の文様共有における多様化展開を「平板系列」の隆盛と呼び、「安行3c式」の位相に観る統合的な画期の一つとして強調したい。具体的に図8は内野第1遺蹟における「平板系列」の隆盛を示し、東関東における「安行3c式」の「土偶インダストリ」を垣間見る。

　図8-1～3は顔面形態が判明、4～6は体部から脚足部形態が判明する例であり、「安行3c式」の典型的な板状形態である。とりわけ1は「平板系列」と土版形態との関係を顕著に示す典型的形態であり、胴部の背面は垂線を中心として縦2分割される土版文様と頭頂部の突起も「姥山Ⅲ式」の典型性である。肩P（肩部の隆帯パッド）は「遮光器土偶」の影響を受け、眼口部の「楕円形隆起眼手法」は図6-3の系譜でやはり「遮光器土偶」の変容に観られる作法である。他方で顔面輪郭部の作出や鼻は「ミミヅク土偶」の作法であり、「正反合」による形態変容となる。2は「ミミヅク土偶」の終焉に相応しい頭部形態であり、ミミヅク顔面の簡素化にとどまらず、初期の「土偶インダストリ論」で指摘したささら遺蹟の「安行3c式」例と同様、頭部形態が「安行3b式」を継承しつつも簡素化無文化する。背面の入り組み弧線による単位文が「姥山Ⅲ式」と共通する。3もミミヅク顔面の系譜で簡素化が進行する。体部を装飾する帯状に弧線で区画しただけの簡素な磨消縄紋は「安行3b式」に典型性は観られず、土版の文様系統であろう。上半身像の1・2・3に対し、4・5・6は該期の下半身像であるが、組み合う例とは思えず、相互の組み合わせに課題が残る。4・5は内股に配される弧線状の区画文として確立する「内股区画文」に該期の特徴があり、「安行3b式」には定着することのない作法である。小さい脚足部は「ミミヅク土偶」の変遷である。6は細密沈線文が雑な「下位土

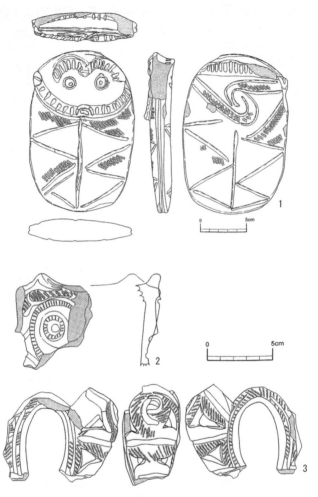

図9 内野第1遺蹟における「安行3c式」の土製品 (田中ほか 2001)
1:顔面付土版　2:「続ミミヅク土偶」　3:脚付異形土器

偶」(鈴木正1982) として参考に供したい。
　この「平板系列」に対し、「安行3c式」の土版との関係が問題である。初期の「土偶インダストリ論」では資料が管見に触れず遺蹟内関係を吟味するには及ばず、土偶と土版の「土器型式」における対比構造として導出したに過ぎない。
　「安行3c式」顔面付土版である図9-1は、内野第1遺蹟内において図8-1の

「平板系列」との関係に意義を有する独得な文様帯である。顔面輪郭と眉鼻は
ミミヅク顔面の作法、眼は円形化するものの非ミミヅク顔面の「楕円形隆起眼
手法」となり、共通する現象が観られる。頭髪形態は「安行 3b 式」に顕著な
王冠状花弁から平板化した前髪と後髪の分岐へと後退する変遷に従い、より退
化した様相を呈するのは土偶ではなく顔面付土版の作法と思われる。版面の磨
消縄紋は「姥山Ⅱ式」の稲妻状形態と共通し、土版特有の正中線文による縦
分割線も顕著である。この顔面付土版の存在は「平板系列」と比較を可能と
し、その結果としてイデオロギー製品間には相互に補完関係となる緩やかな構
造が措定され、土偶を切り離して分析する土版研究（小杉 1986）に限界を突き
つける。様式論のように器種ごとに分けて分析するのではなく、文様帯の下部
構造として器種が組み込まれる現象を弁える必要があろう。

　なお、「平板系列」の隆盛と土版の関係は「ミミヅク土偶」分布圏に限った
研究課題ではなく、その原因となった「遮光器土偶」成立分布圏にも共通して
観られる現象であり、東関東では茨城県柳沢大田房遺蹟に「大洞 BC 式」の典
型例が観られる（金子 1993、鈴木正 2010a）。

（2）「遮光器土偶」の僅少化と「遮光器系列」の定着

　初期の「土偶インダストリ論」において示した「安行 3c 式」に「遮光器土偶」
の影響が顕著になる現象は、北奥における典型的「遮光器土偶」の模倣と考え
られる「遮光器系列」、「遮光器土偶」の中空製作を在地において受容した「形
態受容系列」の大きく二者により展開する状況として触れた。その後の資料蓄
積で赤城遺蹟に代表されるように、南奥の「遮光器土偶」が北関東に貫入する
現象が顕在化し、南奥の土偶を「分類の標準」とするには北関東までの変容を
対象としなければならず、「遮光器系列」の概念はかなり拡張の方向で見直す
必要がある。

　具体的に見直す対象は図 10-1 の茨城県小山台貝塚例（斉藤ほか 1976）であ
る。小山台貝塚例は北奥の大型中空「遮光器土偶」ではなく、南奥で模倣され
る中型形態に関係する「形態受容 A 系列」と分類したが、今般の「遮光器系
列」の範疇を拡張する見直しにより「形態受容 A 系列」は「遮光器系列」に組
み込むなど、今後は「形態受容系列」は「形態受容 B 系列」のみに限定する。

　この「遮光器系列」概念の拡張により、図 10-2 の宮内井戸作遺蹟例も「大
洞 C1 式」期の「遮光器系列」として違和感がない。小山台貝塚例と宮内井戸
作遺蹟例が示すように、東関東の「遮光器系列」は模倣にかなり変容が進む特
徴が見られ、栃木県や大宮台地周辺に南奥の「遮光器土偶」が貫入する現象と
はかなり異なる状況である。

　東関東における変容の度合いは図 10-3・4・5 の内野第 1 遺蹟例により確実

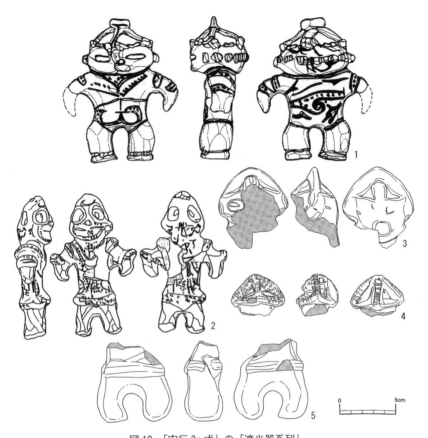

図10　「安行 3c 式」の「遮光器系列」
1：小山台貝塚（斉藤ほか 1976）　2：宮内井戸作遺蹟（小倉ほか 2009）
3 〜 5：内野第 1 遺蹟（田中ほか 2001）

性が高まり、特に 3・4 の頭部形態は 2 の宮内井戸作遺蹟例と共通する。
　ここで注意すべきは、王冠状の頭部形態は簡素化して模倣の対象となるものの、「遮光器眼手法」への関心が希薄化する、あるいは大型中空の特別仕立ては特定の製作者に限定されるなど、「遮光器土偶」における代表的な優品の製作とは無縁な状況下における模倣現象であり、「安行 3c 式」と密接な集団による産物が「遮光器系列」と概念化される。しかも「遮光器系列」は中空大型の優品でないことからも、「安行 3c 式」における土偶の中核的な優品とは言えない。
　では、「安行 3c 式」には大型中空の「遮光器土偶」に匹敵する優品はないの

58　第Ⅰ章　土偶型式の成り立ちとその背景

であろうか。たとえば板倉沼遺蹟例に代表される、新たな「形態受容系列」へと中核性が移行するかに観えるが、それにしては類例はほとんど見出せない。

つまり、「遮光器系列」や「形態受容系列」以外に中空大型の優品が際立つ社会の構成が「安行3c式」の「土偶インダストリ論」であり、土偶の価値観も地域文化により異なり、極めて多様であることは土版と交差する現象からも推し量ることができるが、ついには伝統性と中空大型の融合により驚くべき形態を形成する。

（3）拠点集落の象徴としての「続ミミヅク土偶」

「ミミヅク土偶」の終焉は初期の「土偶インダストリ論」で示した「安行3c式」前葉に当たり、ミミヅク顔面にとどまらず後期以降の体躯形態も安定して継承される。内野第1遺蹟では「ミミヅク土偶」そのものの確実な例は未明であるが、「平板系列」にミミヅク顔面やその影響下の作法が定着することを確認した。

では、「ミミヅク土偶」にとって代わる「続ミミヅク土偶」とすべき形態は何か。初期の「土偶インダストリ論」を補う新たな土偶形態として、大宮台地北縁続きの赤城遺蹟において「安行3c式中空ミミヅク土偶」（鈴木正 1993a）の存在を指摘し、「安行3b式」に祖形が観られることを確認した（鈴木正 2010a）が、内野第1遺蹟においては「中空ミミヅク土偶」の検出はどうであろうか。

ここで注目すべきは人面装飾付土器と報告された図9-2である。破片ではあるが、断面図を観ると頭頂部に天井板のような破断面が描かれており、このような形態が深鉢に採用される例はほとんどないであろう。頭頂部における天井板や橋状板の製作は赤城遺蹟の「中空ミミヅク土偶」と共通する作法であり、本例も「中空ミミヅク土偶」と考察する。

次に「中空ミミヅク土偶」の由来に触れるならば、晩期初頭以来、東北の中空土偶が関東に貫入し、模倣される状況の分析からは、中空の製作が「ミミヅク土偶」に受容される背景として「遮光器土偶」の受容を製作上の刺激として位置付ける。その結果、新たな形態として「中空ミミヅク土偶」の出現を考察する。

こうして「安行3c式」ではこれまで定着していた「ミミヅク土偶」が終焉を迎える一方で、その終焉を補完する代替現象として、在地の伝統的な「中空ミミヅク土偶」の定着と隆盛による新たな状況が顕著となり、「ミミヅク土偶」変遷史による最後の変貌位相を「続ミミヅク土偶」として確立する。

さらに「中空ミミヅク土偶」の隆盛には系統別の由来も歴然とする。赤城遺蹟例には後谷遺蹟例と共通する形態と赤城遺蹟に独自の形態の二者が検出され、前者を「続ミミヅク土偶後谷系列」、後者を「続ミミヅク土偶赤城系列」と

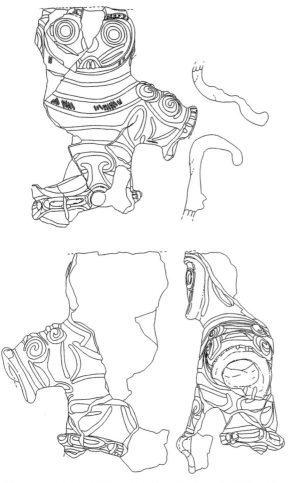

図11　三直貝塚の「続ミミヅク土偶」（S = 1/5、吉野ほか 2006）

命名・区別するが、東関東ではどのような由来が見られるであろうか。赤城遺蹟の二者はともに「ミミヅク土偶」に顕著な「耳飾装着形態」を特徴とした上で、体部の文様帯は「安行3b式」の「平板系列」に由来する傾向が強い。他方の内野第1遺蹟例は顔面のみの検出であるものの、「耳飾無し形態」に違いが大きく、しかも「耳飾無し形態」は「遮光器系列」と通じる作法でもあり、由来を考察するうえで「遮光器系列」が射程に入ることになる。

そこで東関東例として東京湾東岸湾口部の三直貝塚から検出された、顔面と体部が概観可能な「中空ミミヅク土偶」を検討の対象とする。図11が三直貝塚例であり、頭頂部が欠落するのは内野第1遺蹟例と同様に製作の転換点で大きな頭頂部が剥落しやすいためであろう。耳部に相当する頭側部には弧線による文様の一部が見られる点も内野第1遺蹟例を「中空ミミヅク土偶」と判断する類似点である。三直貝塚例の体部文様帯は赤城遺蹟例と異なり、「安行3c式」の「遮光器系列」に観られる「炎上臍文」を模倣した文様帯となる。頸部の帯状に磨消懸垂文が展開する作法は「遮光器系列」の「連珠文」が在地化変容した「**連珠状磨消懸垂帯**」であり、赤城遺蹟

例と共通する。腰部の隆帯による装飾も同様に「遮光器系列」の作法となる。
　このように三直貝塚の「中空ミミヅク土偶」は「遮光器系列」の中空土偶と体部文様帯が共通する作法を採ることから、赤城遺蹟や後谷遺蹟と異なる中空化文様由来が考察され、「続ミミヅク土偶三直系列」として「遮光器系列」の強い影響により形成される変遷が措定される。
　因みに図9-3は内野第1遺蹟の「安行3c式」脚付異形土器である。脚部の「内股区画文」から「平板系列」との共通性が指摘されるだけでなく、土版文様が各種の土製品に採用されるようである。脚付異形土器も含め、中空化現象の背後には異系統の中空製品の存在が見え隠れしており、その刺激により各種の中空製品の形成へと連絡することは間違いなく、今後は中空製品への厳密な型式学と系統学の適応が必至となる。
　以上、「安行3c式」の「土偶インダストリ」を概観すると、「続ミミヅク土偶」と「遮光器系列」、そして「平板系列」を中心とした地域特性と拠点保有性に富む集約的な様相が特徴的に導出される。

4　「土版文系土偶」への収斂と文化複合の終着点

　関東地方における晩期土偶は「ミミヅク土偶」を変遷の中核とする大きな「流れ」が前半に形成され、その終末は「続ミミヅク土偶」の隆盛に象徴される。他方で東北地方を中心に中部地方など周辺地方の影響が「クロス土偶系統論」として認められ、特に「亀ヶ岡式」の系統は集落構成として常駐するかの状況が観られ、土偶イデオロギーにおいても地域的な変容が甚だしい「遮光器系列」が徐々に定着の様相を強め、「平板系列」の形成にも影響しつつ、収斂するように「続ミミヅク土偶」の隆盛に強く関与する。このように「安行3a式」から「安行3c式」までは集落構造を支えるイデオロギー形態も「正」（関東の伝統形態）・「反」（東北などの異系統形態）・「合」（クロス融合形態）となる形態分化と融合における複合状態が伝統化するなど、徹底した「クロス複合社会」となり、

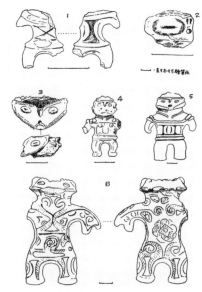

図12　八幡一郎の「奥羽文化南漸資料」
（八幡1930）

維持・運営される。

「クロス複合社会」の象徴を特異な形態である「続ミミヅク土偶」とするならば、その後の動向に「続ミミヅク土偶」はどのような役割を果たすであろうか？この問題に道筋をつける学史がある。それが八幡一郎により図12として示された東京都（1：池袋貝塚、2：小石川植物園貝塚）・千葉県（3・4・5：江原台貝塚）・茨城県（6：福田貝塚）の土偶である（八幡 1930）。2の「遮光眼作法」は「大洞C1式」の特徴を備えるが、他は「安行3d式」期に伴存する土偶である。特に江原台貝塚例は「関東化」、福田貝塚例は「関東的要素が極めて多分」との指摘（ゴヂック体は引用者）もあり、「安行3d式」期（含「前浦式」）に発達する「土版文系土偶」（鈴木正 2010a）の学史的標識例とする。「加曽利B式」の「山形土偶」に対し、4・5には「菱形土偶」の範疇を制定するとともに、6は磨消縄紋の土版と共通する特徴から「福田土偶」と呼び、区別する。

「安行3c式」の「平板系列」はミミヅク顔面を継承する動向が見られるものの、図12にはミミヅク顔面の関与が全く見られず、今日的には中空の「土版文系土偶」に「遮光器系列」顔面形態を採用する状況が浮上する。この状況を内野第1遺蹟で確認・検証するならば、「安行3d式」期の土偶は図13に示すように中空と中実の「土版文系土偶」が組成して展開する状況に尽きる。

図13-1は図12-4・5の江原台遺蹟例と同様に、王冠状頭頂が縮退し後髪部として移行した独得の頭部形態を有する「菱形土偶」で、「安行3d式」の典型である。「菱形土偶」の中実形態が図13-2である。学史的な「菱形土偶」は大型の中空土偶が中心で、それゆえに「遮光器土偶」との関係で「奥羽文化南漸資料」とされた経緯を有するが、実態は中空と中実の両形態が「菱形土偶」に組成する。図13では頭部以外に腕部は3（中空）と4（中実）、腰部を中心に胴部から脚足部は5・6（中空）と7（中実）を示すならば、「菱形土偶」が彷彿とする。

こうして期せずして学史的に集成された土偶が地域的にはある程度広がりと変容があるものの、年代的には「安行3d式」に特定される現象であり、内野第1遺蹟の土偶による追認は、「安行3d式」の土偶イデオロギーにおける「脱ミミヅク形態」であるミミヅク顔面から菱形顔面への完全なる形態転換、および体部の文様帯を土版と共有する「土版文系土偶」の形成を収斂現象として示した。これは「安行3c式」の「クロス複合社会」に対し、「安行3d式」が「続ミミヅク土偶」と「平板系列」を「土版文系土偶」として統合する「クロス統合社会」への変質を意味する。

そして「クロス統合社会」への変質を促す背景として考察すべきは、北関東方面において認められる「遮光器土偶」の強い影響（鈴木正 2010d）で、その

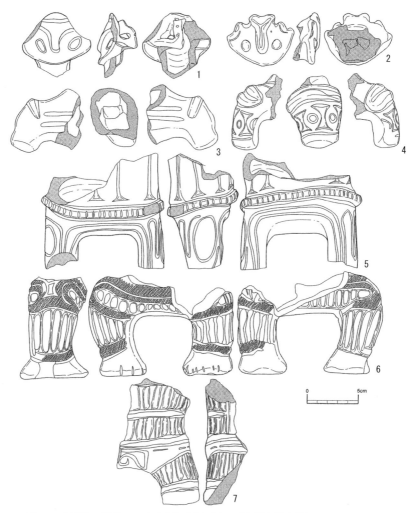

図13 内野第1遺蹟における「安行3d式」の「土版文系土偶」(田中ほか 2001)

背景の下に「遮光器系列」が隆盛する縁辺事情が重要である。東北地方における「宇鉄土偶」の形成（安孫子 1999）も「脱ミミヅク形態」と同様の動向としての「脱遮光器形態」と関わる広域に共通する構造的な変動現象であり（鈴木正 2010a）、機会を改めて詳細に触れる心算である。

5 結語—拠点集落に観る文化複合から飛び火的な文化変容へ—

　関東地方における晩期土偶イデオロギーの画期は、「脱ミミヅク形態」を成し遂げた「土版文系土偶」への収斂とその後の行方にある。「安行3d式」までの「土偶インダストリ」は関東地方の伝統的な精彩を徐々に失いつつも在地の伝統を主体的とし、顕著な林立状態の「クロス複合社会」を通過した後に「クロス統合社会」へ収斂するが、それ以後の在地形態は現時点においても未明である。

　問題との対峙は学史を鑑にしよう。荒海貝塚における土偶群（馬目ほか 1965）が「土版文系土偶」に続く年代に出現する形態として学史的に脚光を浴びたのは約半世紀前である。それらは「荒海C土偶」に代表される「大洞C2式V期」土偶の偏在（鈴木正 1993b・2010d）、および所謂「有髯土偶」（以下、所謂は省略）として範疇化される「荒海土偶」（鈴木正 1989b）の偏在（鈴木正 1989a）、に観る二様の偏在位相であり、今日的課題として残されたままである。

　しかもこの二者の位相は無縁な関係の二者として切り離され、「荒海土偶」のみが個別に取り扱われるが、人類史としては一連の動態を示しており、初期の「土偶インダストリ論」では具体的に「荒海貝塚の有髯土偶が如何にして生成されたか、この問題を解明するには、所謂遮光器土偶の関東的受容の実態を明確にする必要がある」（鈴木正 1989a）との接近法を確立し、「荒海C土偶」が母体となり「荒海土偶」が形成される展望を開陳した。

　ゆえにこの二者の関係こそが追及すべき土偶イデオロギーと文化変容に直接関わる研究課題（鈴木正 1989a・2010d）であり、「安行3d式」までの土偶イデオロギーが終焉を迎え、その直後には飛び火的に偏在する位相が顕在化する意味を追及しなければなるまい。真の問題の所在は「南奥大洞C2式V期」（鈴木加 1991）前後に顕在化する文化動向にある（鈴木加 1993a、鈴木正 1989a・1993a・b・c・2004b）。

　そこで「安行3式」の「考古文化」を文化複合としての側面から接近すれば、「安行3a式」から徐々に顕著になる「クロス複合社会」から「安行3d式」に至り「クロス統合社会」へと収斂する様相が「土偶インダストリ論」として導出されるが、「安行3d式」以降の「土器型式」にはこのような現象は未明で、南奥系文化の貫入による文化変容が要所で飛び火的に確認されつつある。

　学史的な「荒海C土偶」は「顔面装飾土偶」ではない。一方、初期の「土偶インダストリ論」で力説したように「大洞C2式」系土偶には「顔面装飾土偶」が一般的であり、その影響は関東地方にも及ぶ。そこで「荒海C土偶」と比肩しうる年代の「顔面装飾土偶」を確認し、「荒海C土偶」と同じ方面の土偶イデオロ

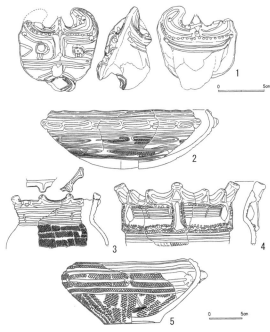

図14　下太田貝塚の「顔面装飾土偶」とその文化
(菅谷ほか 2003)

ギーの偏在を導出し、「顔面装飾土偶」の変容と変遷から「有髯土偶」への道筋を補強する。

図14は千葉県下太田貝塚(菅谷ほか 2003)の終焉を飾る「安行3d式」以降の「南奥大洞C2式V期」前後の土器、および「顔面装飾土偶」である。この「顔面装飾土偶」は、北奥の「大洞C2式」後半に由来し「大洞A1式」前葉に継承される**「両角突起状結髪」**(鈴木正 2010b)が特徴的に観られる系統で、年代も「荒海C土偶」に並行する一般的な形態と考察し、「下太田土偶」として東関東における「顔面装飾土偶」の標準とする。

「下太田土偶」を契機として外房方面には、「南奥大洞C2式V期」から「南奥大洞A1式」にかけて継続して変遷する新たな土偶組列の地域性が出現する(鈴木正 2010b)。「安行3式」土偶を多量に検出する印旛沼周辺の下総台地は該期には単独出土の閑散たる様相に一変し、晩期後葉の土偶変遷史を制御するような盛行はない。

むしろ問題となる地域は、利根川下流域では荒海貝塚周辺、九十九里方面では下太田貝塚周辺、東京湾岸では西広貝塚から湾口部方面であり、「安行3式」の土偶変遷史の中核地域とは異なるこれらの地域が、新たな偏在現象として浮上する。

すなわち、これまでの中核地域とは接点のみを保ちつつも偏在し、飛び火的に「顔面装飾土偶」から「有髯土偶」へ変遷する新たな地域展開への道筋が導出される。この状況は、縄紋式晩期から弥生式前期へという文化変動を目前に控え、強力な北からの貫入による文化変容が関東地方を覆い尽くす「土器型式」の動向と軌を一にしており(鈴木加 1993a)、文化複合から文化変容への移行は「土偶インダストリ論」からも検証される。

土偶に観る終焉への偏在、そこには伝統を断ち切る強い貫入が見え隠れする
だけでなく、東日本全域を覆う広域な動向として飛び火的な貫入経路を議論す
ることも決して無意味ではないであろう（鈴木正 2009）。
　以上、土偶から縄紋式における文化の成り立ちを縦横に解明する方法である
「土偶インダストリ論」を関東地方の晩期土偶に適用し、土偶の年代と系統を概
観したに過ぎないが、このような取り組みが契機となり、地域研究が進展すれ
ば望外の喜びである。

引用・参考文献

青木義脩・小倉　均 1982『浦和市東部遺跡群発掘調査報告書　第1集　馬場（小
　　　室山）遺蹟』浦和市教育委員会・浦和市遺跡調査会

安孫子昭二 1999「遮光器土偶の曙光─青森県宇鉄遺跡の土偶について─」『土偶研
　　　究の地平　「土偶とその情報」研究論集（3）』勉誠社（別刷）、pp.292-336

阿部芳郎 2007「山形土偶の型式と地域社会─土偶の型式と技術にみる多層構造─」
　　　『縄文時代』18、縄文時代文化研究会、pp.83-105

市川　修 2009「熊谷市西城切通遺跡の土器と土偶─前原儀久氏採集資料─」『埼玉
　　　県立史跡の博物館　紀要』3、埼玉県立史跡の博物館、pp.43-56

井上義安ほか 1988『茨城県御所内遺跡』常北町

植木　弘 1993「安行期土偶の研究 1─山形土偶系統と遮光器土偶系統の展開─」
　　　『埼玉考古』30、埼玉考古学会、pp.93-108

上野修一 1989「北関東地方における後・晩期土偶の変遷について（上）─栃木県
　　　藤岡町後藤遺跡出土土偶を中心として─」『栃木県立博物館紀要』6、栃木県
　　　立博物館、pp.201-202

上野修一 1991「北関東地方における後・晩期土偶の変遷について（下）─栃木県
　　　藤岡町後藤遺跡出土土偶を中心として─」『栃木県立博物館紀要』8、栃木県
　　　立博物館、pp.19-37

上野修一 2009「余山系列ミミヅク土偶の成立と変遷」『野州考古学論攷』中村紀男
　　　先生追悼論集刊行会、pp.227-246

上野修一 2010「第2部　栃木県の土偶」『シンポジウム「土偶研究の現状と課題─
　　　関東・東北の事例を中心に─」資料集』栃木県立博物館、pp.117-148

江坂輝彌 1990『日本の土偶』六興出版

江坂輝彌校訂・小野美代子 1984『土偶の知識　考古学シリーズ』18、東京美術

大内千年 2010「第2章　縄文時代　17 中沢貝塚」『鎌ヶ谷市史資料編Ⅰ（考古）』
　　　鎌ヶ谷市、pp.189-258

小倉和重ほか 2009『千葉県佐倉市宮内井戸作遺跡』（財）印旛郡市文化財センター

小野美代子 2009「木菟型中空土偶成立の背景」『縄文時代』20、縄文時代文化研究会、pp.137-157

小野美代子ほか 1988『埼玉県埋蔵文化財調査事業団報告書　第74集　赤城遺跡』埼玉県埋蔵文化財調査事業団

金子昭彦 1993「関東地方の遮光器系土偶―東北地方の遮光器土偶との異同―」『埼玉考古』30、埼玉考古学会、pp.139-171

金子昭彦 2001『ものが語る歴史4　遮光器土偶と縄文社会』同成社

小杉　康 1986「千葉県江原台遺跡及び岩手県雨滝遺跡出土の亀形土製品―所謂亀形土製品、土版、岩版の型式学的研究と用途問題・素描―」『明治大学考古学博物館　館報』2、明治大学考古学博物館、pp.51-71

埼玉考古学会・「土偶とその情報」研究会編 1992『埼玉考古　別冊4-3　シンポジウム縄文時代後・晩期安行文化―土器型式と土偶型式の出合い―』

齋田美穂子 1998「新発田市村尻遺跡の縄文後・晩期の土偶」『北越考古学』9、北越考古学研究会、pp.13-30

斉藤　隆ほか 1976『小山台貝塚』図書刊行会

菅谷通保ほか 2003『財団法人南総文化財センター調査報告　第50集　千葉県茂原市下太田貝塚―かんがい排水事業（排水対策特別）新治地区埋蔵文化財調査業務―』千葉県茂原土地改良事務所・茂原市・財団法人南総文化財センター

鈴木加津子 1991「安行式文化の終焉（二）」『古代』91、早稲田大学考古学会、pp.47-113

鈴木加津子 1992a「安行式文化の終焉（三）」『古代』94、早稲田大学考古学会、pp.160-181

鈴木加津子 1992b「晩期安行式土器の諸問題―南関東」『第5回縄文セミナー　縄文晩期の諸問題』縄文セミナーの会、pp.1-52

鈴木加津子 1993a「安行式文化の終焉（四・完結編）」『古代』95、早稲田大学考古学会、pp.253-310

鈴木加津子 1993b「真福寺小考―安行式と亀ヶ岡式における編年と分布の推敲―」『埼玉考古』30、埼玉考古学会、pp.15-62

鈴木加津子 1994「「山辺沢式」の埋甕・素描」『利根川』15、利根川同人、pp.27-35

鈴木加津子 1999「第5回縄文セミナー発表記録―「縄文晩期の諸問題」南関東―」『縄文土器論集―縄文セミナー10周年記念論文集―』縄文セミナーの会、pp.425-439

鈴木敏昭 1990「沈黙する女神―土偶研究のゆくえ―」『埼玉県立博物館紀要』16、埼玉県立博物館、pp.3-23

鈴木正博 1981「遺物各論II　第1章第2節　土偶」『取手と先史文化』下巻、茨城

県取手市教育委員会、pp.163-166

鈴木正博 1982「埼玉県高井東遺蹟の土偶について」『古代』72、早稲田大学考古学
　　会、pp.1-8

鈴木正博 1989a「安行式土偶研究の基礎」『古代』87、早稲田大学考古学会、pp.49-95

鈴木正博 1989b「荒海土偶考」『利根川』10、利根川同人、pp.31-34

鈴木正博 1990a「桶川市高井東遺蹟の土偶から」『上福岡市歴史民俗資料館　第7回
　　特別展図録　埼玉の土偶展―原始芸術の世界―』上福岡市歴史民俗資料館、p.11

鈴木正博 1990b「縄紋式遺蹟系列に於ける階層的網状組織と高井東遺蹟の土偶」
　　『土曜考古』15、土曜考古学研究会、pp.1-10

鈴木正博 1993a「「特集　縄紋文化の解体」について」『古代』95、早稲田大学考古
　　学会、pp.1-11

鈴木正博 1993b「荒海貝塚文化の原風土」『古代』95、早稲田大学考古学会、pp.311-376

鈴木正博 1993c「荒海貝塚研究と大阪湾「スティング」風に」『利根川』14、利根
　　川同人、pp.42-57

鈴木正博 1995「「土偶インダストリ論」から観た堀之内2式土偶―土偶の編年的位
　　置は土器から、土偶間の動特性は土偶から―」『茨城県考古学協会誌』7、茨
　　城県考古学協会、pp.149-184

鈴木正博 2004a「「山辺沢式」以前―縄紋式後期終末から晩期初頭に至る福島県遺
　　蹟と「土器型式」―」『福島考古』45、福島県考古学会、pp.27-46

鈴木正博 2004b「大きな顔の居徳―弥生式初期におけるリスクマネジメントとし
　　ての「縄紋式イデオロギー」―」『利根川』26、利根川同人、pp.16-26

鈴木正博 2005「安行3a（古古）式の型式学」『「環状盛土遺構」研究の到達点　予
　　稿集』当日配布資料、馬場小室山遺跡に学ぶ市民フォーラム（2006『＜馬場
　　小室山遺跡再生プロジェクト　研究成果公開報告書＞「見沼文化」を形成し
　　た遺跡群の分布と馬場小室山遺跡における縄文時代後晩期集落形成に至る中
　　期集落の様相』馬場小室山遺跡研究会、p.79 に再録）

鈴木正博 2008「動物形土製品のモデル―私には「ビビの物語」が描けない！―」
　　『異貌』26、共同体研究会、pp.39-53

鈴木正博 2009「生粋の「長沼文化」―「荒海海進」による汽水系貝塚群出現の背
　　景―」『利根川』31、利根川同人、pp.30-41

鈴木正博 2010a「関東地方における晩期大型土偶の年代と系統―「安行3a式」期
　　「莽内土偶」から「前浦式」期「宇鉄土偶」へ―」『シンポジウム　土偶研究の
　　現状と課題―関東・東北の事例を中心に―　資料集』栃木県立博物館、pp.49-72

鈴木正博 2010b「「縄紐吊り（操り）土偶」の世界―弥生式土偶の形成と北奥―」
　　『異貌』28、共同体研究会、pp.13-37

鈴木正博 2010c「北の家族、土偶と弥生式編―「村尻容器形土偶」の意義、「泉坂下顔壺」の真相、そして「池上土偶」の正体―」『利根川』利根川同人、pp.45-59

鈴木正博 2010d「所謂「有髯土偶」出現前夜―三輪仲町遺蹟における晩期後半の「土偶インダストリ論」を中心として―」『栃木県考古学会誌』31、栃木県考古学会、pp.19-47

田中英世ほか 2001『千葉市内野第1遺跡発掘調査報告書』（財）千葉市文化財調査協会

原田昌幸 1995『日本の美術　No.345　土偶』至文堂

原田昌幸 2010a『日本の美術　No.526　土偶とその周辺I（縄文草創期～中期)』至文堂

原田昌幸 2010b『日本の美術　No.527　土偶とその周辺II（縄文後期～晩期)』至文堂

原田昌幸 2010c「土偶の多種多様な形態と型式・編年研究」『月刊　考古学ジャーナル』608、ニューサイエンス社、pp.3-7

早坂広人 1990「6.後谷遺跡と土偶」『上福岡市歴史民俗資料館　第7回特別展図録　埼玉の土偶展―原始芸術の世界―』上福岡市歴史民俗資料館、pp.26-32

堀越正行 1993「I字文土偶、その系統と分布」『埼玉考古』30、埼玉考古学会、pp.109-119

堀越正行 1994「銚子市余山貝塚の中空木菟形土偶とその周辺」『宇奈加美』2、宇奈加美考古学研究会、pp.5-16

毎澤信博 1997「28　九石古宿（さざらしふるじゅく）遺跡」『茂木町史　第2巻　資料編1　原始古代・中世』茂木町、pp.307-315

馬目順一ほか 1965「関東における縄文式最後の貝塚―千葉県成田市荒海貝塚―」『科学読売』17―10、読売新聞社、pp.27-39

安井健一 2010「香取市域出土の土偶2題」『研究連絡誌』71、（財）千葉県教育振興財団、pp.47-53

安井健一・佐布環貴・寺内博志 2008「栄町龍角寺出土土偶について―1988年度出土資料から―」『研究連絡誌』69、（財）千葉県教育振興財団、pp.44-71

山内清男 1930a「所謂亀ヶ岡式土器の分布と縄紋式土器の終末」『考古学』1―3、東京考古学会、pp.139-157

山内清男 1930b「「所謂亀ヶ岡式土器の分布云々」に関する追加1」『考古学』1―4、東京考古学会、pp.273-277

山内清男 1932「日本遠古之文化　一　縄紋土器文化の真相」『ドルメン』1―4、岡書院、pp.40-43

山内清男 1936「日本考古学の秩序」『ミネルヴァ』1—4、pp.137-146

山内清男 1937「縄紋土器型式の細別と大別」『先史考古学』1—1、先史考古学会、pp.28-32

山内清男 1941『日本先史土器図譜』X、先史考古学会

山内清男 1964「縄紋式土器・総論」『日本原始美術Ⅰ』講談社、pp.148-158

山内清男 1969「縄紋草創期の諸問題」『MUSEUM』224、東京国立博物館、pp.4-22

八幡一郎 1930「奥羽文化南漸資料（3）」『考古学』1—3、東京考古学会、pp.185-187

吉野健一ほか 2006『東関東自動車道（木更津・富津線）埋蔵文化財調査報告書7—君津市三直貝塚—』（財）千葉県教育振興財団

渡辺邦夫・上野修一 2010「栃木県栃木市藤岡町後藤遺跡ほか出土の土版—附栃木県土版出土遺跡地名表並文献一覧—」『栃木県立博物館研究紀要—人文—』27、栃木県立博物館、pp.11-26

コラム

栃木県後藤遺跡
―山形土偶・後藤系列の標準遺跡―

上野修一

遺跡の概要

　後藤遺跡は栃木県の南部に残された縄文時代後期前葉から晩期中葉にかけての拠点集落跡で、足尾山地の東南端に位置する三毳山(標高229m)から南へ約1kmの段丘上に立地している。遺跡の西には越名沼があり、南には渡良瀬川とその支流とによって形成された氾濫原や河跡湖、自然堤防などの微高地、樹枝状に開析された丘陵が広がっている。こうした環境は、自然の幸に依存して暮らしていた縄文人にとって格好の生活の場であり、山地での狩猟、河川や低湿地での漁撈、自然堤防や台地上での採集活動などのほか、網状流化した河川域では丸木船による交易活動も盛んに行われていたと考えられる。その結果、後藤遺跡の周辺には群馬県千網谷戸遺跡、同・大原道東遺跡、同・板倉

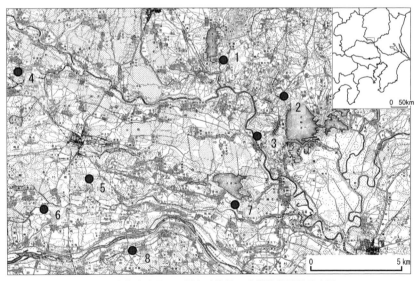

図1　後藤遺跡周辺の縄文時代後・晩期集落遺跡分布図
1.後藤　2.荒立A　3.藤岡神社　4.御厨高松　5.大原道東　6.矢島　7.板倉　8.発戸

遺跡、同・矢島遺跡、栃木県御厨高松遺跡、同・常見遺跡、同・西山田遺跡、
同・伯仲遺跡、同・荒立Ａ遺跡、同・藤岡神社遺跡、同・乙女不動原遺跡、
埼玉県発戸遺跡などの後・晩期の拠点集落群が形成されている（図1）。

　後藤遺跡からは、早期末葉の条痕文、前期の黒浜式、諸磯ｂ式、諸磯ｃ式
の土器片も出土しているが主体は後期以降であり、後期初頭の称名寺式から晩
期中葉の安行3ｃ式までの遺物が多数出土している。なかでも土偶や土製耳飾
りは質・量ともに優れており、注目を集めた。

　遺構については、厚い黒色土層中に焼土層や二次堆積のローム層などが堆積
しており、遺物と土層の対応関係を確認することが難しく、結果的にはローム
層との漸移層で堀之内式期の竪穴住居跡数軒と炉跡が確認されている。

　なお当時の後藤遺跡の調査で、土層の複雑な堆積状況と上下の層での土器型
式の逆転という矛盾に調査担当者が着目したこと（竹澤ほか1972）が、後の小
山市寺野東遺跡における所謂環状盛土遺構の確認に活かされたことを附記して
おく。

山形土偶・後藤系列の設定

　後藤遺跡から出土した土偶は、次の7群に大別できる。第1群のハート形土
偶および第2群の筒形土偶については、堀之内2式から加曽利B1式への過渡
期の好資料が出土している（本書13頁、図1参照）。

　その後、後藤遺跡では土偶の製作がしばらく低調であったが、高井東式の時
期に再開され、霞ヶ浦地域とは大きく異なる地域性豊かな山形土偶が作られて
いる。第3群（図2-1〜12）の資料がそれであり、木菟土偶への過渡的な様相
を示す第4群（13〜17）へと変遷している。以下、第5群が後藤系列の木菟
土偶（18〜23）、第6群が後期後葉の東北系の土偶、第7群が木菟土偶以外の
晩期土偶であり、姥山式系の中空土偶や遮光器土偶の模倣系などが出土してい
るが、主題から離れるため第6群以下の図版は省略に従った。

　ここでは、山形土偶・後藤系列として定義した第3群と第4群の土偶を中心
に補足説明させていただく（13は後藤系列には含まれない）。後藤系列と、山形
土偶の標準資料とされてきた霞ヶ浦周辺の椎塚・福田両系列土偶との相違点に
ついては、以下のように整理することができる。

　①眼・口の表現技法が、沈線や刺突で表現される。

　②後頭部の突起形状が、半球状とは異なり「Ｃ」字状を呈する。

　③正中線を欠落する場合が一般的である。

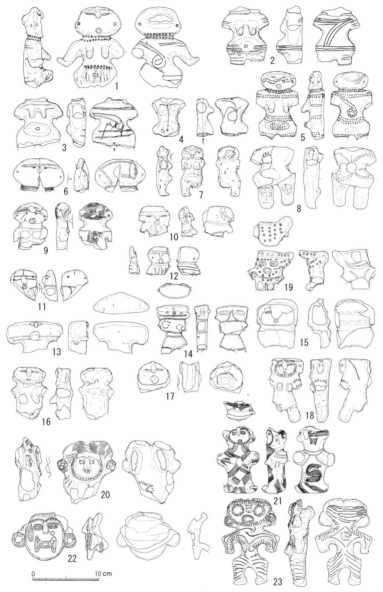

図 2　後藤遺跡出土の土偶（上野 1989 より抜粋）

④顎部の隆帯表現が弱い。

⑤文様に縄文が施されず、刺突文や沈線が多用される。

⑥背面に左右逆位の「6」字状の単位文様が施される場合が多い。

　なかでも①・②・③は、椎塚系列や福田系列と後藤系列とを分ける基本的な属性である。これらの属性に留意して周辺地域に類例を求めてみると、埼玉県高井東遺跡、原ヶ谷戸遺跡や駒形遺跡、山梨県金生遺跡など中部地域にまで及んでいることが判明している。一方、時期的には後期後葉に位置づけられる後藤遺跡の木菟土偶だけでなく、国指定重要文化財に一括指定されている栃木県藤岡神社遺跡の晩期中葉の木菟土偶にまで①・③の属性が踏襲されている。

　かつて椎塚・福田・後藤の各系列を抽出した時点で、こうした編年と分布の確認を行った（上野 1989・1991）。その結果、時間と地域を超えて各系列の変遷と分布が対比できること、すなわち山形土偶が型式学的な変化が追える遺物であることが証明された。その後、系列化の成果は東関東地域における木菟土偶出現の様相に迫る研究にも活かされている（上野 2009）。しかし、縄文土器の場合とは異なり、土偶には形の大小はあっても同時期の種類が極めて少ないこと、さらには型式を設定するには数の上で無理があることから、縄文土器と同じ「型式」名称を付す作業には抵抗を感じ、論中では標準資料となる代表的な土偶を示すに留めた。ただし近い将来資料数が十分となった際の型式分類や類型化を想定して、地域性や変遷が明らかになった一群に「系列」の呼称を用いた次第である。蛇足ではあるが、土偶の「系列」・「類型」・「型式」区分を視野に入れた試論を、ハート形土偶の出現を論題として展開したことがあるので、参考にしていただければ幸いである（上野 1995）。

引用文献

上野修一 1989・1991「北関東地方における後・晩期土偶の変遷について（上）・（下）」『栃木県立博物館研究紀要』6・8、pp.201-222・pp.19-37

上野修一 1995「東北地方南部における縄文時代中期後葉から後期初頭の土偶について」『土偶研究の地平』「土偶とその情報」研究論集（1）、勉誠社、pp.73-101

上野修一 2009「余山系列ミミヅク土偶の成立と変遷」『野州考古学論攷―中村紀男先生追悼論集―』中村紀男先生追悼論集刊行会、pp.227-246

竹澤　謙ほか 1972『東北縦貫自動車道埋蔵文化財発掘調査報告書』栃木県埋蔵文化財報告書5、日本道路公団東京支社・栃木県教育委員会

コラム

埼玉県後谷遺跡
―第4次調査出土のミミズク土偶について―

藤 沼 昌 泰

はじめに

　後谷遺跡は、縄文時代後・晩期を主体とする遺跡である。当時の桶川町大字
加納字後谷（現・桶川市赤堀）での耕地整理に伴い、地元の郷土史家・加藤貴
一氏によって採集された遺物が紹介されたことにより広く知られることとなっ
た。また、昭和40年（1965）3月26日の新聞では、埼玉県内では初の遮光器
土偶が発見された遺跡として報じられた（青木1970）。

　この当時、かつてより畑地であった遺跡は、土取り作業や急激な水田化が進
み、地表は1mほども掘り下げられ遺跡は消滅の危機にあったという。こうし
た状況の中、最初の発掘調査が浦和考古学会を中心としたメンバーによって昭
和40年8月15日に行われた。この調査で主に安行3c式土器を出土する遺跡
であることが認識された。調査は、削平されつつある包含層を記録保存するこ
とに主眼が置かれ、遺跡の性格を詳細に把握することは叶わなかったが、しか
し南関東の縄文時代終末期における代表的な遺跡の1つであり、重要な意義を
もつことが報告された。この1日の調査成果が、やがて貴重な資料の蓄積を成
すこととなる後谷遺跡の本格的発掘調査の端緒となった。

後谷遺跡について

　後谷遺跡は、大宮台地の北部、元荒川の支流にあたる赤堀川の流域に面した
台地の東縁部から、半島状に突出した標高13m程の舌状低位台地上およびそ
の周辺低地にかけて立地する。大宮台地は、遺跡周辺から北上してゆくと加須
低地に緩やかに沈降してゆく。この一帯は低位台地と自然堤防が混在する地形
を形成し、蓮田市雅楽谷遺跡や熊谷市赤城遺跡、鴻巣市中三谷遺跡といった縄
文時代後・晩期を主体とする遺跡が多く分布する。

　後谷遺跡はこれまでに第5次にわたる発掘調査が実施された。中でも最も大
規模に実施されたのは、桶川都市計画事業東部土地区画整理事業に伴い昭和
62年（1987）から平成元年（1989）にかけて行われた第4次発掘調査で、調査
面積は約13,000㎡であった。この調査は、台地上に展開された集落域と、低地

コラム　埼玉県後谷遺跡（藤沼昌泰）　75

における水辺の生業活動域が一体として調査された意義深いものとなった。

第 4 次発掘調査の概要

　後谷遺跡の第 4 次発掘調査区域は、耕地整理後も水田面の下に埋没していたため幸いにも削平を免れていた。調査区はⅠA区、ⅠB区、Ⅱ区、Ⅲ区に分けられた。ⅠA区およびⅡ区は台地肩部に展開された集落域とそれに続く台地斜面部で、ⅠB区およびⅢ区は周辺低地部分に広がる包含層である。台地部では、竪穴式住居跡 14 軒、土壙 26 基、炉跡 45 基のほか、ピットなどが多数検出されている。低地部では、木組遺構 4 基、木道状遺構 1 基、土壙 3 基、炉跡 2 基のほか、複数の杭列・杭群やピット群などの遺構が検出され、多くの堅果類や獣骨などの出土とも相まって、水辺での活発な活動を連想させる。出土遺物は、土器・土製品、石器・石製品のほか、漆製品、木器・木製品、加工材などいずれも豊富で、当時の生活様相を総合的に示す資料の出土が特徴である。

　本遺跡は膨大な量の遺物が出土しているが、本遺跡を特徴付ける遺物としては耳飾が挙げられる。赤彩や漆が良好に残存するものも多く、後期後半から晩期にかけての時期的なまとまりと出土量は注目される。

　木器・木製品は、弓などに加え、櫂状木製

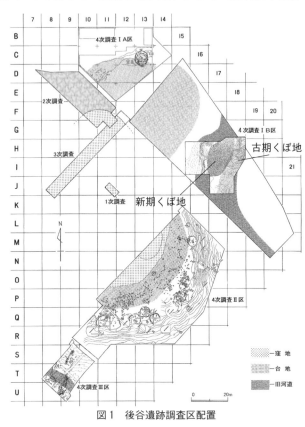

図 1　後谷遺跡調査区配置

品が多く出土しており、その製作工程を示す資料が充実している点は特筆できよう。こうした資料は、当時の木器による生業と木工技術を復元するうえで重要である。また、漆製品については、櫛歯が残存する櫛の複数出土は本遺跡を特色づけるもので、漆工芸技術を復元するうえでも良好な資料である。

　本遺跡における土偶の出土点数は100点を超える。以下で紹介するミミズク土偶のほか、大型の中空土偶や遮光器土偶など、特徴的な土偶が出土している。多くは破片資料であるが、赤彩が残存する資料も豊富である。中空のミミズク土偶としては比較的大型品と考えられる頭部片や、熊谷市赤城遺跡に見る中空ミミズク土偶に極めて類似する資料も検出している。

ミミズク土偶について

　出土状態　ここでは、第4次発掘調査ⅠB区より出土のミミズク土偶について紹介する。ⅠB区は低湿地の包含層が中心の調査区である。ここは、水域変動による侵食と再堆積が繰り返された場所で、これによって河道状のくぼ地が形成された。後谷遺跡を取り巻く旧河道の全体像は明らかとなっていないが、ⅠB区では台地の縁辺部に沿うように侵食されており、この一帯にはある程度の水域が存在していたことがうかがわれる。検出されたくぼ地は、安行2～3b式を主に出土する「古期くぼ地」と、安行3c・3d式を主に出土する「新期くぼ地」に大別され、古期くぼ地は新期くぼ地の侵食を受けている。侵食は東から西へ向かっており、西側（台地縁辺側）に形成されたくぼ地が新期くぼ地である。この両くぼ地形成に関する詳細は明らかでないが、ここだけでおびただしい量の遺物が堆積している。また、くぼ地の底面からは杭列や組物の設置、獣骨の集中などが検出されており、これらはくぼ地の利用と密接に結びついている遺構であると考えられる。

　図3のミミズク土偶は、古期くぼ地より出土した（図4）。くぼ地が東へ向かって落ち込む肩部辺りから、うつ伏せの状態で出土している。古期くぼ地は破砕されたトチやクルミなどを多く含む腐植土層と砂層の互層で、腐植土層では多くの木材や加工材に加えて、漆塗りの櫛な

図2　ⅠB区遺物出土状態（桶川市教育委員会提供）

図3 赤彩のミミズク土偶　　図4　ミミズク土偶出土状態（2点とも桶川市教育委員会提供）
　　　（重要文化財）

どが出土している。また、砂層からは主に土器・土製品、石器・石製品などが多く出土した。ミミズク土偶が出土した層相は腐植土層で、灰白色粘土が多く混入し大型の木材が少量混入するものである。くぼ地を埋める堆積土としては上層部に位置するが、本層は比較的安定した状態で堆積したものと考えられる。

　土偶の詳細　本ミミズク土偶は、長さ16cm、幅8.6cm、厚さ3.38cmである。ほぼ完形で全面が赤彩されている。また、両耳に耳飾を表現した木質残存する極めて希少な例である。

　頭部は、顔面部の上半あたりから緩やかに三角形を形づくるように作られ、頭頂部には櫛を表現した突起状装飾が表裏に1つずつ施される。顔面は刻目を施した隆帯によってハート形に縁取りがなされる。目および口は円形の貼り付けで中央が窪み、隆帯状となった縁に刻目が施される。目および口の周囲は、縁取るように細かな刻みが周回し、目、口の表現を際立たせている。両頬の部分は弧状の沈線が2本ずつ施され、沈線内に刺突を施した弧線文が2本ずつ施される。同様な文様は頭部および頭部突起装飾にも施され、頭部では沈線間に縄文を充填する。

　耳部は顔面部下半からほぼ真横に半円形に突出するように作られ、耳部表現の縁には刻目が施される。表面には沈線で「C」字が描かれ、その中央部に穿孔を施し、そこに木質がはめ込まれている（図5）。これが耳飾表現である。

78　第Ⅰ章　土偶型式の成り立ちとその背景

図5 木質による耳飾表現（左：表　右：裏）

　現在のところ樹種は不明であるが、木質の中心は中空の状態になっていることが観察できる。右耳に装着されているものは若干抜け落ちているが、左耳のものはほぼ定着している。穿孔部周囲は縄文が施されている。頭部背面は、縄文を施文した隆帯と、2本の刺突を伴う沈線による弧線文で装飾される。
　頭部と胴部は、横位の円形刺突を伴う沈線で区画される。腕は肩から曲線的に下ろされ、沈線と縄文が施される。右腕は先端を欠損している。腕先側面の部分に楕円形の窪みが施されている。乳房表現は肩部から隆起するように作られ、刺突を伴う沈線で縁取りがされている。この沈線は背面では首部の横位沈線と平行しており、背面中央で連結することなく完結する（うち1本はつながる）。周囲は縄文が施される。
　胴部は肩部から腹部に向かって「V」字状に隆起する刻目帯が貼り付けられ、それはそのまま脚部内側を縁取って足首のあたりまで続く。胴部中央は縦方向に細い楕円状に隆起する刻目帯を貼り付け、周囲は刺突を伴う沈線によって区画される。胴部側面は大きく括れ、脚部のところから大きく左右に張り出す。
　脚部は刺突を伴う横位の沈線が施され、それぞれに周回はしない。また、表裏面とも縄文が施されるが、脚部内側については無文である。脚部造形については、股部のあたりで大きく前面に突き出し、足の先端は丸みを帯びる。右足の先端は欠損している。土偶背面は、背中に当たる部分は無文であるが、そのほかは全体的に縄文が施される。

おわりに

　後谷遺跡は、関東地方の縄文時代後期から晩期にかけての居住形態、生業活動と技術、精神活動などの人間の行動を復元する上での好資料を提供した。特に、豊富な土偶を初めとした土製品などの儀礼関係遺物や、耳飾や玉などの飾身具類の多さは周辺の同時期の遺跡を概観してみても特異であることは確かである。しかし、近年の低湿地遺跡の調査事例の増加からは、後谷遺跡の性質はむしろ関東地方における当該時期の遺跡に見る1つのあり方を示しているものであると言えよう。今後の展望としては、後谷遺跡の持った機能を明確にすると同時に、広く周辺遺跡を含む地域社会との関連の中で再評価をしてゆくべきものであると思われる。

引用・参考文献

　青木義脩 1970「後谷遺跡」『浦和考古学会研究調査報告書第3集』浦和考古学会

　石坂俊郎・藤沼昌泰 2004『後谷遺跡　第4次・第5次発掘調査』第1分冊、桶川市教育委員会

　末木啓介・藤沼昌泰 2005『後谷遺跡　第4次発掘調査』第2分冊、桶川市教育委員会

　田部井功・金子正之ほか 1982「後谷遺跡」『桶川市文化財調査報告書第14集』桶川市教育委員会

　橋本富夫 1990「後谷遺跡」『桶川市史』第9巻補遺編、桶川市教育委員会

　村田章人・藤沼昌泰・吉岡卓真 2007『後谷遺跡　第4次発掘調査』第3分冊、桶川市教育委員会

　吉川國男・田部井功ほか 1979『後谷遺跡』後谷遺跡発掘調査会

第Ⅱ章　土偶祭祀と地域社会

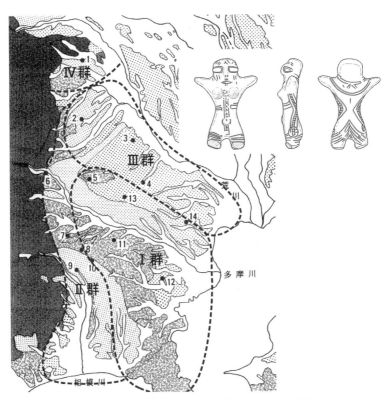

連弧文土器の集団領域と多摩ニュータウン遺跡出土土偶（安孫子論文）

1 多摩丘陵の中期集落群と土偶

安孫子昭二

1 連弧文土器と多摩丘陵の集団

　関東地方の中期後葉の土器様式は加曽利E式に代表されるが、東京湾をはさんだ千葉県側の東関東と埼玉・東京・神奈川県側の南西関東では土器組成の仕方にちがいがみられる。

　東関東では、千葉市加曽利貝塚を標式とするように、加曽利E1式からE4式まで系統的に推移する。ところが南西関東では、加曽利E1式のときはともかく、E2式期になると連弧文土器が出現し、やがて加曽利E2式を凌駕するほど席巻する。さらに山梨県側を本貫とする曽利Ⅱb～Ⅲa式も土器組成するから、南西関東では加曽利E2式期には3型式が混在するのである。

　すると連弧文土器とは、いったいどういう性格の土器型式なのであろうか。これまでの研究は主に、連弧文土器の出自系統と変遷過程、それに加曽利E式との編年関係が問題にされてきたが、研究者間にはいろいろな見解があって定まらない。大きく分けると、連弧文土器は曽利式あるいは曽利縄紋型や里木Ⅱ式、咲畑式などの影響下に加曽利E2式期になって出現したとする、黒尾和久（1995）、山形真理子（1997）、戸田哲也（2006）、永瀬史人（2008）らの説と、加曽利E1式の終わり頃に在地的な加曽利E式深鉢の1類型を選択して連弧文土器としたとする、安孫子（2005・06・07）の説があるといえる。

　安孫子の説とは、E1式の時点では東関東と南西関東の土器形態がちがっていて双方集団は矜持（アイデンティティー）を保っていたが、E2式期になると南西関東のE2式はモチーフも地文も東関東側のE2式に傾いていった結果、区別がつかなくなった。これでは東関東集団の軍門に下り吸収合併されたようなもの、南西関東集団として負い目を感じたろう。南西関東の各地に大規模集落が分立して、社会的にもっとも高揚した時期でもあり、伝統ある集団としてのアイデンティティーを保持するには、加曽利E2式とちがった新たな土器型式を擁立する必要があったろう。かくして次善の策として、連弧文土器を擁立するとともに、曽利集団側から精神的な支柱として土偶を勧請したのではない

82　第Ⅱ章　土偶祭祀と地域社会

かと考えるのである。

　それでは、南西関東のどの地域の集団が連弧文土器擁立の柱になって推進したのであろうか。これをさぐるために武蔵野台地・多摩丘陵・相模野台地周辺から12の拠点的な集落を抽出して、各集落の加曽利E1式期からE3式期中頃に至る推移形態を定点観測してみた[1]。そうしたところいずれの集落でも程度のちがいはともかく、加曽利E2式と連弧文土器の共伴が認められた。その伴いかたにより、南西関東の地域に4群を認めたのであった（図1）。

　　Ⅰ　群　武蔵野台地南西から多摩川をはさんだ多摩丘陵北部・相模野台地東縁地域でもっとも連弧文土器が盛行しており、連弧文土器様式を擁立した中核的な集団と目される。この地域では、勝坂様式期から山梨方面と親縁的な関係にあり、中期後半にも維持されて、曽利式土器が安定して土器組成する。なおこの地域の北半側は小形土偶を多く保有するが、南半側では希薄である。

　　Ⅱ　群　武蔵野台地・多摩丘陵をとりまく多摩川源流域や小比企丘陵、相模野台地西北側を領域とする集団である。地理的には曽利式集団と至近な位置関係にあり、このため連弧文土器よりも曽利式の組成比率が高く、連弧文土器も共存するがむしろ客体的である。小形土偶を多く保有する。

　　Ⅲ　群　荒川流域に面する武蔵野台地北縁側の地域集団である。東京湾を介して東関東集団との交流がつよいらしく、加曽利E式の組成比率のほうが高い。連弧文土器も11c期に盛行するものの12a期にはつづかない。また曽利式土器はあまり浸透していないためか、土偶の保有も限られる。連弧文土器様式を担った集団というよりは、外郭的な集団であろう。

　　Ⅳ　群　連弧文土器はわずかに客体として存在するだけで、連弧文土器集団の圏外にある。特に埼玉県比企丘陵の行司免遺跡では、11c期から12a期に各地の土器型式が集合して比企地方に特有の折衷土器を生み出した。

　以上のように、連弧文土器を推進した中核的な地域集団として武蔵野台地南西から多摩丘陵北部・相模野台地東縁の地域集団が浮かびあがった。この中で、多摩丘陵北部の多摩ニュータウン遺跡群は、多摩ニュータウンの開発に伴い悉皆的に発掘調査され、資料が充実している。そこで多摩ニュータウンの遺跡を通して連弧文土器の実体をさぐってみたい。

2　連弧文土器様式期の集落―TN №446-B遺跡

（1）多摩ニュータウン遺跡群と№446-B遺跡

　多摩丘陵は、北西の関東山地から南東の横浜市にかけて緩やかな起伏をもって連なっており、平らな丘陵背面は北西部の多摩Ⅰ（T1）面と登戸付近から南方に広がる多摩Ⅱ（T2）面に分けられる。北西部のT1面は高度220から

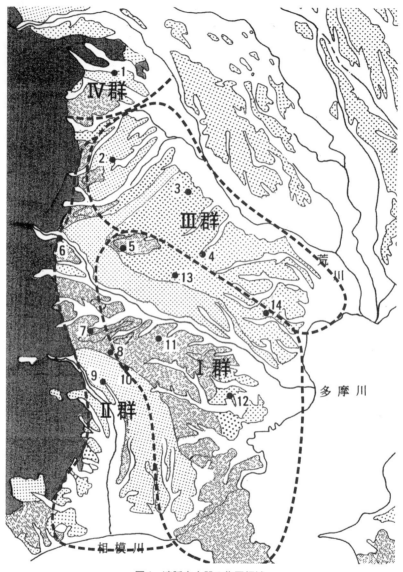

図1　連弧文土器の集団領域

1.行司免　2.宿東　3.西ノ原　4.自由学園南　5.吉祥山　6.駒木野　7.小比企向原
8.TN939　9.上中丸　10.山王平　11.TN9　12.大熊仲町　13.恋ヶ窪　14.鶴ヶ久保

Ⅰ群：連弧文土器の中核的な集団　　Ⅱ群：曽利式土器が優勢な集団
Ⅲ群：加曽利Ｅ式土器が優勢な集団　Ⅳ群：連弧文土器が客体的な集団

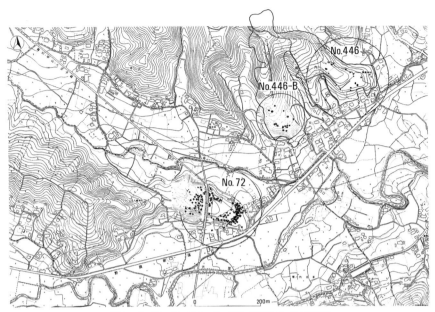

図2　No. 72・No. 446・No. 446-B 遺跡の位置関係

120mまで次第に東方に低くなっている。T1面を刻んでは、大栗川、乞田川、三沢川などの中小河川が北西から南東方向に流下して多摩川に注ぐ。丘陵の稜線はいちじるしく西側に偏っていて、稜線の西側は境川の水域に入る。

　多摩ニュータウンの遺跡群は、多摩丘陵北部の八王子・町田・多摩・稲城の四市にまたがり東西に細長く広がる3,000ha弱の範囲にある。遺跡は起伏のある地形に画されて小規模であるが数が多く、旧石器時代から中近世にいたる964ヵ所を数える。縄文時代の遺跡は800ヵ所ほどでもっとも多く、このうち中期の遺物が検出されたのは450遺跡を数える。

　そのなかで特筆されるのは、大栗川中流域の八王子市堀之内地区に所在するNo. 72遺跡で、中期の拠点集落と目されている。そのNo. 72遺跡から谷をはさんだすぐ東側にはNo. 446遺跡B地区（No. 446-B遺跡）があり、さらに200m東側にはNo. 446遺跡がある[2]（図2）。大栗川左岸の丘陵末端に並ぶこの3遺跡は、それぞれ性格の異なった典型的な中期集落であるが、ここでは加曽利E2式期に営まれたNo. 446-B遺跡をとりあげる[3]。

(2) No. 446-B 遺跡の組成比率

　No. 446-B遺跡は「新地平編年」（黒尾1995、小林・中山・黒尾1995・2004）の11a期から11c期、すなわち加曽利E2式期という限られた時期に造営された稀

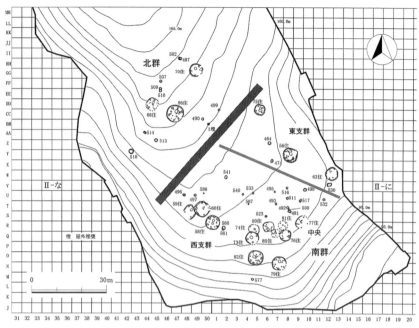

図3 No.446-B遺跡 中期後半集落の区分（山本2008を加工）

少な集落である。この集落は、No.72遺跡、No.446遺跡と比べると狭くて傾斜のある尾根状の地形に立地する。付近にNo.446遺跡というもっとゆったりした地形があるのに、なぜわざわざ手狭な場所に占地したのか疑問が残る。調査を担当した山本孝司は、No.72遺跡の母村が飽和状態になったために分派したのだという（山本ほか2008）。そうとすれば中期後半の多摩丘陵は、人口が増加して社会的に活性化していた時勢であろう。連弧文土器は、そうした地域集団が高揚していたときに興ったことになる。

　検出された住居跡は重複を含めて総数18軒である。住居の配置を見ると北側の斜面上方に3軒、南側中央にややまとまって9軒、その両側の西支群・東支群に3軒ずつある（図3）。南北の住居間は50mほど、東西の住居間も40mほど隔たっているから、中央に楕円状の広場をもつ環状集落のようにみえる。しかし山本は、集落形成全般を通じて明確な環状集落のデザインが存在していたとは理解し難いと否定的である。

　山本は、各住居跡から出土した加曽利E式土器・連弧文土器・曽利式土器の数量を克明に抽出して、「連弧文土器の占める割合が予想以上に高い」という。そこで連弧文土器の占める割合がどの程度で、また連弧文土器が出現す

る前と後ではどのようにちがっているのかを確認してみる必要がある。この時期を中心とする3型式の編年関係は、表1のようである。曽利式編年は（櫛原 1999）による。

まず報告書から、各住居跡の土器型式の出土点数を抽出する（表2）。次に、南群で200点以上出土している住居跡を対象にして、連弧文土器による段階変遷[4]と加曽利E・連弧文・曽利3型式の組成比率を見る（表3）。

すると集落の初現期にあたる1〜2段階（新地平11a期）の58号住居跡は加曽利E式が66%と高く、残りを

表1　編年対照表

加曽利E式	新地平		曽利式	
E 1式	10	a期	I	a
		b期		b
		c期		
E 2式	11	a期	II	a
		b期		b
		c期 1/2		
E 3式	12	a期 前後	III	a
		b期		b
		c期	IV	a
				b
E 4式	13	a期	V	a
		b期		b
				c
称名寺	14	a期		

表2　No.446-B遺跡　各住居跡の土器型式の出土点数

住居跡		建築数	土器型式（点数）				段階	重複
位置	号		加曽利E	連弧文	曽利	計		
東支	56号	3	284	293	151	728	3〜4	×
西支	58号	2	960	238	258	1456	1〜2	×
西支	59号	1	24	10	7	41	4	59→60
西支	60号	2（一部）	135	165	205	505	5	59→60
東支	63号	1	122	46	42	210	5	×
北	68号	1	16	3	2	21	4〜5	×
北	70号	2（一部）	55	37	48	140	4〜5	×
南	73号	1	26	20	20	66	6	74→73
南	74号	1	3	7	1	11	5（?）	74→73
東支	75号	1	42	143	97	282	4〜5	×
南	76号	2（全面）	109	124	50	283	2〜3	85→76
南	77号	1	8	10	12	30	2〜3	×
南	79号	2（全面）	134	137	117	388	3〜4	×
南	80号	1	13	29	45	87	3〜4	85→76
南	81号	1	—	—	—	—	—	—
南	82号	2（全面）	47	113	123	283	4〜5	×
南	85号	1	2	2	0	3	1	×
北	86号	3（全面）	47	137	125	309	5〜6	×
	計	28	2027	1513	1303	4843		
率(%)			42	31	27	100		

1　多摩丘陵の中期集落群と土偶（安孫子昭二）

連弧文と曽利式が二分する。それが2〜4段階では加曽利E式が38〜37%に遞減し、4〜6段階では17〜15%に落ち込む。逆に連弧文と曽利式の保有率は40%前後で拮抗している。連弧文土器に限ってみると1〜2段階は16%と低かったが、2段階以降6段階は40〜50%という高い保有率である。すると63号住居跡は山本は5段階としたが、58号住居跡の組成比率に近似するので、1〜2段階と考えたほうがよさそうである。

表4は、表3の組成比率を視覚的に見やすいようにグラフ化したもので、加曽利E2式と連弧文土器の保有率は年代を降るにつれて逆転したことがわかる。いっぽう曽利式の組成率は、前半が2割5分、後半が4割方で安定している。

表3 No.446-B遺跡 南群住居跡出土土器の型式割合

段階	住居番号	点数	加曽利E	連弧文	曽利	新地平編年	備考
1〜2	58号	1,456	66	16	18	11a期後半	
2〜3	76号	283	38	44	18		
3〜4	56・79号	1,116	37	39	24	11b期	
4	75号	282	15	51	34	11c期	
4〜5	82号	283	17	40	43		
5	60号	505	27	33	40		
5	63号	210	58	22	20		1〜2段階?
5〜6	86号	309	15	44	41	11c期後半	参考：北群

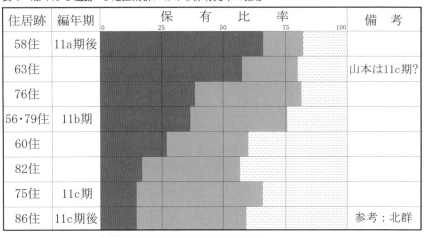

表4 No.446-B遺跡 B地区南群における保有比率の推移

88 第Ⅱ章 土偶祭祀と地域社会

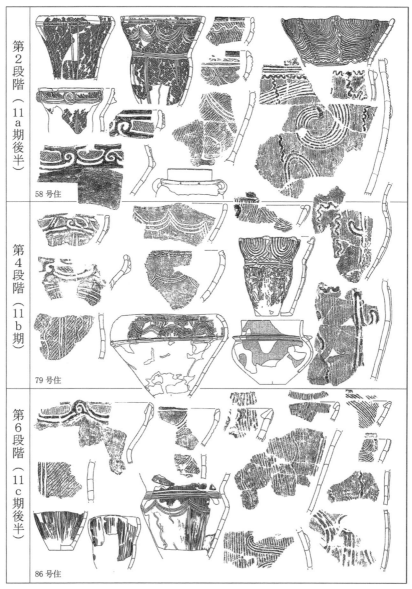

図4 No.446-B遺跡の土器編年

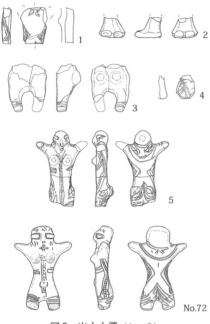

図5　出土土偶（1～5）

このことは曽利式土器に関わりなく、加曽利E2式の集団の中から連弧文土器を指向する者が派生して、転向したということであろう。そしてこの集落は、加曽利E2式・連弧文集団と曽利式集団という2つの血縁的な集団で形成されていたことが想定されよう。

「連弧文土器の占める割合が予想以上に高い」実体とは、11期の後半に連弧文土器が台頭し、加曽利E2式を逆転したからであった。本集落の2段階から6段階は、永瀬史人（2008）が連弧文土器を4細分した中の2a～2b段階（新地平編年の11b期～11c期後半）にあたり、連弧文土器が盛行した時期であるということも肯ける。

　因みに土器型式の推移であるが、各段階の変化は微妙で読みとりにくいため1段階置きに図示してみた（図4）。

　また、本遺跡からは土偶が5点出土している（図5）。図の5は眼の表現がNo.72遺跡例に類似しており、出尻の具合と尻部の線描きからNo.72遺跡例に先行する。この土偶2例からも、両遺跡の親縁的な関係がうかがえる。

3　連弧文土器の出現と展開

(1) 11期の土器組成の趨勢

　加曽利E式・連弧文土器・曽利式の組成比率の推移により、No.446-B遺跡は11a期の途中から11c期の途中まで存続したと考えた。そこでこの組成比率の傾向は当該遺跡だけの特殊な在りかたなのか、周辺の遺跡でも普遍的に認められるのかを検証する必要がある。同時に、その前後の組成比率はどうであろうか。

　まず、住居跡から多量に一括出土した事例として、相模原市当麻遺跡18号住居跡（白石 1977）、町田市 TN.939遺跡15号住居跡（松井 2002）、町田市木曽森野南遺跡10号住居跡（迫 1997）、調布市飛田給遺跡10号住居跡（赤城 1983）、国分寺市多喜窪遺跡366号住居跡（福田・中山 2003）があるので、その深鉢の

表5 加曽利E式・連弧文・曽利式の保有比率

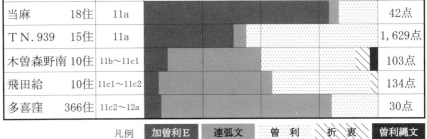

組成比率をみてみよう（表5）。当麻遺跡とNo.939遺跡はNo.446-B遺跡に先行する時期、木曽森野南遺跡と飛田給遺跡はNo.446-B遺跡の後半にあたる時期、多喜窪遺跡はNo.446-B遺跡の直後と考えてよいであろう。

すると11a期の当初、当麻遺跡例のように加曽利E2式がきわめて高率で連弧文土器は目立たなかったが、年代が降るにつれて連弧文土器の比率が逆転する様子がうかがえる。そして11期も後半になると木曽森野南遺跡例と飛田給遺跡例でも連弧文土器が加曽利E2式を凌駕し、12a期にさしかかった頃の多喜窪遺跡例では、連弧文の組成率がじつに7割以上に達して、加曽利E式はほとんど見かけなくなる。

これらの事例から、No.446-B遺跡の土器組成の推移はⅠ群地域に普遍的なものとして理解でき、11期でも最初と最後では加曽利E2式と連弧文土器の組成比率がまったく逆転してしまったこと、そしてそうした変動にもかかわらず曽利式の組成比率は安定していることが注目されるのである。

（2）加曽利E・曽利折衷タイプの実体

11期の動きは次の12期にどのように引き継がれたのであろうか、ここでは八王子市TN No.300遺跡（可児ほか1994）、同じくTN No.72遺跡（丹野ほか1998・2009）、調布市原山遺跡（黒尾・佐伯1993）の住居跡を抽出してみよう。

表6は、それぞれ遺跡の住居跡から出土した土器点数であるが、資料数が限られるためばらつきわかりにくい。そこでⅠ群地域にある3遺跡を相互に疎通するものと斟酌して細別期を統合し、もっとも高い数値をゴチック体とし、下列には100分比を示した（表7）。

すると11a期の土器組成は加曽利E式が5割を超し、次いで曽利式が4割を占めている。それが11b期から11c期には加曽利E式の組成率が一桁台まで落込んでしまい、逆に連弧文土器が4割方まで上昇する。曽利式はやや低下

表6 土器組成の推移（1）

遺跡名	住居跡	編年期	加曽利E式	連弧文	曽利式	折衷型	計
TN.300	1・27住	11a期	13	2	11	0	26
	8住	11b期	0	2	0	2	4
	13住	11b～11c期	2	2	2	3	9
	15・29住	12a期	1	4	3	15	23
TN.72	52住	11a期	13	0	10	1	24
	75・335住	11b～11c期	2	22	20	6	50
	66・212住	11c～12a期	0	2	10	7	19
	130住	12a期	3	0	4	6	13
原山	12A住	11c期	1	9	7	5	22
	20住	11c～12a期	5	5	4	8	22
	04住	12a期	8	0	0	16	24
	07C住	12b期	13	0	0	3	16

表7 土器組成の推移（2）

遺跡名	編年期	加曽利E式	連弧文	曽利式	折衷型	計(%)
TN.300・72	11a期	26	2	21	1	50
		52	4	42	2	20
TN.300	11b期	0	2	0	2	4
		0	50	0	50	2
TN.300・72	11b～11c期	4	24	22	9	59
		7	41	37	15	23
原山	11c期	1	9	7	5	22
		4	41	32	23	9
TN.72・原山	11c～12a期	5	7	14	15	41
		12	17	34	37	16
TN.300・72・原山	12a期	12	4	7	37	60
		20	6	12	62	24
原山	12b期	13	0	0	3	16
		81	0	0	19	6
計		61	48	71	72	252
%		24	19	28	29	100

するものの持続しており、新たに加曽利E・曽利折衷タイプ（黒尾 1995）・新戸・原山型（戸田 2006）が出現して2割弱を占めるようになる。折衷タイプと呼ばれるのは、器形・文様モチーフ・文様構成が加曽利E式で、地文が縄文の代わりに曽利式の櫛歯条線・斜沈線を使用する土器である。折衷タイプの組成率は11c期から12a期にさらに上昇して曽利式がそれに次ぐ。相対的には

連弧文が低下するとともに、加曽利E式（E3式）が復活のきざしをみせるようになる。

12a期になるとこの傾向がつよまり、折衷タイプが6割方を占めるようになり、加曽利E3式も増加する。そして12b期になると折衷タイプが凋落し、連弧文と曽利式は姿を消すいっぽうで、加曽利E3式の組成率が8割方を占めるようになる。この傾向はE4式に引きつがれ中期の終末を迎えることになる。

現象的には以上のようであるが、ここで新たに加曽利E・曽利折衷タイプ（新戸・原山型）の存在が浮上した。この土器の実体をどう理解するべきか推察してみよう。

11b～11c期になると曽利式がやや逓減し、折衷タイプが勃興のきざしをみせる。そこで加曽利E2式と連弧文、曽利式と折衷タイプを親縁的な2つの集団とみなすと、11b～11c期では48％：52％、11c期では45％：55％で拮抗した構成比である。ところが11c～12a期になると29％：71％に開くようになり、12期にはさらに26％：74％まで較差が広がる。

これをそのまま加曽利E2式・連弧文集団が退潮した結果とみるべきであろうか。私はこれを額面通りに受けとめるのではなく、むしろアイデンティティーを見失った連弧文土器の担い手が折衷タイプに転向したものとみたい。連弧文が11c期から11c～12a期に大きく逓減した数値（41％→17％=24％）に着目すると、一方は折衷タイプに流れ、もう一方は旧来の加曽利E式に先祖がえりしたということであろう。

折衷タイプは、11c～12a期の37％が12a期になると62％まで急増する。異常に高いこの組成率は、連弧文土器からの転向が加速した分（17％→6％=11％）と曽利式の逓減した組成率（34％→12％=22％）が折衷タイプに加わった勘定になる。勘ぐれば、連弧文土器に見切りをつけた転向者と南西関東に長期滞在する間に在地化した曽利集団で、新たなる型式を擁立したようにみえる[5]。

4　背面人体文土偶の変遷と分布

連弧文土器とその前後の土器群について述べてきたが、この時期にはまた特有の小形土偶（背面人体文土偶という）が伴う。そこで土器型式により識別した集団とこの土偶がどのような関係にあるのかをみてみよう。

（1）背面人体文土偶の分類の前提

南西関東の背面人体文土偶[6]は、山梨・長野方面の曽利土偶の系統下にあると考える（安孫子1998）。それというのも土偶は、関東南西部では加曽利E1式期には見当たらず、加曽利E2式期に連弧文土器の出現と軌を一にするように復活してくる。そして背面人体文土偶は、連弧文土器から加曽利E・曽利折衷

タイプが盛行する頃に多出し、加曽利E・曽利折衷タイプが廃れて加曽利E3式に統一されるようになると、ふたたび姿を消すのである。土偶のはじまりは本貫地にある形態を踏襲したかのようであり、したがって系統分類と編年位置を考察するにあたっては、山梨県側の研究が看過できない。

新津健によれば、八ヶ岳山麓から甲府盆地では曽利I式に伴う曽利土偶の1段階は井戸尻期土偶を引きずっている。曽利II式の2段階になって、この土偶に特有の胸帯文（ブラ文）や規矩文、あるいは背中の首筋に施される紋付文および弧線（首筋文）といった文様要素が現れるという（新津 1998）。

新津はまた、曽利土偶には有脚土偶と無脚土偶のA・B2形態があり、A形態に4つの系統を認めている。一は2段階目に出現した坂上型である。前段階の出尻有脚の特徴を残しながら、腰が横に張り胴のしまった堂々とした体躯をなし、胸帯文・規矩文・紋付文が導入されるなど、曽利土偶の要素をすべて備えている。二は坂上型をモデルにしながら腰がふくよかに張る釈迦堂型で、規矩文などはやや省略気味である。三は安道寺型で、勝坂式末期・井戸尻土偶の系統にある腰付きや尻がつよく張る部位に流れるような沈線と渦巻き文で文様が描かれるが、途中から坂上・釈迦堂型に席巻され消えてしまう。四は脚部が省略されたB形態の酒呑場型である。

B形態は中期前半の「誕生土偶」（小野 1987）の系統をひくもので、今福利恵は楢原型・広畑型・尖石型・黒駒型・海道前型・抽象型があるという（今福1996）。新津は、酒呑場型を広畑型（座った形のもので、いわゆるお産をする土偶）ないし尖石型（腹部が大きく膨らみ、壺を抱える土偶）からの展開を考えたい意向のようである。

このように曽利土偶には、自立する有脚形態の坂上型・釈迦堂型・安道寺型と無脚形態の酒呑場型が存立するが、主体をなすのは前者のほうである。ところが関東南西部では有脚形態も存在するが、圧倒的に多いのは酒呑場型にあたる無脚形態である。また、当初は規格的に描かれた規矩文などが時間の推移により簡略化する方向にあることが、山梨方面の土偶により明らかになった。このことを念頭に南西関東の土偶の系統・変遷を試案してみよう（図6）。

（2）背面人体文土偶の3形態

関東の背面人体文土偶は、同じ背面人体文土偶でも山梨方面の曽利土偶よりも全体に作りが小ぶりである。形態別では有脚型、折衷型、無脚型の3者があるが、さらに特異な形態の土偶もあるので図の右側に寄せた。

この中で有脚型は前代の安定した立像土偶を踏襲したのに対して、無脚型は自立しない板状の作りで発足している。折衷型とするのは、有脚型を小形化したことにより自立するのに安定性が欠ける分、脚部を寸詰まりにして坐像にし

94　第II章　土偶祭祀と地域社会

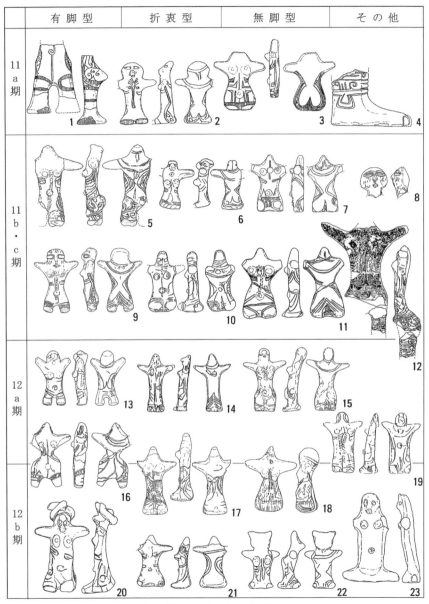

図 6　背面人体文土偶の系統と変遷

たような形態で、まさにその折衷様相といえる。

　無脚型には顔面表現がないが、折衷型には顔面表現が認められるので、それより大形の有脚型にも顔面表現があって、釈迦堂型に対比されるのであろう。

（3）背面人体文土偶の変遷

　有脚型　繁縟な文様が施された出尻形態が次第に小形化するとともに平板化し、文様も簡略化する。1は出尻がはっきりしている。臍と正中線が沈線で描かれ、両脇から臀部には3に共通する刻みのある帯状区画が認められる。9は5よりも小形化してきて、臀部の張りも緩やかになる。眼はゴーグル様に大きく描かれていて、文様は複雑だった曲線や渦巻き文から単純な沈線に変わってきており、10・11に通じる。図5-5はその9に先行する土偶である。13は9がさらに退化した姿で、尻は張りのない板状の作りになり、背面人体文のモチーフも眼も形骸化している。さらに16は顔面表現が失われ、有脚にこの系統の名残を留めるだけである。なお、粘土紐で鉢巻をした20をこの土偶の末端に置いたが、21をはじめ16・17の三角錐の頭部にも鉢巻様の貼付けがあったようで、剥落したのであろう。22の頭部形態はその20の頭部装飾を簡略化したもので、20→22の側頭部に推移がうかがえる。この土偶が変遷した末路といえよう。

　折衷型　顔面に描かれていた眼・鼻・口が次第に簡略化されて眼が残り、やがて三角錐状をした無文の頭部に収斂されてゆく。2は後頭部が突き出た独特の形で、眼は付け根から外側に掻きだした描きかたである。背面人体文はくっきりと描かれて、臀部には曲線と渦巻き文が描かれている。6になるとその臀部の装飾が簡略になり、10ではさらに逆ハート状臀部らしさが失われ、眼も枠状に線描きされている。14は顔面が上向きで2→6の系統にあるが、眼は点描きに形骸化し、臀部も羽状細線で描かれるだけになる。14からさらに顔面表現が喪失して三角錐状の頭部の17・18へと推移する。17には胸から腹に羽状沈線が施されている。

　無脚型　当初から顔面は表現されない板状の形態で、規矩文と胸帯文、腰部をまとうパンツ様の文様（パンツ文という）が次第に手抜きされてゆき、最後は折衷型・有脚型と交配したように推移する。3を基準とすると7は規矩文がほとんど失われ、臀部を縁取る逆ハートの施文も簡略になる。11はパンツ文が線描きになり、臀部のふくよかさがなくなる。15以降はそのパンツ文も形骸化し系統を辿れなくなる。

　その他　8は、坊主頭に眼鼻がはっきりしていて勝坂式土偶ではないかと疑いたくなるが、口元に放射状の切り込み（トリプル三角文）があり、山梨県石堂A遺跡例の仲間とわかる。こうした眼鼻立ちをした坊主頭に顔面の類例は、

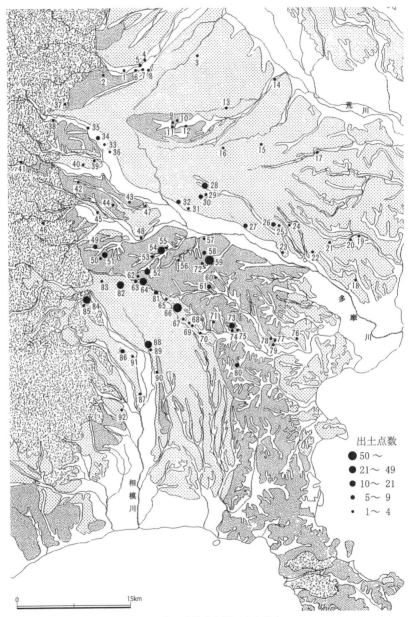

図7 背面人体文土偶の出土分布

1 多摩丘陵の中期集落群と土偶(安孫子昭二)

曽利式土器が優勢な相模野台地北端から多摩丘陵北部に分布する。

（4）土偶の分布

　図7は、2009年10月までに蒐集した埼玉・東京・神奈川県の分布状況であり、中期後半の土偶は多摩丘陵北部を中心にすることが明らかである。

　土偶の分布図と中期後半の集落分布（図1）を重ねてみると、地域集団の様相が推測されてこよう。例えば相模川流域では加曽利E式、連弧文土器よりも曽利式土器の保有割合が高いようであるが、上流域の相模原市川尻中村遺跡から花ケ谷戸遺跡・上中丸遺跡までは土偶を多く保有するものの、同じ相模原市域でもすぐ下流側の勝坂遺跡から海老名市杉久保遺跡、寒川市岡田遺跡のような大集落では土偶が出土しない。

　多摩丘陵の東半部と下末吉台地にあたる港北ニュータウン地域では大規模集落が林立しているが、この地域でも土偶はあまり出土しない。それも大熊仲町遺跡のように古手の背面人体文土偶を保有しながら、その後は希薄になる。逆に考えれば、この地域の集団も相模川中・下流域の集団も、土偶祭祀や呪術に依拠せずとも精神的に事足りたのかも知れない。多摩川上流域の遺跡ではあまり出土しないが、中流域にあたる国分寺市恋ヶ窪遺跡をはじめ立川市向郷遺跡、調布市原山遺跡・飛田給遺跡などにはやや纏まっている。同じように、武蔵野台地の北側から狭山丘陵辺にも縄文中期の大集落が軒を連ねているが、坂東山遺跡の5点が最多でほかはせいぜい1・2点、下流域の荒川沿岸から武蔵野台地の末端にあたる東京区部では、土偶を保有しない集落のほうが多い。

5　おわりに

　背面人体文土偶は、連弧文土器から曽利・加曽利E折衷タイプが盛行した時期の、特に相模川上流域から多摩丘陵北部、武蔵野台地南縁をとりまく範囲に分布が濃い。この地域では曽利式土器の組成率が高いので、曽利集団と親縁的な地域集団に帰属したものと推察される。

　この中で、土偶を大量出土した稲城市のTN No.9遺跡（地図番号59）と町田市忠生遺跡群A地区A1地点（忠生A1遺跡という）（同66）が注目される。No.9遺跡からは82点（接合後）が出土した。85％は土器捨場からであるが、住居跡出土の土偶の時期をみると、11a期に出現して曽利・加曽利E折衷タイプが盛行した12a期にもっとも多用され、次の12b期になると一転みられなくなる。加曽利E3式の組成比率が急増すると土偶が姿を消すという相関関係がうかがえる（安孫子2001）。

　これに対して忠生A1遺跡は、122点（接合前）のうち住居跡からの出土が6割強であり、それだけに土偶の細別期を知ることができ有意義である。報告

表 8　忠生 A1 遺跡住居跡の土器・土偶

編年期		住居	加曽利 E	連弧文	折衷	曽利	不明	土器　計	土偶
10期		6軒	**25**	0	1	20	3	49	4
%		7	**51**	0	2	41	6	11	5
11期		21軒	**66**	20	4	22	10	122	8
%		26	**54**	17	3	18	8	28	10
12期	12a	21軒	33	12	25	**35**	11	116	39
	%	26	28	10	22	**30**	10	26	51
	12b	28軒	32	3	26	**55**	9	125	26
	%	34	26	3	20	**44**	7	29	34
	12b-c	6軒	7	2	**9**	7	2	27	0
	%	7	26	7	**34**	26	7	6	0
計		82軒	163	37	65	139	35	439	77
%		100	37	8	15	32	8	100	100

註 1　編年期は住居覆土の土器による
註 2　住居跡に伴う炉体・埋甕は割愛した

書（川口 2010）は住居跡の時期を大別期で表示しているが、11 期には住居跡があまり多くはなく、集落は閑散とした印象である。それが 12 期になると急に活況を呈するようになる。そこで 12 期を 12a 期、12b 期、12b 〜 12c 期に分けて、土器型式の組成比率と土偶の伴出を抽出してみる（表 8）。

　するとこの集落は、土器組成、土偶の終焉の時期とも I 群遺跡と違っていて、きわめて個性的である。もうすこし具体的にみると、10 〜 11 期には加曽利 E 式の組成比率が 5 割強、ついで曽利式が多く、連弧文土器は 11 期でも 17% にすぎない。12a 期になると曽利式が加曽利 E 式を凌駕するのと折衷型が 2 割方にのび、連弧文土器は 1 割に逓減する。12b 期になると、曽利式はさらに増加するいっぽう、加曽利 E3 式も 3 割近くまで増加するようになる。この間、土偶は 12a 期にもっとも多用され、この傾向は 12b 期に引きつがれており、12b-c 期になってようやく廃れる。

　忠生遺跡群は多摩丘陵の西縁に位置するようにみえるが、地形的には相模野台地の東端にあたる。多摩丘陵でも稜線を越えた境川流域側は、曽利集団が優勢な「II 群」の領域であり、忠生 A1 遺跡の土偶には在地に根付いた曽利式集団の矜持が反映されているようにみえる。

　上記した内容を統合して、I 群遺跡（上）と II 群遺跡を代表する忠生 A1 遺跡（下）の土器組成比率と土偶の伴出を模式図にしてみた（図 8）。

　本文に記した要項をいくつか列記し、まとめとする。

① 　目まぐるしく転換した南西関東の中期後半の土器型式は、いかにも地域集

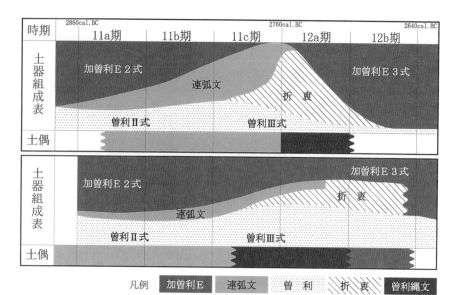

図8 Ⅰ群遺跡（上）・忠生A1遺跡（下）の土器組成比の推移

団のアイデンティティー喪失の焦燥に駆られた苦悩に見えるが、各地の環状集落は維持されている。危機感は、一面では南南関東集団の絆を強化したのかも知れない。加曽利E3式に統合された12b期以降、中期的な環状集落は縮小し、解体に向かう。地域集団にとっての土器型式の意味が改めて問い直されることになる。

② 南西関東集団の土器型式に表象されるアイデンティティー喪失の危機にあたり、呪術・祭祀にかかわる第二の道具である土偶がもたらされた。特にⅠ群地域社会にあって、加曽利E2式に替わって擁立した連弧文土器→加曽利E・曽利折衷タイプと背面人体文土偶は、集団のアイデンティティーを支える両輪を担ったといえる。

③ 南西関東のⅠ群およびⅡ群の集落では、加曽利E2式・連弧文土器と曽利式は安定した共伴関係を築いている。多摩ニュータウンNo.446-B遺跡では、血縁的な2つの集団の共存を考えた。しかし、各住居から出土した曽利式の組成比率に偏りがないので、必要な型の土器を曽利集団から入手したとも考えられるが、むしろ親縁的な曽利集団との婚姻関係が維持されていて、嫁した女が土器作りした可能性がある。忠生A1遺跡の在り方はこの逆になろう。

④ Ⅰ群の遺跡群の11期から12期の土器組成を数値化して、柱になる型式が加曽利E2式→連弧文土器→加曽利E・曽利折衷タイプ→加曽利E3式に目

100　第Ⅱ章　土偶祭祀と地域社会

まぐるしく転換する見通しを得た。しかし手許の資料から得た手薄なデータなので、良好な一括出土資料により継続的に検証してゆく必要がある。

註

1）「文化の変遷は進行中の状態では観察できない」（山内 1937）。この言にしたがえば、連弧文土器文化の動向は、連弧文土器が盛行した加曽利 E2 式期（新地平編年 11 期）だけでなく前後の時期をふくめて観察する必要がある。連弧文土器と加曽利 E 式、曽利式それに加曽利 E・曽利折衷タイプの関係や土偶の伴出と多寡などを加味しながら各拠点集落の変遷を定点観測し、地域集団の動向をさぐることが肝要と考える。この観点から 12 の拠点集落を抽出したが、ここでは個々の遺跡についてふれる紙面はないので、（安孫子 2005・06）を参照されたい。

2）この 3 遺跡の性格はそれぞれにちがっており個性的である。№ 72 遺跡は大栗川流域の中核をなす拠点集落であり、№ 446 遺跡はその拠点集落が一時的に移転した集落、№ 446-B 遺跡は№ 72 遺跡の母村集落が過密になったために分村した小規模集落と考えられる。この見解については別途、『縄文中期集落の景観』（安孫子 2011）に寄稿してある。

3）この遺跡の調査は東京都埋蔵文化財センターの山本孝司・伊藤健・小林博範が担当し、詳細な報告書（山本ほか 2008）に仕立てられている。本報告書を下敷きにする。

4）山本は、本遺跡の連弧文土器の変遷を設定するにあたり、永瀬史人の「連弧文土器の属性変異」による編年細別（永瀬 2008）を参照して、属性変異が有効であることを確認している。したがって本稿も山本の変遷段階を引用する。

5）新戸・原山型を提唱した戸田哲也は、土器様相が大きく転換した現象の背景として、「継続的居住による系統的・伝統的土器作りが、住民の移動などに伴い途切れ、土器系統の異なるあらたな集団の来訪という集落の入れ替わりを考えさせる」という（戸田 1998）。つまり、加曽利 E2 式→連弧文土器→新戸・原山型→加曽利 E3 式の都度、集団が入れ替わったことになる。こうした見方はこれまでとかく「外的影響」で片づけられてきた。それでは、これまで集落を担ってきた集団はどの地域に移住して、新たな集団とはどの地域から移って来たのか、集落の交代はいさかいのない無血開城だったのかなど、いろいろ基本的な疑問も派生するが、具体的な説明はない。筆者と戸田の見解については、（安孫子 2007）で対比してある。

6）1996 年 2 月に松本市で開催された土偶シンポジウム 4「中部高地をとりまく中期の土偶」で、1 都 15 県から膨大な資料が集積された。各県の発表を聴

きながら資料集をめくっているうちに、「連弧文土偶」の基本的なモチーフ（ブラ文＝ダブル「コ」の字文）をもつ土偶が長野県、山梨県をはじめかなり広範に分布することに気がついた。そうすると土器様式や土偶形態が違っていても、このモチーフの土偶が分布する範囲の集団は神話や方言も通じるし、土偶祭祀でも連帯意識が働いたことであろう。連弧文土偶・曽利土偶・出尻土偶・下伊那系尻張り土偶などと地域の研究者が呼んできたこれら土偶は、中部高地をとりまく精神文化の広がりを見るうえで、鍵的な意味合いをもっており、これらの土偶を総称するより高次な名称が必要になってくる。

「ブラ（ブラジャー）文」というのでは、この文様の正面観だけが強調されることになる。このモチーフは、正面から側面・背面に連続しているところに特徴がある。背面は腰部でX状を呈して逆ハート状に桃割れした尻が描かれていて、肩口から両腕を差し込んで背中から抱きついている恰好にもみえる。それで背面人体文土偶と呼んだのである（安孫子1998）。

引用・参考文献

赤城高志 1983 『調布市飛田給遺跡』調布市教育委員会・同遺跡調査会

安孫子昭二 1998 「背面人体文土偶」『土偶研究の地平 2』勉誠社、pp.295-320

安孫子昭二 2001 「縄文中期集落の景観 3─稲城市 多摩ニュータウンNo.9 遺跡」『文化財研究紀要』3、稲城市教育委員会、pp.23-48

安孫子昭二 2005・2006 「連弧文土器様式の集団 1・2」『東京考古』23、pp.1-34・24、pp.1-25

安孫子昭二 2007 「連弧文土器様式の集団 3─戸田哲也氏の見解との対比─」『東京考 25』pp.21-41

安孫子昭二 2011 『縄文中期集落の景観』アム・プロモーション

今福利恵 1996 「中期前葉 山梨県の様相」『中部高地をとりまく中期の土偶』発表要旨

小野正文 1987 「山梨県釈迦堂遺跡群出土の誕生土偶」『考古学ジャーナル』272、pp.10-13

可児通宏ほか 1994 『多摩ニュータウンNo.300 遺跡』東京都埋蔵文化財センター調査報告16

川口正幸 2010 『町田市忠生遺跡 A地区（Ⅱ）-A1地点 縄文時代遺物編（1）』忠生遺跡調査会

櫛原功一 1999 「曽利式土器の編年試案」『山梨考古学論集Ⅳ』pp.143-164

黒尾和久・佐伯直世 1993 『はらやま』調布市原山遺跡調査会

黒尾和久 1995 「縄文時代集落の基礎的検討（1）─時間時期の設定とその考え方に

ついて─」『論集宇津木台』1、宇津木台地区考古学研究会、pp.11-76

小林謙一・中山真治・黒尾和久 1995「多摩丘陵・武蔵野台地を中心にした縄文時代中期の時期設定」『シンポジウム 縄文中期集落の新地平』縄文中期集落研究グループ・宇津木台地区考古学研究会

小林謙一・中山真治・黒尾和久 2004「多摩丘陵・武蔵野台地を中心にした縄文時代中期の時期設定（補）」『シンポジウム 縄文中期集落の新地平 3』縄文集落研究グループ・セツルメント研究会

迫 和幸 1997『木曽森野南遺跡発掘調査報告書』同遺跡発掘調査団

白石浩之 1977『当麻遺跡』神奈川県埋蔵文化財調査報告 12

丹野雅人ほか 1998『多摩ニュータウン遺跡─№.72・795・796 遺跡（5）』東京都埋蔵文化財センター調査報告 50

丹野雅人ほか 2009『多摩ニュータウン遺跡─№.72・795・796 遺跡（14）』東京都埋蔵文化財センター調査報告 50

戸田哲也 1998「南西関東における加曽利 E 式末期の土器様相」『列島の考古学』pp.317-334

戸田哲也 2006「連弧文土器と咲畑式土器」『伊勢湾考古』20、pp.143-162

永瀬史人 2002「連弧文土器の再検討─系譜と変遷に関する解釈の問題─」『神奈川考古』38、pp.81-102

永瀬史人 2008「連弧文土器」『総覧縄文土器』アム・プロモーション、pp.418-425

新津 健 1998「曽利土偶の発生と展開」『土偶研究の地平 2』勉誠社、pp.277-294

福田信夫・中山真治 2003『武蔵国分寺跡発掘調査概報 28─多喜窪遺跡の調査─』国分寺市遺跡調査会

松井和浩 2002『多摩ニュータウン─№.939 遺跡─』東京都埋蔵文化財センター調査報告 104

山形真理子 1996・1997「曽利式土器の研究 上下」『東京大学文学部考古学研究紀要』14、pp.75-129・15、pp.81-135

山内清男 1937（新刷 1967）「縄紋土器型式の細別と大別」『先史考古学』1─1、pp.45-48

山本孝司ほか 2008『多摩ニュータウン№.441・446 遺跡』東京都埋蔵文化財センター調査報告 227

2 山形土偶の出現と地域社会

―印旛沼南岸遺跡群における土偶群の系統と構成―

阿 部 芳 郎

はじめに

縄文時代後期は、関東地方でも土偶の出土量が最も多い時期として知られている。その中でも、とくに現在の利根川下流域から印旛沼南岸地域には後晩期の遺跡が群集することで著名である。この地域は、縄文時代では鬼怒川水系の河川が注ぐ「古鬼怒湾」という広大な内水面が形成されており、水産資源や森林資源を利用した多数の遺跡が分布し、陸路だけでなく内水面交通などを利用した密接な交流があった。

そしてとくにこの地域の中でも印旛沼南岸地域は後晩期の遺跡が群集し、また後期から晩期にかけて長期的な継続社会が形成されていたことがわかっている（阿部ほか 2000）。本論ではこの地域における土偶の型式学的な検討から土偶の多量化の実態を検討するとともに、遺跡群の内部における土偶大量保有遺跡の出現背景と当該期における土偶祭祀の性質について考えてみたい。

1 土偶多出地域の形成と山形土偶の出現

明治から大正時代にかけて各地で収集された資料から、当時においても土偶は東日本に多くの出土例があることが認識されてはいたものの、土偶の出土量が地域的に偏在していることを明確に指摘したのは、江坂輝彌である（江坂 1960）。江坂は日本各地の土偶の特徴と出土状況および共伴土器を検討した。そして土偶は東日本において集中すること、さらにその中でも後期では東関東地域、晩期では東北北半地域に集中地域が存在することを指摘した。これは、各地で大規模な開発が開始される以前の資料調査によるものであるが、資料が倍加した今日においても、その大勢には変化がない。

藤村東男はさらにこの集中地域の成り立ちを検討し、集中地域の中の遺跡のすべてが多数の土偶を出土するのではなく、実際は集中地域にある大多数の遺跡は、少量出土遺跡から成り立っていること、そして、その地域にある特定の遺跡に多量の土偶が出土している事実を指摘した（藤村 2001）。「土偶多出地域」

104 第Ⅱ章 土偶祭祀と地域社会

の内実は、「土偶大量保有遺跡」の出現によって成り立っていたのである。こうした状況は関東地方では中期後葉の多摩丘陵に出現した後、断絶期をはさんで下総台地から常総台地の後期中葉の山形土偶において顕著に認められるようになる。その在り方は点滅的だ。

　近年ではハート形土偶から山形土偶への変遷は、実際には単純な系統変化ではなく、複数の系統の土偶の出現と相互の関係の上に成り立っていることが次第に明らかにされつつある。鈴木正博は加曽利B1式期の関東地方において「突起土偶」の存在を指摘し、山形土偶の成立以前における土偶系統について整理した（鈴木 1995）。上野修一は山形土偶の成立は堀之内式期のハート形土偶の系統が断絶し、東北南部からの土偶の波及によって山形土偶が成立したと指摘し、同様に土偶の型式学的な研究の重要性を指摘する（上野 2010a・b）。

　一方、常総台地の山形土偶の成立後の動向として、瓦吹堅は茨城県椎塚貝塚と福田貝塚の土偶の装飾に系統的な差異を認め、さらに金洗沢遺跡の土偶の検討も加え、これをそれぞれ「椎塚系列」・「福田系列」・「金洗沢系列」と命名し、東関東地方の山形土偶が複数の系列から構成されることを指摘した（瓦吹 1990）。

　中でも椎塚貝塚と福田貝塚は同一地域の遺跡であり、沈線主体の椎塚系列と福田貝塚の縄文施文を特徴とする「福田系列」は、時間的な前後関係におかれる部分もあるとしつつ、沈線文と縄文施文の土偶の両者は、同時期に共存することを指摘した。また北関東では上野修一が指摘するように、刺突を主体とし縄文施文のない「後藤系列」が主体的に分布する（上野 1989）。

　このように、関東地方の山形土偶は時間差と地域差を内包しつつ後期後葉へと変遷するが、文様や形態を別としても、一地域（関東地方）の一時期においても土偶群の構成は単純ではない。

　さらに視点を変えて鈴木正博は、加曽利B式期の土偶において階層的な作り分けが存在したと考え、これを「上位土偶」・「下位土偶」と命名した（鈴木 1982）。ここに以後に継承される一時期における土偶の作り分け、複数類型の共存という現象が認められるようになる。これらの先行研究は当該期の土偶群は一系統的な変遷観にとらわれない時間的序列の確定、系統的連続の追跡、その相互関係の解明が必要であることを暗示している。

　ここで問題となるのは、上野や瓦吹らの「系列」と鈴木の「上位・下位」の概念の関係である。「系列」は土偶自体の細かな時間的変化や地域性の指摘に有効である。しかし反面で、とくに後期中葉以降に増加する無文や小形の土偶をも含めた、一遺跡内における一時期の土偶群の全体を包摂する概念ではない。分類学の基本は全体を包括できる概念でなければならない。筆者は中期か

ら後期に至る土器の器種変遷において、同様の視点での概念化を試みたことがある（阿部 1996）。本稿で問題とするのは、特定地域における土偶群の構成の成り立ちの背景の解明であり、その前提として一遺跡におけるすべての、あるいは地域的に弁別できない複数の土偶群の構成をどのように概念化するかが重要な意味をもつ。その点において鈴木の区分概念は汎用性があり、個々の階層単位での意義づけをおこなっている点で、土偶群の共時的な構成の理解に有効である。

（1） 山形土偶成立以前の複雑性

まず山形土偶出現以前の印旛沼南岸地域の状況を整理しておきたい。ここでは、集落の大半が調査された伊篠白幡遺跡（三浦ほか 1986）に注目してみよう。本遺跡は印旛沼西岸に立地する後期前葉の集落で、堀之内1式期の住居が19軒発見されており、ここから10点の土偶が出土している（図1）。その内訳は有脚立体形が5点（可能性があるもの1点を含む）、筒形土偶が5点である。調査面積は台地のほぼ全面と広域にわたるものの、土偶の出土点数は加曽利B式期以降に比べると明らかに少ない。

同様な状況は東京湾東岸の千葉市小金沢貝塚や同木戸作貝塚でも確認できる。共に堀之内1式の後半を主体とした時期の集落をほぼ完掘している事例である。

これを、山形土偶からミミズク土偶までを出土している印旛沼南岸の佐倉市吉見台遺跡と比較してみよう。吉見台遺跡では集落の一角の約2600㎡の範囲から、後期中葉から晩期中葉までの時期の住居跡7軒、掘立柱建物跡2棟、土坑124基、焼土跡5基、貝塚1ヵ所が発見され、ここから204点の土偶が出土している。さらに、それ以前の調査（近森 1983）によって出土した資料は139点に上り、これらを合わせると実に343点となる。

こうした事例を比較してみても、後期前葉の堀之内1～2式期と加曽利B式以降のあいだに土偶の在り方が数的にも大きく変化する状況が理解できる。

山形土偶の成立前の土偶の特徴を考える上では、伊篠白幡遺跡から成田市小菅法華塚遺跡の土偶への変化が重要であろう。小菅法華塚遺跡（鈴木 1995）では、後出の加曽利B1式期に比定される複数の類型の土偶が存在する（図2）。

1つは有脚立体形で顔面が斜上方を仰ぐ特徴があり、後頭部は欠損しているが、橋状の突起が付けられた跡がある（図2-1）。これらの特徴はいわゆるハート形土偶の系統に含められるが、胴部の断面形態が箱形をしたり背面の菱形文の四隅に円形竹管を配する点、側面部に沈線による縁取りが加えられたり、さらにこれらの部分に縄文が施文される特徴は堀之内式期のハート形土偶の装飾とは異なる点である。

図1　千葉県伊篠白幡遺跡の集落と土偶（堀之内1式期）

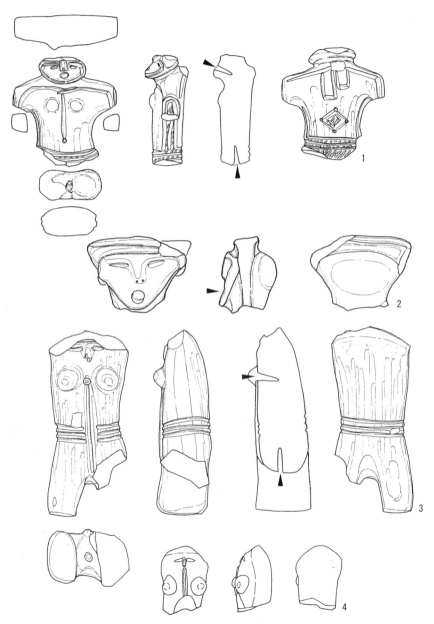

図2 千葉県小菅法華塚遺跡の土偶（縮尺1／3）

とくに背面に描かれる幾何学文様の表出は、加曽利B1式の精製土器の文様と共通する。また口は円形の深い刺突によって表現されているが、この孔は頭部に及ぶもので体部と一体化している。さらに股の部分にも胴部深くに及ぶ孔があけられている。

　もう1つの類型として頭部のみであるが、逆三角形を呈した顔面がある（図2-2）。大形の有脚立体土偶であろう。頭頂部には平坦部が作り出され、上部は凹線状のくぼみが形成されている。さらに後頭部には素文の半球状の突起が付く。顔面は鼻と眉が連続したT字状の隆線で表現され、目は深い沈線によっている。口は深い円孔で表現されている。

　3つ目の類型として素頭の無腕有脚土偶がある（図2-3・4）。2点の出土があり、大きさを除いて両者の特徴は良く似ている。その中でも3は脚部も遺存し、その全形は一見特異に見える。頭部は斧状に先端部が偏平化していて、後頭部に橋状の突起もない。眉と鼻は隆線により表現されている。口は深い円孔によっており、また股部には深い孔が穿たれ胴部に貫入している。両者は外面的には異なるが、こうした口と股孔の作法には共通点をもつ点も重要であろう。3の腰部には横位の沈線が引かれ、上半身と下半身が水平に区分されている。4は幾分小形で下半部を欠損しているが、3と酷似した特徴で、これらの土偶が型式化していたことを物語る。

　小菅法華塚遺跡では、筒形土偶の存在は確認できないが、これらの特徴ある3つの類型の土偶が共存しており、筒形土偶と有脚立体土偶が独立した関係にあるのではなく、相互に連鎖する状況が確認できる。

　このような状況から加曽利B1式期には、筒形土偶と有脚立体形土偶の属性が融合して新たな類型が出現していることがわかる。ならば小菅法華塚遺跡の無腕有脚土偶が中実である点は、東関東における筒形土偶のなかに中空化しない系列が存在することを示唆することになろう[1]。これらの土偶が加曽利B1式期の下総台地の様相を示すのである。

　また、突起や把手のない頭部形態の筒形や有脚立体の土偶は佐倉市宮内井戸作遺跡や吉見台遺跡においても類例があり、このタイプの頭部の系列が下総台地に広く分布することを示唆する[2]。堀之内2式期の状況も単純ではなく、宮内井戸作遺跡からは堀之内式期の2系統の筒形土偶の良好な資料が出土している（図3）。ここでは中空化した体部に堀之内2式土器と共通の文様を描く一群（図3-1・2）が存在し、これらは後頭部に橋状の突起をもつ特徴がある。他方で中実の胴部に下部から孔を穿つ資料（図3-3〜7）は突起を持たず、顔面はハート形ではなく楕円形（図3-3・5・6）を呈する。中には6のように小菅法華塚例に近似する斧形の形態のものもある。

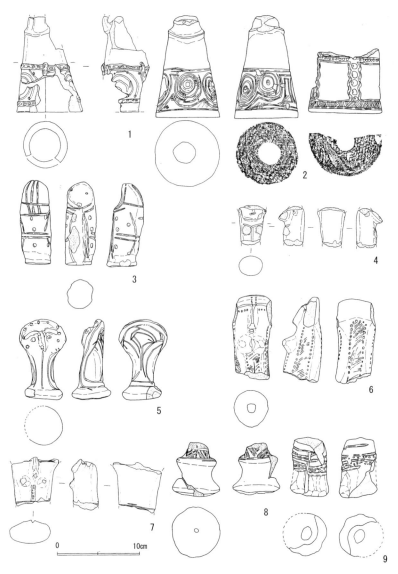

図3　千葉県宮内井戸作遺跡の土偶

整理すると、ハート形有脚立体土偶のなかで頭部が素頭形のものと突起をもつものの2者が併存し、さらに2つの頭部形式の筒形土偶が存在する。こうした環境下において有脚立体形土偶と筒形土偶の融合した新系統が発生し、5つの系統が併存する複雑な様相をもつことがわかる。

その一方でこれらの土偶群には、関東・中部地方に分布を広げる有脚立体形土偶と筒形土偶の分布圏において共通した構造をもつ部分もある。

一例を挙げるならば、小菅法華塚遺跡の無腕有脚土偶の一見特異な形態は、筒形土偶と有脚立体土偶の共存した社会環境において出現したものであり、同様な環境下では遠く長野県大花遺跡の中空土偶（図4）が成立するのである。しかし大花例が中空の胴部をもつのは東関東地方とは異なり、長野県中ツ原遺

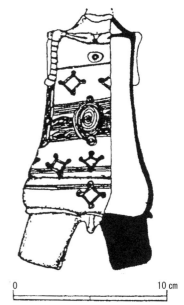

図4　長野県大花遺跡の中空土偶

跡にみるような中空の有脚立体形土偶がつくられた環境が存在したからである（図6）。さらに、股間に穿たれた小孔は小菅法華塚遺跡の有脚立体形土偶や無腕有脚土偶にも共通する特徴である。

これらはいずれも山形土偶成立前の加曽利B1式期の状況である。多くの土偶の顔面表現は、目は沈線、口は深い円孔で、顔面の側面観は斜仰形を成し、顎が首と区別して表現される特徴をもつもので、こうした表現系は広域な空間で良く一致した特徴を備えている点にも注目したい。

またこの段階でも大小や作りの違いといった差異が確認できるが、これらは大形の土偶をモデルとして小形に製作されたものであり、筆者が指摘した山形土偶の時期の小形土偶とは性格が異なる点も重要である[3]。

（2）山形土偶の成立と印旛沼周辺遺跡

山形土偶の成立を示唆する土偶は、宮内井戸作遺跡に出土例があり、これ以外にも印旛沼沿岸地域では未報告の数遺跡に出土例が認められる。宮内井戸作遺跡例は頭部が山形の形状を成す。

その一方で、先述した中部・関東一円における加曽利B1式期の土偶群の構造性に注目した場合、土偶の頭部の立体的な形態が複数の系統をもつ点に注意したい。すなわち、「ハート形土偶」または「仮面土偶」とも呼称される土偶

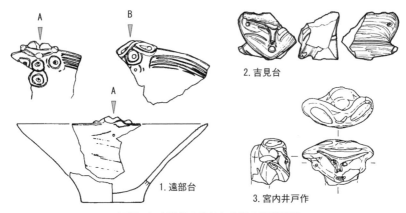

図5　無文浅鉢の突起と土偶の頭部表現

の後頭部装飾の複雑な類型の併存状況である。これらは鈴木正博が指摘するいわゆる「突起土偶」に含められるものであり、その内部における複雑性に注意する必要がある。

　これらを大別してみると球頭形または棒状と横「8」字形の2者があり、横「8」字形の系統は同時期の無文浅鉢の内文中に生起する突起との連鎖関係を形成している。この横「8」字形の系統は宮内井戸作遺跡例（図5-3）が好例で、「8」字形が凹部へと変容した小菅法華塚例（図2-2）へと変遷するのであろう。一方、頭部突起の無い系統は、佐倉市吉見台例（図5-2）があり、これを介して山形土偶において後頭部突起のない、または未発達な一群の成立をみる。こうした頭部形態のバラエティが印旛沼南岸付近においても確認できる。

　さらに同時期の中部地方を見た場合、長野県茅野市中ツ原遺跡の著名な中空土偶と、同遺跡の第163号土坑から出土した鉢被り葬に用いられた内文浅鉢の突起と土偶顔面表現の関係に注目してみるならば、「突起にはV字形隆帯とU字形沈線により、顔面表現にも見える施文を行っている」（守屋ほか2005）と報告されているように、土偶顔面（頭部）と浅鉢の突起が緊密に連鎖した状況が指摘できる（図6）。その時期は堀之内2式終末から加曽利B1式の古い時期に対応する。この内文浅鉢は堀之内2式の頸部に強い括れをもつ鉢形土器の胴部下半の縮小退化と口縁部の外反化、内文の生成によって出現するものであり、在来の土偶との関係性を維持する器種と考えることができる。

　このように山形土偶の成立に東北地方南部の土偶が一定の影響力をもつという認識は共有化できる一方で、これまで述べたような前段階における複数系統の土偶群の系統的変遷を整理する必要があり、状況は東北地方からの一方的な

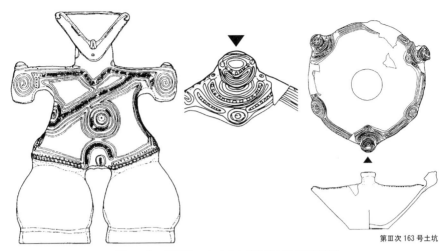

図6　中ツ原遺跡における土偶と浅鉢突起の連鎖

影響によるだけでなく、中部地方との連鎖的な関係をも維持した在地系統の変容過程もあり、単純ではない。これらの土偶が、山形土偶の成立に関わる系統として定着しているのである。その時期は堀之内2式の終末から加曽利B1式の新しい部分[4]に相当すると考えられる。

(3) 山形土偶の地域性と変遷

　常総台地において山形土偶の集成と分類を進めた瓦吹堅は、茨城県椎塚貝塚と福田貝塚にそれぞれ固有の型式学的な特徴を認め、それぞれ「椎塚系列」と「福田系列」と命名し、文様の表出技法に差異を指摘している（図7）。山形土偶成立以降の様相も単純ではないことがわかるが、しかも両遺跡は同一地域内での差異として抽出された特徴であり、瓦吹は椎塚系列から福田系列への変遷の枠組みを指摘するものの、一面において、単純な前後関係と考えることができない点も考慮していることは重要である。つまり、縄文を用いる一群と沈線のみの文様の一群は時間的に併存する2者として存在し、一時期における複数系統の共存を前提とした理解が成り立つわけである。

　この問題は、鈴木正博によって埼玉県高井東遺跡の土偶の理解で指摘された、土偶の作り分けの問題とも関係している（鈴木 1982）。つまり、一時期の土偶における作り分けのなかで、文様表現に差異が生まれる可能性が指摘できよう。実際に印旛沼周辺の山形土偶のなかでも、これらの作り分けを認めることができる。

　こうした観点を組み入れた土偶群の構造理解からは、山形土偶の系列とは、

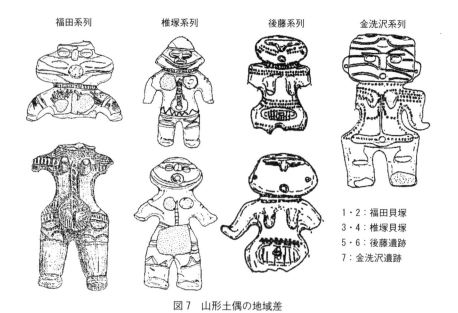

図7 山形土偶の地域差

同一の土器型式圏内においてセットとして共存しており、これらの類型を構成する土偶はより小さな祭祀の纏まりを意味する可能性も考えられる。

2 下総台地における山形土偶の構成

筆者はかつて山形土偶の成立した加曽利B2式期の印旛沼南岸地域では、3つの異なる類型の土偶が存在することを指摘した（阿部 2007）。これは一遺跡における一時期の土偶群のまとまりを型式学的に説明するためにおこなった概念化である。ここで分類した個々の類型は相互に関係をもちながらも、自立的な変化を遂げているのである。こうした状況は先に触れた加曽利B1式期の複数類型の併存とは構造的に異なる点についてはすでに触れた。筆者はすでに加曽利B1式期は小菅法華塚遺跡の有脚立体土偶を例示して、山形土偶成立以前の状況を代弁させたが（阿部 2007）、本稿ではまずその時期における当該地域の多様性について述べた。

さて、山形土偶成立期以後の土偶群の理解においては、現在でもまだ文様や形態のみからの分類に終始している状況もあるので、一時期における異なる作りの土偶が共存する学史的事例として、千葉市加曽利南貝塚における大山史前学研究所の調査を例示して、山形土偶成立以後の複雑性の一端を示しておく（大山史前学研究所 1932）（図8）。出土状況は貝層中に構築された住居跡の床

図8　加曽利南貝塚における山形土偶の出土状況

面上において2点が近接して出土しており、さらに頭部の大きさは、大形の個体の頭部は小形の素文の個体の2倍ほどであるという（大山前掲）。また小形のものは乳房が剥離しているが他は完全形である。こうした作りの違いは、出土状況からも示されるように、一方から他方へというような時間的変化ではなく、併存する土偶群の複雑性を示す現象であろう。

　甲野勇は土偶の文様と精製土器の文様の類似性に注目しているが、この対応関係は筆者が指摘したA類型において指摘できる（図9）（阿部 2007）。こうした土偶群の概念化のなかで、上野が後藤系列と命名しているのは、大半がB類型に含まれる土偶と判断できる[5]。

　また、椎塚系列とされた縄文を施文しない中・小型の土偶の中にもB類型に含められるものが存在する。常総台地における土偶群の型式学的な構成の解明が今後の課題となるが、関東地方の全域が同じ構成の土偶群から構成されているわけではないことは明白である。

　筆者は印旛沼南岸地域の一遺跡から出土する土偶の全体を分類し、一遺跡における土偶祭祀の実態を考える前提で、これらの土偶の時系列での変化と時期的な併存関係を整理するために、こうした分類の枠組みを用意したが、同様な土偶群の構成は、印旛沼南岸地域では以後も継続して確認できる（図9）。

　これらの時期の土偶群の中には、沈線文や縄文の利用という点だけでは時間的な位置づけが確定できない一群、すなわち沈線のみ、あるいは素文の土偶で頭部や顔面の表現方法などから、明らかに安行1式期に比定できる土偶も存在することからも多層的な構造の存在を理解することができる。

　まずA類型では体部に文様を描く土偶が相当するが、それ以外に研磨や焼成時の黒色処理、さらには焼成後の赤彩率の高さが指摘できる。B類型は素文化が顕著であり、とくに縄文施文のものが著しく少ない特徴がある。表面の磨かれないものも多い。

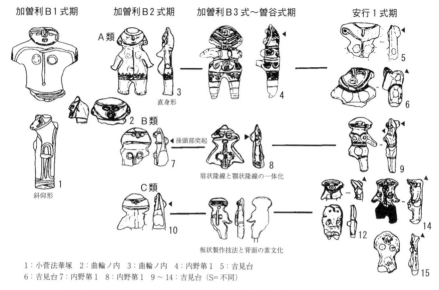

図9 印旛沼南岸地域における山形土偶の変遷 (阿部2007を一部改変)

　C類型は小形の素文化した土偶であるが、筆者が「板作り技法」(阿部2007)と命名した特徴的な製作方法であり、印旛沼周辺の地域では板状の粘土板から手足をつまみ出して成形しているものが多い。大半の土偶の背面は板状で平滑であり、文字通り板の上で製作された事実を物語る。また、印旛沼南岸のC類型は体部が薄手であるのに対し、東京湾東岸地帯の遺跡では、厚みがある粘土塊を素材として、簡素な装飾を施すものが多く、地域的な個性をもつ。
　このように各類型の土偶は相互に類似する要素をもちつつも、独自の型式学的な特徴を保持して、類型単位での変遷を遂げていることも重要であろう。
　これらのなかで加曽利B2式期のA類型の土偶の一部が東北南部からの影響下で成立した土偶であり、有文の文様表現の方法以外には総じてサイズが大形という特徴がある。A類型はかつて甲野勇が指摘した精製土器の文様手法との類似性が高く、印旛沼南岸地域を超えて、より広い地域での共通性を持つ土偶である。こうしたA類型の特徴は、以後も継続して保持される本類型の特質の1つである。
　印旛沼南岸の遺跡群における山形土偶の構成は、作り分けによって生じた3つの類型から構成されていたが、山形土偶の分布する関東地方のすべての地域に、同様の類型構成が認められるわけではない点も東京都平尾遺跡の事例を掲げて指摘しておいた(阿部前掲)[6]。したがって、印旛沼沿岸の山形土偶はこれ

ら3つの異なる類型の土偶から構成されている点が土偶祭祀における地域的特性としても重要なのである。

3　土偶の多量化の実態

一地域における土偶祭祀の実態を考えるために、遺跡の性格と土偶の出土状況について整理しておこう。印旛沼南岸地域には13ヵ所の集落と想定される遺跡が半径5kmの範囲に群集している（図10左）。しかし、後期から晩期の遺跡はより多く発見されており、それらの大半は少量の遺物を残す短期的活動地点である。

今ここでそうした遺跡の性格とそこから出土する遺物の構成を単純化すると図10右のようになる。

こうしてみると、土偶は量の多少にかかわらず住居跡の発見されている遺跡において特徴的に発見される遺物であることがわかる。すなわち、土偶は集落において使用された道具ということである。しかし、この地域で住居跡などから土偶が使用された状況を想起させるような状況で発見されている例はなく、どれもが遺物包含層や遺構の埋没土からの出土である。また、この地域の集落において、どの集落でも大量の土偶が出土するわけではないことも事実であり、藤村が指摘した土偶多出地帯の内部における土偶の量的偏在性が見えてくる。

たとえば既に指摘した吉見台遺跡では現在報告されているだけでも343点の

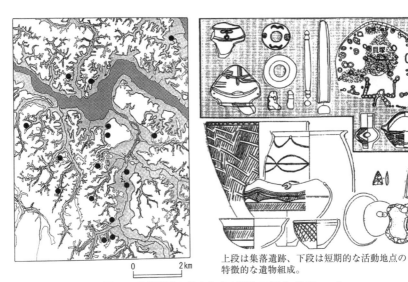

上段は集落遺跡、下段は短期的な活動地点の特徴的な遺物組成。

図10　集落遺跡の分布と出土遺物の構成（阿部 2003）

出土数があり、この出土数は全国的に見た場合でも突出した出土量であるし、近隣の千代田遺跡でも遺跡の限られた範囲の調査で 52 点の出土がある。

そしてこれらの遺跡の土偶群の特徴は、まず単時期のものではなく、後期中葉から晩期中葉までの土偶から構成されていること、2つ目の特徴は、型式学的な面からはこれら多量の土偶は複数の類型から構成されていることである。つまり土偶の多量化とは、これらの2つの要因によって生じている現象なのである。

(1) 遺跡の群集化と土偶の集中保有化

山形土偶は関東地方の後期中葉土偶の代表的な呼称方法であるが、その内実は多様性に富んでいた。とくに、その出現時期は近年の成果からすれば、加曽利 B2 式期とすべきで、この点は印旛沼周辺地域の遺跡群においても同様である。一方、小菅法華塚遺跡、吉見台遺跡、宮内井戸作遺跡などでそれ以前の時期の様相をもつ土偶が認められた。とくに小菅法華塚遺跡には加曽利 B1 式期に下る筒形土偶の変容した系統が存在し、様相はより複雑である。

山形土偶の成立をめぐっては、東北地方南部からの影響が指摘されているが、この時期の東北地方との関係は土偶だけにとどまらない。古鬼怒湾周辺では南奥系の土器群の出土が顕著である。これらの土器群が東関東地方に登場するのは、加曽利 B2 式の斜線文土器群が成立する以前の段階であり、加曽利 B1 式の新しい部分に相当する[7]。

東関東地方における加曽利 B1 式の変容の背景には、1つに東北地方からの影響が関与していることは確実であり、それは土器文様だけでなくスタンプ形土製品や異形台付土器の成立に関わる小形単孔壺形土器の普及など、イデオロギーに関わる道具類を含めた多岐にわたる影響関係である。ハート形土偶の系統と異なる南奥山形土偶の南下も、これに同期した現象とみるべきであろう。その背景には、土偶祭祀だけにとどまらない文化的な移入・集団の南下と融合が想定されるが、本論ではその詳細に立ち入らない。

またすでに述べたように、土偶群における作り分けも関東地方独自の在り方として考えるよ

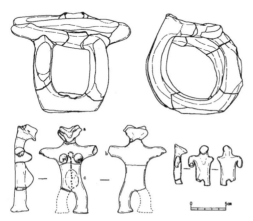

図 11　岩手県立石遺跡の土偶群の構成

りも、岩手県立石遺跡の土偶群に見られるようなポーズ形土偶、有脚立体土偶、小形土偶というセット関係（図11）を生じさせるような祭祀体系自体の影響があったと考えるべきであろう。重要な点は、土偶は在地化した型式の山形土偶であるにもかかわらず、土偶群の構成に東北地方との類似性を認め得るという事実の背景には、関東地方における山形土偶の成立よりも時間的にやや遅れて、東北地方との祭祀構造の同質化を予測させるものがある点である。こうした点からふたたび土偶群の構成を考えるならば各類型間の関係の解明が重要であり、加曽利B式期の蹲踞形ポーズ土偶の発見が今後に予測されよう。

（2）土偶の多量化の背景

　加曽利B2式期に成立する山形土偶は、3つの類型の異なる特徴をもつ土偶群から構成されていた。これらがすべて有脚立体土偶である点は、前代のハート形土偶の段階と大きく異なる点だ。そして数の上での多量化の要因の1つは、こうした有脚立体土偶の類型の多様化に求めることができるであろう（阿部 2007）。このように山形土偶の分布圏として一括されてきた地域であっても、地域が変われば土偶の構成も変わるのである。

　作り分けられたこれらの土偶のなかで、小形の土偶（C類型）はとくに地域差をもつようで、小形で簡略であるから粗末な作りと単純に判断するわけにはいかない。印旛沼周辺のC類型の土偶は「板作り技法」（阿部 2007）と命名した一枚の粘土板から頭部や四肢を作り出す技法であり、大形のA・B類型とした土偶が「部位接合技法」と呼んだ技法であるのに対して独自の製作体系をもつ。

　これらの独立した製作技術をもつ土偶の利用方法には、当然相互に区別される祭祀体系が予測されるところである。A類型の土偶の多様性については、瓦吹の指摘するように装飾や身体表現に違いを指摘することができる。

　これに対してC類型の土偶は、より狭い地域内での違いが指摘できるのだ。たとえば市原市西広貝塚のC類型の土偶は、体部の作りが厚みをもち、背面にも文様を描くなど、体部の製作技術と装飾に地域的な違いが指摘できる。またC類型の個体数も山形土偶では下総台地に多く、ミミズク土偶では立木貝塚などの常総台地南部に多いという地域性があるようだ。

　これらは、より狭い地域的なまとまりを象徴した土偶なのであろう。一方でA類型とした土偶は大形で沈線や縄文による装飾を施す土偶であり、その分布はC類型に比べると、より広い分布をもつものである。

　武蔵野台地や相模野台地などでは、B類型を主体とした構成が確認できる。そうしてみると、関東地方のなかでも山形土偶の時期においてA類型の土偶は下総台地から常総台地において主体的に存在したことになる。そして、100

点を優に超える土偶多出遺跡の多くがこの地域に集中しているのは偶然ではない。

4 土偶多出地域の社会構造

　印旛沼周辺の山形土偶は以上のように多層的な構造をもつが、A類型の内部においても単純ではなく、異なる類型が共存している。「椎塚系列」や「福田系列」（瓦吹 1991）というまとまりから抽出できる共時性は、A・B類型に属し、近接した2遺跡に認められる。また、胎土や作りからも遠隔地からの持ち込みなどによって説明できるものではない。

　同一の地域において差異性を表示しながら共存する土偶の在り方が、土偶型式の複雑性に関与している。加曽利B2式期において、東北地方からの文化的な波及が東関東地方に山形土偶を出現させる契機になったことを指摘してきたが、それは具体的にどのような地域社会の中で生じた現象なのだろうか。

　すでに述べたように堀之内式期における様相は、集落における土偶の保有量が少ない。そうした状況は加曽利B1式においても継続するが、この時期は在地系の筒形土偶と有脚立体土偶の関係に変化が生じる時期であり、両者が融合した無腕有脚土偶などが出現し、複数種類の土偶が併存している。

　一時期における有脚立体土偶の作り分けは、加曽利B2式期の特性である。

　こうした点からふたたび山形土偶の多出する地域社会の特性について考えるならば、印旛沼南岸地域における集落遺跡には相互依存的な関係が指摘できる（阿部ほか 2000）。とくにそれらは、鹹水産貝類の流通基点の形成といった食資源面や、大形竪穴建物址などの祭祀施設の構築（阿部 2001）、土器塚の形成（阿部 2009）などの近接遺跡間における偏在的な在り方など複数の場面に及ぶものであるが、印旛沼南岸遺跡群の特性として個々の行為に関わる相互依存的な関係を形成して集落相互が親和的な関係を形成し、ひとつの地域に長期継続的な地域社会を形成している事実に注目したい。

　「加曽利B式土器に伴う土偶は山形土偶である」という認識は、多種な特徴をもつ縄文土偶のなかの分類単位としての意味をもってきたし、この認識は土偶研究史の中で変わることはないであろう。しかし、山形土偶の分布圏内における土偶多出地域の内情を理解するためには、山形土偶自体の型式学的な分類を精緻化させることと、土偶を出土する遺跡相互の関係を多面的に比較検討する作業が欠かせない。

　そして、その結果として見えたものは、当該期における地域社会の単純とはいえない構造性であり、それは単に遺跡の群集といった表面的な現象ではなく、集落遺跡の相互関係の上に成り立っていることが見えてくるのだ。

こうした理解の枠組みを構築して、ふたたび当該期土偶の在り方を妊娠や出産に関わる行為の象徴と見るならば、時として混交する集団系統の継承を象徴したものであり、B類型は椎塚系列とされたものの一部に北関東の後藤系列や西関東との関係が反映される。さらにC類型には地域社会自体の枠組みを象徴化した製作技術が認められることから、より地域的な性質を内在させた土偶祭祀を象徴したものであると考えられる。

　その後山形土偶の類型構成の地域的差異は、印旛沼南岸地域においてA類型におけるミミズク形土偶の出現に連動し、北関東地方における「後藤系列」は安行式ミミズク土偶の成立とは異なる変遷をたどる（上野 2009）。本論で対象とした印旛沼南岸地域において重要な点は、山形土偶の多層的な構成がミミズク形土偶の時期においても、継承されている点である。

　また一方でこうした土偶の系列構成の地域的差異は晩期にいたり、北関東地方において栃木県後藤遺跡や藤岡神社遺跡の土偶のようにミミズク土偶のなかでも、きわめて地域性の強い類型を生み出す要因となる（図12）。一見して粗製的な製作手法による藤岡神社遺跡の土偶群は、東関東のミミズク土偶と比較した場合に、著しく表現系が異なるが、これらの土偶の主体的な分布はA類型の精製土器との関連性の希薄な土偶群を構成する地域において出現するのであり、造作の粗雑さは地域に継承された重要な構造的特性といえる。

　東関東の諸遺跡においても、北関東方面に類例の多い二山扇状突起を特徴とするミミズク形土偶が存在する。これらは個体の搬入ではなく、東関東の集落集団の中において独自に製作されたものと思われ、そのため比較的多くの遺跡における一定量の出土が常態化している。このように山形土偶の時期に生じた類型組成の構造は、それぞれの地域社会のなかで複数類型が共存した形で継承される。

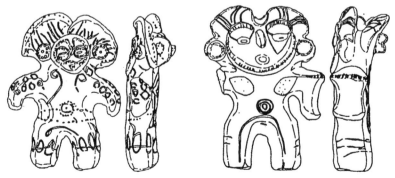

図12　栃木県藤岡神社遺跡出土のミミズク土偶

そして、こうした制度化された行為が地域社会の長期的継続を支えた要因の1つとなったのである。堀之内式期における保有形態は、加曽利B1式期における類型間の相互関係の複雑化を伴って、広域に連鎖する属性を残しながら、在地化が顕著となる。またそれは当該土器群の動態とも連鎖している。山形土偶の出現の背景には、作りの異なる複数類型の併存や、スタンプ形土製品や土器型式における系統の多様化が示すように、東北地方からの影響が多岐にわたり強く認められる。そして加曽利B2式期に下総台地の山形土偶は3類型から成る多層化した構成を確立するのである。

　印旛沼南岸地域では、土偶祭祀の発達は近接集落との集落間関係の緊密化の中で起こり、その中核的な役割を土偶多量保有遺跡が担ったと考えることができる。

　謝　辞　成田市小菅法華塚遺跡の資料の実見と実測では成田市教育委員会、富士見町大花遺跡の資料では井戸尻考古館のお世話になった。記して御礼申し上げたい。

　本論は明治大学人文科学研究所個人研究「縄文時代における長期的継続型地域社会の形成と土偶祭祀ネットワークに関する研究」の成果の一部である。

註

1)　関東地方における筒形土偶の変化において、植木弘は中空化していない一群を変遷の中で古く位置づけ、次第に体部が中空化する流れを指摘している（植木 1997）。これらは後頭部に突起をもつ一群には有効な分類方法である一面で、素頭の一群はその多くが中実で底面に刺突を施す程度であるものや、中実のままで変化するものがある事実を説明できない。筆者は頭部装飾の対応関係をも考慮して、筒形土偶には中空化への過程をたどる系統と、中実のまま変遷をとげる2系統が存在すると考えている。

2)　筒形土偶は堀之内式期の土偶とされているが、群馬県千網谷戸遺跡では加曽利B1式の中空筒形土偶の存在が指摘されている（植木 1997）。

3)　筆者は以前、加曽利B2式期以降の山形土偶において、鈴木正博が指摘した下位土偶の概念を用い、印旛沼南岸地域の土偶を分類し、型式化した際に、小形土偶はその系列固有の形態変化をもつことを指摘し、大形土偶を単に粗雑に模倣したのではない事実を指摘しておいた（阿部 2007）。

4)　『日本先史土器図譜』における加曽利B1式と同2式標式資料の型式学的な断絶性の理解をめぐり、中間に加曽利B1-2式という中間型式の存在を指摘する意見や、加曽利B2式と1式の間に斜線文を伴わない一段階を想定し、加曽利B2式の範囲とする考えがある（菅谷 1996）。本論では後者の型式学的な理

解に基づく編年観を前提としている。

5) 後藤系列は刺突文のみの装飾である点からも、甲野の指摘にある精製土器との文様の共通性、さらには黒色研磨などの仕上げの技術なども含めて、これらの対応関係とは異なるものと考えられる。

6) 平尾遺跡を含めた関東西部地方では、土偶の文様が簡素で、かつ遺跡単位の保有数が少ない状況が指摘でき、関東地方の内部においても、土偶の保有数と型式の構成が異なる（阿部 2007）。

7) 加曽利 B1 式と 2 式の区分について現状は大きく 2 つの意見があるが、小論での時間軸は『日本先史土器図譜』における加曽利 B1 式以後から B2 式の斜線文土器の成立以前を指すものである。

引用・参考文献

阿部芳郎 1996「食物加工技術と縄文土器」『季刊考古学』55

阿部芳郎ほか 2000「縄文後期における遺跡群の成り立ちと地域構造」『駿台史学』109

阿部芳郎 2001「縄文時代後晩期における大形竪穴建物址の機能と遺跡群」『貝塚博物館紀要』28

阿部芳郎 2003「遺跡群と生業活動からみた縄文後期の地域社会」『縄文社会を探る』学生社

阿部芳郎 2009「縄文後期の集落と土器塚」『千葉縄文研究』3

阿部芳郎 2007「山形土偶の型式と地域構造」『縄文時代』18

植木 弘 1997「筒形土偶の系統とその周辺」『土偶研究の地平』「土偶とその情報」研究論集（1）、勉成社

上野修一 1989「北関東地方における後晩期土偶の変遷について」（上）『栃木県立博物館紀要』6、栃木県立博物館

上野修一 2009「余山系列ミミヅク土偶の成立」『野洲考古学論攷』中村紀夫先生追悼論集刊行会

上野修一 2010a「山形土偶成立期の諸様相」『土偶研究の現状と課題』資料集、栃木県立博物館

上野修一 2010b「山形土偶の成立とその変遷」『日本の美術』527、土偶とその周辺Ⅱ

江坂輝彌 1960『土偶』校倉書房

大山史前学研究所 1932『史前学雑誌』9—1、加曽利貝塚号

小川和博ほか 2004「千代田遺跡群」『千葉県の歴史』史料編考古 1

瓦吹 堅 1991「山形土偶」『季刊考古学』30

菅谷通保 1996「南関東東部後期中葉土器群の様相」『後期中葉の様相』縄文セミナーの会

鈴木圭一 1995『小菅法華塚Ⅰ・Ⅱ遺跡』印旛郡市埋蔵文化財センター

鈴木正博 1982「埼玉県高井東遺跡の土偶について」『古代』72

鈴木正博 1995「土偶インダストリ論」から観た堀之内2式土偶」『茨城県考古学会誌』6、茨城県考古学会

近森　正 1983『佐倉市吉見台遺跡調査概要Ⅱ』佐倉市遺跡調査会

林田利之 1999『吉見台遺跡A地点』印旛郡市埋蔵文化財センター

藤村東男 2001「遺物研究にとっての出土個体数の利用価値」『縄文時代』12、縄文時代研究会

三浦和信ほか 1986『酒々井町伊篠白幡遺跡』千葉県文化財センター

守屋昌文ほか 2005『中ツ原遺跡』茅野市教育委員会 NPO法人縄文文化輝く会

堀越正行 1996「異形台付土器と土偶の背景」『土偶研究の地平』勉成社

3 土偶多出遺跡の様相

—椎塚貝塚・福田貝塚—

瓦吹　堅

はじめに

茨城県南東部に位置する霞ヶ浦は、総面積約 220km²の日本第 2 位の湖として知られているが、江戸時代以前は太平洋から海水の流れ込む内湾であったことを知る人は少ない。湖沼化する以前は『常陸国風土記』などにも見られるように、海浜で塩作りや内湾漁業が行われていた。徳川家康によって江戸に幕府がおかれると、江戸は急激な都市化が進んだ。しかし、江戸湾に流れ込む利根川など河川の氾濫によって水害被害を多く受け、新たに千葉県関宿から銚子まで掘削して河道変更したのである。その結果、河口部に土砂が多く堆積して河川の水が太平洋まで流れなくなり、徐々に淡水化したのが霞ヶ浦である。

内湾を形成していた霞ヶ浦の沿岸は、縄文時代以来、良好な生活領域となって多くの集落が営まれ、また貝塚も多く形成された生活空間として最適地だったのである。

この霞ヶ浦の南西沿岸部には、土偶を多く出土する遺跡が数ヵ所点在している。この地域の遺跡は、明治 12 年（1879）、貝類の研究のために来日したモースの教え子佐々木忠二郎・飯島魁によって陸平貝塚が発見されたのを嚆矢とし、多くの研究者達が訪れて発掘して初期の日本考古学研究の重要な地域となったが、出土資料のほとんどが地域外へ運び出されたという特異な地域でもある。

黎明期の日本考古学の概説書『考古学』（高橋 1913）では、土偶は「一尋常なもの　二山形のもの　三木菟に似たもの　四眼鏡をかけた如きもの」に分類され、この中の頭部が略三角形の形状を示す土偶を山形土偶と名付けた。

この当時、このような形状の土偶は、坪井正五郎らが中心となった東京人類学会会員達の霞ヶ浦沿岸発掘によっても多くが発見されていた。

人類学や民族学的な研究を主流としていた当時の考古学研究は、風俗や視覚的な分類法を目指し、この地域は多くの研究者達によって乱掘され、資料のほとんどは東京の大学や個人蔵となってこの地域には残らなかった。まさに研究

図1　椎塚貝塚・福田貝塚位置図

者達の聖地であり、草刈り場であった。とくに、椎塚貝塚では重要美術品の鮑貝形土器や注口土器、福田貝塚では重要文化財の顔面付注口土器・土版、重要美術品の筒形土偶・鳥形土器などの優品の出土が知られ、その情報によってさらなる発掘が繰り返されたのである。

　多くの出土品は、『東京人類学会雑誌』などに一部の報告があるが、全体像は把握できず、不明なものが多い。

　土偶に限ってみても、正確にどれだけの点数が出土したかについては把握されていないが、大阪歴史博物館（以下大阪博）・東京大学総合資料館（以下東大）などに収蔵されている。本文中の土偶図は大阪博収蔵資料を中心に掲載したが、東大収蔵資料は本紙で実測図を示していない。文中の紹介は、カタログ（磯前・赤澤1991）を参考に「東大〇〇」と標本番号を記した。

　本文中で実測図を紹介した大阪博収蔵資料は、椎塚貝塚13点、福田貝塚30

点であり、そのほか椎塚貝塚の慶応大学考古学民族学研究室（以下慶応）1点、福田貝塚では辰馬考古資料館（以下辰馬）2点も図示した。大阪博では、椎塚貝塚37点、福田貝塚73点（福田49点、薬師台19点、不明5点）が収蔵されており、そのほかに東大では椎塚貝塚31点、福田貝塚46点などの収蔵が知られ、手・足の部位のほかに小片も含まれる。このほかにも数点が施設や個人蔵として収蔵されていることが知られているが、情報は明確に把握していない。

1　椎塚貝塚と福田貝塚

(1) **椎塚貝塚**（図2）　稲敷市江戸崎椎塚・中の峰

　椎塚貝塚は、霞ヶ浦南西岸の小野川右岸河口部付近に位置し、古渡入に面して東に延びる半島状の一支丘に形成された貝塚で、標高27mほどの台地平坦部（約5,000㎡）や傾斜部に5地点の貝塚が確認されている。土偶はとくに傾斜部に位置する径20〜30mの貝塚からの出土が知られている。

　明治26年（1893）3月末、埼玉・茨城・千葉県を巡回した坪井正五郎が福田貝塚などとともに当貝塚を発見したとされ、同年4月22〜26日には八木奘三郎、下村三四吉が派遣されて発掘した。その際の出土資料は「石炭箱十個及米俵九個」に及び、「一貝塚ニ於テ採集品ノ斯ク多カリシ従来コレナキ所ナルガ、今回発掘セルハ本貝塚ノ一小部分ニ過ギザレバ、更ニ時日ト費用トノ許スアリテ之ガ発掘ニ従事セバ猶数倍ノ遺物ヲ得可シト信ズ」と出土量の多さを記している（八木・下村1893）。土偶も13点が報告された。しかし、出土資料が、貝塚のどの地点のどの層位から出土したかなどの情報はなく、その後も貝塚は乱掘が続けられた。

　八木・下村の報告によれば、後期加曽利B式土器が主体とされているが、後期末から晩期初

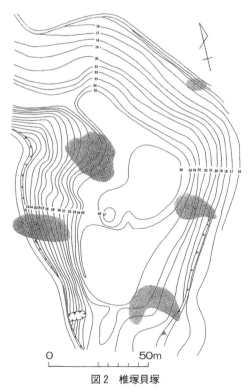

図2　椎塚貝塚

頭の安行式土器も出土している。

　明治 27 年 3・4 月にも調査され、11 点の土偶が出土したと報告されている（八木 1894）。その後の明治 30 年 9 月には野中完一が調査し（野中 1897）、昭和 24 年（1949）には慶應義塾大学中等部も貝塚南端部を発掘している（慶應義塾中等部考古学会 1950）。

(2) 福田貝塚（図 3）　稲敷市福田 1675 ほか

　福田貝塚は、霞ヶ浦南岸に張り出した標高 27m ほどの阿波丘陵上に位置している。阿波丘陵は浮島方面から入り込んだ谷によって開析され、貝塚はこの谷の奥部に 4 地点が点在し、この貝塚も明治 26 年 3 月、坪井によって発見されたとされている。台地上は東西 200m、南北 300m ほどの平坦部を有し、北方から入り込んだ支谷の谷頭部に位置する径 50m ほどの貝塚がもっとも大きく、字名から神明前貝塚と呼ばれている。単に福田貝塚と呼称した場合は、神明前貝塚を指す場合が多い。東大の収蔵資料は神明前貝塚出土のものがほとんどで、明治 27 年から大正 5 年（1916）までの報告は、17 編にも及んでいる。

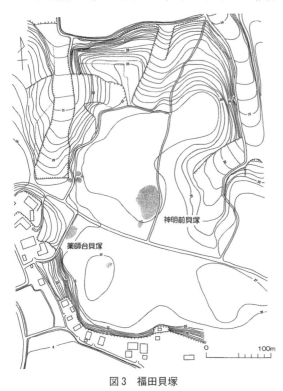

図 3　福田貝塚

　神明前貝塚の南西の字薬師台にも径 20m ほどの貝塚が位置し、薬師台貝塚と呼ばれている。神明前・薬師台ともかつては貝塚部分が盛り上がる地形をしていたという。そのほか、字久保台、字大畑にも貝塚が所在しているが、前述したように神明前が最大規模の貝塚である。

　明治 27 年 3 月 25～28 日や明治 30 年 12 月 29 日～同 31 年 1 月 5 日には佐藤傳蔵が神明前貝塚を発掘し、その後も多くの研究者によって発掘された。神明前貝塚は大須賀村長小泉廣城の所有地で、昔鹿島神社が鎮座し、小泉

が初めて発掘したという。

　佐藤の発掘によって出土した資料は、「石炭箱四個米俵七俵」に及び「将来
之を発掘するに於て、洋々春海の如き望ありと云はざる可らず」と記している
（佐藤 1894）。また、約 3 年間にわたる高島多米治の発掘も知られている（高島
1929a・b・c・1930）。さらに、昭和 46 年 11・12 月には、古代學協会によって
神明前貝塚で学術的な発掘が実施されている（渡辺ほか 1991）。

2　土偶の様相

(1)　椎塚貝塚（図 4・5）

　椎塚貝塚出土土偶は、大阪博などの資料の中から 14 点を掲載した。

　ハート形土偶（1・2）　顔面部が欠落しているが、脚部の形状などからハー
ト形と判断できる 2 点がある。いずれも内彎気味の開いた短脚で、1 は腹部中
央にボタン状の貼付文を有し、胸部から正中線が見られる。背面には沈線によ
る重三角文が見られ、形状的には新しい段階のものである。

　山形土偶（3〜14）　いわゆる山形土偶の特徴を有するものを一括して掲載
した。部分的に欠落はあるものの全体的な形状を残しているものは 3・12 の 2
点である。

　いずれも沈線を主文様とし、東大や慶応収蔵の中には沈線のほか縄文を施文
したものもある。

　形態的な特徴を見ると、頭部は山形や楕円形状を呈し、顔面部に T 字状の
隆帯で眉と鼻が表現され、目・口は粘土粒を貼付して棒状具で押圧する。ま
た、口部には竹管刺突文が見られるものも多い。さらに、左右の側面部から顎
を表現するような弧状の隆帯も顔面の特徴の一つであり、刻目が施されたもの
もある。後頭部の中央には瘤状の突起が見られ、素文のもの、瘤の周囲を沈線
が周回するものや十字文、横位の沈線文が見られるものもあり、沈線文のほ
か、竹管や棒状具を押圧したものもある。

　山形土偶の身体的特徴の一つに乳房の豊満さがある。胸部が現存する土偶の
胸部には、いずれも体に似合わないほどの豊かな乳房が表現されている。あま
りにも突出しているため欠落しているものも多く、体部の厚さと同じくらい突
出している。乳房先端部には乳首を表現するような沈線文や竹管文が見られる
ものもある。乳房間から膨れた腹部まで、隆帯が垂下するものがほとんどで、
隆帯上に刻目を有するものが多い。

　前述したように腹部は大きく膨れ、中央部に沈線による円文やボタン状の貼
付文を有するものがある。両脇腹部は括れ、腰はあまり張らないが全体的にふ
くよかである。

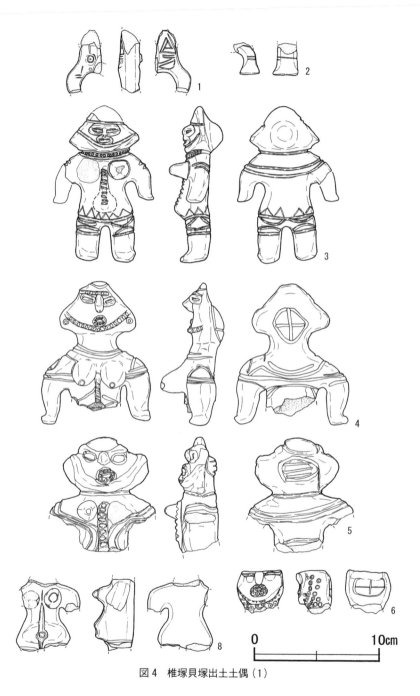

図4 椎塚貝塚出土土偶（1）

130 第Ⅱ章 土偶祭祀と地域社会

図5　椎塚貝塚出土土偶（2）

　四肢を見ると、腕部は肩部からやや開き、手先が若干外へ張り出している。脚部は直線的で、爪先が突出しているものが多い。

　体部の文様について見ると、沈線文を主体としており、肩・腰・上脚・背中・尻などに施文され、肩部から背中上部へ連結して施文される2条の横位沈線が主なものである。また、腰部から尻部には鋸歯状の沈線文を施文したものも多く見られ、脚上部には2条の沈線区画帯内に相対する弧線状の沈線を配するものも見られる。概略的に沈線は2条が1単位で引かれる場合が多い。

前述した形状や文様意匠の特色を有するものの中には、古い段階として分類される土偶も含まれるが、これら沈線文を主体とする土偶のほかに、沈線文に縄文を施文される一群がある。この一群は若干後出的で、縄文が施文される部分は後頭部・体部表裏・四肢部などであり、顔面部への施文はきわめて少ない。また段階的に見ると、全体的に扁平でふくよかな形状を失う方向性が認められ、形状のみならず文様施文も簡略化していく。

　山形土偶は中実土偶がほとんどであるが、中空の形態を示すもの（東大110・128）や、筒形（東大104）も存在し、赤彩の痕跡も認められるもの（東大120・165・175）もあり、赤彩例は増加している。

　個別資料を概観すると、3は全長12.4cmと小型の山形土偶の代表の一つである。左腕部が石膏で補修されているが、全体的な形状を理解する上で重要な資料である。上腕部から肩部、さらに背中へと2条の沈線が見られ、腰部を鋸歯文が周回し、脚部には横位の沈線区画帯に相対する弧線文が描かれている。背面には「椎塚」「明治四十年一月」と採集日を記している。

　東大128は頭部と腕部を欠損した中空の山形土偶で、胸部から膨らんだ腹部に刻みのある隆帯が垂下し、腹部の中心に沈線文が施文されている。脚部には3同様、横位の沈線区画帯があり、対峙する弧線文が施されている。また焼成の際、膨張する空気の通気孔が現存する右脚部に見られ、欠損する左脚部にも存在したと想定される。現高18.3cmであるが全体的な法量は、山形土偶の体が頭部3：頭部以下7の割合で製作されたものが多いことから、全長25cm内外のものと想定できる。4・5の口部には竹管刺突文が見られ、後頭部が突出している。

　8〜11は胸および腹部以下の破片資料であり、ふくよかな体躯は共通している。垂下する隆帯には刻みの有無双方があり、11のように正中線が無いものもある。また、8のように沈線文が見られない土偶もあり、一般的には横位の沈線帯を有し、腰部に鋸歯文をもつもののほか、無いものもある。脚上部の区画帯と弧線文は12だけに見られるが、区画帯だけは11に見られる。

　12は右乳房と腹部の突出部を欠損しているが、全体の形状が把握できる全長15cmほどの資料である。口部に竹管刺突文、腰部に横位の沈線が周回し、脚部に鋸歯文が施文されている。後頭部は突出して2条の沈線が引かれ、脚部の接地面は不安定で自立は難しい。全体的に重量感のある安定した様相である。東大資料の中には、山形土偶の系列の一種と考えられる頭頂部に平坦部を有する一群（東大136・83）がある。136の沈線文は一般的な山形土偶に共通するが、83の顔面部は異質である。

木菟土偶　大阪博収蔵の資料では明確ではないが、東大84がある。顔面部

の表現などから後期終末と考えられる資料で、頭頂部は三方へ翼状に張り出して平坦部を有し、側面部の耳部の張り出しに孔を有している。顔面の輪郭は微隆帯で縁取られ、鼻は粒状に貼付され、目・口は円形状に貼付し、周囲を連続刺突され、頸部にも数条の横位の刺突沈線が見られ、赤彩痕も認められる。

晩期土偶 東大 161 は左肩部と想定され、中空である。刻みを有する微隆帯による区画と縄文施文区が有り、時期的には晩期南奥系の土偶と想定される。

(2) 福田貝塚 (図6〜9)

福田貝塚出土の土偶は、大阪博・辰馬収蔵品 31 点を掲載した。なお、薬師台貝塚出土と判明している資料については、図版中に「薬」と明示した。

筒形土偶 (1・2) いずれも筒形土偶であるが、やや異なる形状を呈している。1 は 12.3cm の棒状を呈し、下端部に 2.9cm ほどの孔を有している。2 は体部全体が筒状を呈するもので、後頭部に橋状把手の痕跡が認められる。

山形土偶 (3〜26) 山形土偶は、椎塚貝塚に多く見られる沈線文タイプのものは少なく、縄文施文のものが多い。

3 は、肩部から背中に縄文帯を有するもので、突出する乳房をもち、無文部は丁寧に箆磨きされている。この体部は東大収蔵の赤彩された顔面部（東大 166）に接合でき、頭部が三方へ突き出す東北的な様相を有している。肩部から背中の縄文帯を有する土偶は、13・14・16 などにも見られる。頭部が円形の東大 97 には乳房表現はなく、双肩部に三角状の縄文区、背中には沈線による鋸歯状文が見られ、縄文が施文されている。後頭部の沈線文は椎塚貝塚の 4 と共通している。7 は中空土偶の腰部片で、腹部の膨らみは欠落しており、縄文が施文されている。10 は腹部の膨らみと豊満な乳房を有し、頸部と背中に縄文帯を有し、東大 86・87 には同様な文様帯が見られる。

5〜12 は様々な様相を示す頭部片で、5 は円形竹管、7・8 は縄文施文、11・12 は山形土偶とはやや異質である。

22・23 には沈線帯に細かい刺突や円形竹管刺突が見られ、22 の顔面部は山形土偶の形状を部分的に残しているが、23 には顔面部の表現はなく、頭頂部が突起状に大きく突出している。25・26 も形状的に山形土偶が退化した様相を示し、東大 119・149 は木菟土偶の発生を想定しうるもので、東大 149 は顔面部の輪郭が縁取りされて腰部が張り出し、赤彩されている。

木菟土偶 (27〜29) 27・28 は顔面部であるが、沈線内に刺突が見られるものや、刻みをもつものがあり、27 から 28 へと時間的な変遷が認められる。29 の体部は腹部が膨れて垂下する隆帯と小さめの乳房を有するが、腰部が括れて胴部や脚部に縄文が施文されている。木菟土偶の顔面部は東大 145・160 があり、160 は後期末、145 は晩期段階のものである。

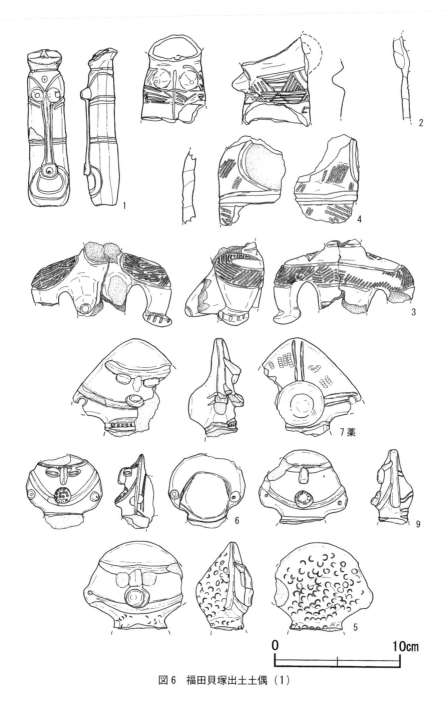

図6　福田貝塚出土土偶（1）

134　第Ⅱ章　土偶祭祀と地域社会

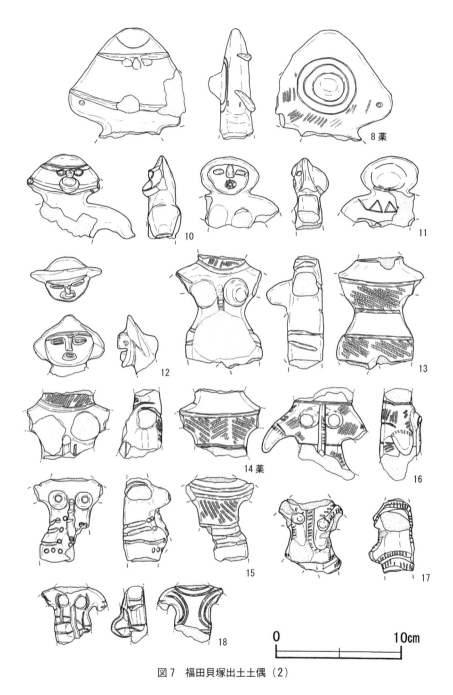

図7 福田貝塚出土土偶（2）

3 土偶多出遺跡の様相（瓦吹 堅） 135

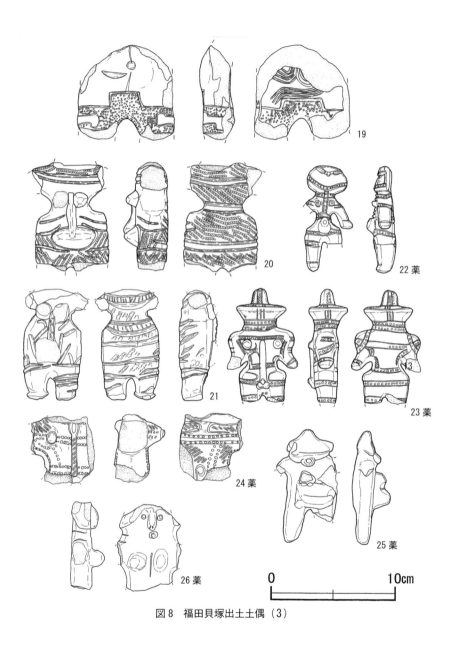

図8　福田貝塚出土土偶（3）

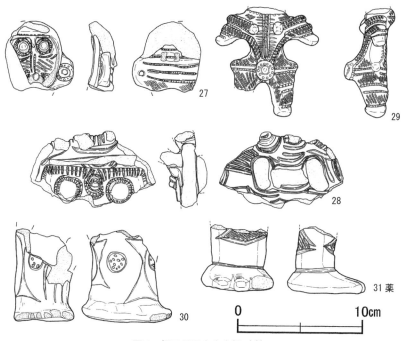

図 9　福田貝塚出土土偶（4）

晩期土偶（30・31）　30 は I 字文を有した中空の脚部で、脚部に I 字文を配している。31 は中実の脚部片で、沈線区画内に縄文が施文されている。東大 192 は腹部に I 字文を配した中空土偶で、同一個体の東大 138 の脚部も収蔵されている。

3　おわりに

　椎塚貝塚・福田貝塚双方で出土した土偶資料を概観した。時期的に見ると、後期前半期のハート形土偶、筒形土偶を含み、晩期段階の土偶も出土して継続的に土偶が出土している。しかし、いずれにしても山形土偶を主体的に保有する貝塚である。

　すでに指摘したことではあるが、山形土偶の沈線文を主文様として後頭部が突出する形態の古い段階は椎塚貝塚に多く見られ、やや遅れて縄文が施文される山形土偶が現れる。土偶の大きさは、10～15cm のものがほとんどで、中には 20cm を超えると推定される土偶もある。この大型土偶は中空であり、焼成の際の破損が考慮されたものと推定される（東大 128）。また、全体的な形状は不明

であるが、山形土偶の顔面をもつ筒形土偶も1点知られている（東大104）。

　福田貝塚においても山形土偶が多く出土する。主体となるものは、沈線に縄文が施文された土偶であり、椎塚貝塚で主体となる沈線文の土偶より若干後出的である。大阪博と東大に収蔵されている福田貝塚出土土偶の内、大阪博収蔵資料は出土地が神明前貝塚と薬師台貝塚とに明確に区分でき、薬師台貝塚出土資料が神明前貝塚出土資料より後出的な様相を示している。また、辰馬収蔵資料のように、木菟土偶の初源的な様相を示すものも存在する。

　前述したように、両貝塚は同一台地上に約3km離れて位置している貝塚であるが、生活領域を異にしているものの山形土偶の主体は椎塚貝塚から福田貝塚（神明前貝塚）へと移動し、福田貝塚領域でも神明前貝塚から薬師台貝塚へと移動している状況が窺える。

　古式段階の山形土偶の主体は霞ヶ浦南西岸域にあり、その後この地域の山形土偶が周辺部に影響して南の千葉県印旛沼周辺や西の埼玉県東部域などへ拡散していったと想定される。薬師台貝塚で見られた木菟タイプの土偶は、その後茨城県西部域から埼玉県東部域においてもおおいに展開した。

引用・参考文献

　磯前順一・赤澤　威 1991『東京大学総合研究資料館所蔵縄文時代土偶・その他土製品カタログ』東京大学総合研究資料館標本資料報告第25号

　瓦吹　堅 1990「山形土偶」『季刊考古学』30　雄山閣

　瓦吹　堅 1997「山形土偶―椎塚貝塚の様相―」『土偶研究の地平「土偶とその情報」　研究論集（1）』

　慶応義塾中等部考古学会 1950『茨城県椎塚貝塚』

　佐藤傳蔵 1894「常陸国福田村貝塚探究報告」『東京人類学会雑誌』9―100

　佐藤傳蔵 1898「常陸国福田村貝塚第二回発掘報告」『東京人類学会雑誌』13―152

　高島多米治 1929a「常陸国福田介墟篇（一）」『東京人類学会雑誌』30―8

　高島多米治 1929b「常陸国福田介墟篇（二）」『東京人類学会雑誌』30―9

　高島多米治 1929c「常陸国福田介墟篇（三）」『東京人類学会雑誌』30―10

　高島多米治 1930「常陸国福田介墟篇（四）」『東京人類学会雑誌』31―3

　高橋健自 1913『考古学』

　野中完一 1897「常陸椎塚第四回の発掘」『東京人類学会雑誌』12―139

　八木奘三郎ほか 1893「常陸国椎塚介墟発掘報告」『東京人類学会雑誌』8―87

　八木奘三郎 1894「椎塚介墟第二回の発掘中に獲りたる土偶に就て」『東京人類学会雑誌』9―98

　渡辺　誠ほか 1991『茨城県福田（神明前）貝塚』古代学研究所研究報告第2輯

4　北上川上・中流域における後期初頭土偶の型式

八 木 勝 枝

はじめに

　1992年に「土偶とその情報」研究会[1] によって、全国の土偶集成が提示され、それ以降も東北・北海道地方を中心に活動している土偶研究会[2] などによって集成が継続して行われてきた。その結果、毎年増加する土偶情報は蓄積・周知され、現在、膨大な報告書の中から容易に土偶情報を得ることができる。

　本稿の対象時期である中期から後期への社会構造の変化は、様々な事象に表れており、土偶もその例外ではない。関東地方においては中期末から後期初頭にかけて土偶がほぼ認められず、中期から連続した様相を確認することができない。一方、東北地方においては当該時期に少なからず土偶が作られ続けている。本稿で対象とする北上川上・中流域においても、当該時期の土偶が見つかっており、中期から後期へと土偶の様相はどのように変化・継承されるのか、型式学的検討が必要である。

1　北上川上・中流域における中期末〜後期初頭の土偶研究史

　北上川は岩手郡岩手町を水源にし、東に北上山地、西に奥羽山脈を抱え南流する、全長249km、流域面積10,150㎡の大河である。北上川流域における縄文時代全体を通した土偶研究は、齋藤尚巳（1985）・熊谷常正（1997）が行っており、本稿が対象とする縄文時代中期末〜後期初頭の土偶については、中村良幸が様相を検討している（中村 1995・1999）。しかし、中村の分析は当時確認できた資料数が少ないため、時期を大枠で中期末〜後期初頭および後期中葉に区分しているのみであり、明確な段階区分は示されていない。

　北上川流域以北の土偶研究は、鈴木克彦・成田滋彦らによって進められている。鈴木克彦は土器型式に基づく「土偶型式」を提示し（鈴木 1999a・b）、成田滋彦は青森県内後期前葉期・十腰内Ⅰ式期の「目立たない土偶」（永峯 1977）を形態および文様から検討し、中期末葉期〜十腰内Ⅰ式期の3時期（中期末葉：

大木10式併行期、後期初頭〜前葉期：十腰内Ⅰ以前、後期：十腰内Ⅰ式期）に区分し、各時期の土偶変遷を提示している（成田 1999）。

　東北地方全域を俯瞰した分析は、上野修一が土偶系列によって論じている（上野 1997）。上野は東北地方南部において、中期中葉の出尻形「有脚立像土偶」から中期後葉の「板状単脚土偶」への変遷を辿るため、体部文様の型式学的分析に基づく代表系列の抽出を行い、地域間の干渉や各系列の消長について論じている。結論として、当該期は複数の系列が同時に変遷していることが判明し、ハート形土偶の出現について、伝統的系列に断絶がある点および東北地方北部の関与が窺える点を明記している。さらに、東北地方の土偶有脚化にハート形土偶の関与があったと提示している。

　資料数が増した近年、中期末から後期初頭土偶の研究は活発化している。大木10式期〜後期初頭の土偶について、阿部明彦は山形県蕨台遺跡出土土偶を中心に検討を行っている（阿部 2009）。その「沈線意匠紋」に着眼した論考は、東北全域の中期末から後期初頭土偶の定点を示した重要な論考である。

　阿部昭典は岩手県南部を含めた東北地方北部における土偶の形態変遷を提示し、有脚化の過程と肩部穿孔について使用例を検証した（阿部 2010）。また、変遷過程において大木10式期土偶文様は刺突列で、後期初頭土偶文様は沈線施文へと変化する可能性が高いことを示した。しかし、岩手県馬淵川以北や青森県についての有効性は認めた上で、なお未解決の問題が残る。例えば北上川流域および沿岸南部において、後期前葉段階では刺突による列点文が多用される資料が優越する点をどう解釈したらよいのか。また、後期中葉の刺突文を多用する土偶がどのようにして発生するのか、課題は残されている。

　筆者は、土偶研究会において2005年から岩手県内出土資料を報告する機会を得ている。集成作業で盛岡市柿ノ木平遺跡資料に触れ、北上川上・中流域における中期末から後期初頭土偶の様相を示す好資料であると判断した。柿ノ木平遺跡・旧東和町安俵6区Ⅴ遺跡・一関市清水遺跡資料を用いて、2010年3月、栃木県立博物館で行われた第7回土偶研究会において、中期末から後期初頭の土偶変遷を提示した（八木 2010）。発表では中期末の定点を前記の阿部明彦と同様、盛岡市湯沢遺跡の幾何学沈線文土偶に求め、さらに沈線文が列点文に変容する過程と、本稿図4-3・4のように耳朶が後頭部側に肥大し、吊り下げに用いられた可能性を指摘した。しかし、変遷の方向性を細かく提示する一方で、北上川流域で主体をなす列点文を有する土偶以外の系列資料を提示するには至らなかった。

　かつて、上野修一が示した東北地方全域を俯瞰した論考からは筆者も多くを学んだ。土偶研究会の集成などによって資料情報が充実してきた今日では

まず、より狭い地域で編年を組み立てることが必要である。本稿では、共伴資料を確認し、北上川上・中流域の土偶型式について詳細な検討を試みることとする。

2　中期末から後期初頭の土偶様相

　北上川上・中流域に位置する中期末～後期初頭の遺跡のうち、土偶が出土している遺跡は、岩手町秋浦Ⅰ・Ⅱ遺跡、滝沢村湯舟沢遺跡・けや木の平団地遺跡、雫石町南畑遺跡、盛岡市柿ノ木平遺跡・上米内遺跡・湯沢遺跡、旧東和町久田野Ⅱ遺跡・安俵6区Ⅴ遺跡、旧大迫町観音堂遺跡、北上市横町遺跡・鬼柳西裏遺跡、旧江刺市五十瀬神社前遺跡、一関市清水遺跡、旧藤沢町相ノ沢遺跡・十文字遺跡、旧千厩町清田台遺跡などである。

　分析資料の時期判断基準となる土器型式については、先行研究の中村良幸の区分と同様に門前式を後期初頭とした。ただし、土偶が継続して作られた東北地方にあっても、中期末から後期初頭の土偶は共伴資料が乏しいこと、また土器型式自体に認識の違いがあることから、系譜を読み解くことが困難である。したがって、大枠として中期末（門前式以前）、後期初頭（門前式～十腰内Ⅰ式以前）、後期前葉（十腰内Ⅰ式）の3期に区分し、検討を進めたい。

（1）中期末の土偶（図1・2）

　先行研究で、中期末に位置付けられている「連結幾何学文」（上野 1997）・「沈線意匠紋」（阿部 2009）施文土偶は、北上川流域では盛岡市湯沢遺跡包含層から出土している（図1-1～4）。湯沢遺跡資料を観察すると、連結幾何学文を沈線で施文する「幾何学沈線文」（図1-1）と、列点で施文する「幾何学列点文」（図1-2～4）が認められ、かつて上野はそれぞれを「湯沢・第1」・「湯沢・第2」と呼称した（上野 1997）。湯沢遺跡から出土している土器は大部分が大木10式であるが、包含層から出土したため沈線文と列点文が時期的に併行関係にあるのか、湯沢遺跡資料だけでは確実な判断を下せない。そこで、北上川流域に近接する住田町館遺跡資料を援用する。幾何学文様を列点施文で置き換えた資料が図1-5・6である。SI38住居跡から出土しており、共伴土器から大木10式期と考えられる。筆者は過去の土偶研究会において、幾何学沈線文と幾何学列点文には若干の前後関係があり、前者から後者への派生を想定したが（八木 2010）、少なくとも沈線文と列点文が同時期に共存したことは否定できない。

　幾何学文土偶は湯沢遺跡資料を含め、ほとんどが頭部を欠損した資料である。例外的に頭部から胴部上半までの様相がわかる事例として、青森県算用師遺跡資料（図2-1）が挙げられる。算用師遺跡土偶の顔面は円形、眉と鼻が

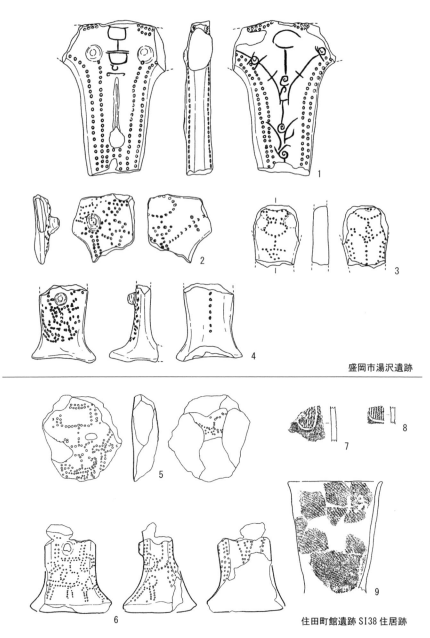

盛岡市湯沢遺跡

住田町館遺跡 SI38 住居跡

図1 中期末の土偶（1）（S=1/4）

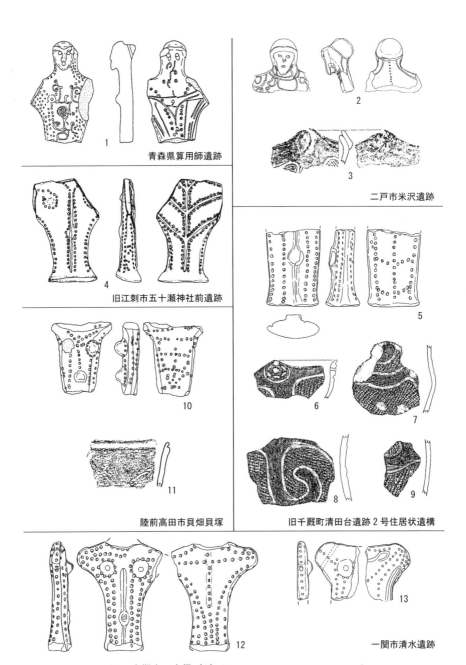

図2 中期末の土偶（2）（3・6〜9：S=1/6、ほか：S=1/4）

隆帯で、目と口は円形の凹みで表現されている。後頭部は後側に張り出し、上から下に向けて2つの穿孔が認められる。胴部前面の文様は、頭から肩、腕下側から脇にかけて列点がつながる。前面中央には幾何学沈線文が施されている。背面は列点と沈線文様が組み合う。算用師遺跡資料は胴部だけでなく、頭部様相がわかる数少ない事例だが、共伴資料が不明であるため時期比定が難しい。

　時期比定可能な資料として、北上川流域から北に少し離れるが、二戸市米沢遺跡資料（図2-2）があり、頭部から胴部上位の様相がわかる。前面に幾何学沈線文が施され、頭部は後方に張り出す。顔面表現は、目と口は円形の凹みで表現されており、算用師遺跡資料に共通する。米沢遺跡資料は包含層OⅢc15Ⅱ層から出土しており、同グリッド出土資料は報告されていないが、最も近いOⅢc17Ⅱ層から出土した土器（図2-3）から鑑み、中期末相当の可能性がある。

　幾何学文様以外で中期末土器と共伴関係のある土偶に、旧千厩町清田台遺跡2号住居状遺構資料（図2-5）がある。前面に2条の列点文、背面も列点によって木葉状文が施されている。木葉状文の類例は、旧江刺市五十瀬神社前遺跡資料にも求められる（図2-4）。五十瀬神社前遺跡資料は、清田台遺跡資料と比較すると、隆帯状の正中線および正中線上の臍状突起が共通する。また、背面の木葉状文もモチーフが共通し、胸に回り込む列点文が施文されている。五十瀬神社前遺跡から出土しているほかの土製品には、斧状土製品や三角形土製品があり、共伴資料から判断しても中期末に位置付けることができる。

　このほかに北上川流域から離れるが、陸前高田市貝畑貝塚出土資料がある（図2-10）[3]。清田台遺跡資料に類似し、背面の木葉状文が方形区画文に整う形態を示す。前面は胸に回り込む列点文が施され、中期末の基準を備えている。同様に胸に回り込む列点文の類例として、一関市清水遺跡資料が挙げられる（図2-12・13）。清水遺跡資料の背面文様に関して、中央に十字の列点文が施されている点が五十瀬神社前遺跡資料とは異なる。

　以上、北上川上・中流域の中期末土偶は、湯沢遺跡幾何学文土偶（図1-1）と五十瀬神社前遺跡木葉状文土偶（図2-4）、清水遺跡列点文土偶（図2-12）の3型式が提示できる。なお、青森県域においては、原田昌幸の提唱する「一本松土偶型式」[4]（原田2010a・b）が併行関係にあると考えられる。

（2）後期初頭の土偶（図3・4・5）

　後期初頭、門前式土器に伴うと考えられる資料として、図3-1に盛岡市柿ノ木平遺跡出土土偶頭部を示した。顔面は逆三角形で、眉〜鼻はT字状の粘土貼り付け、目・口は凹む。額から鼻、両頬に向けて逆さY字状の沈線が刻

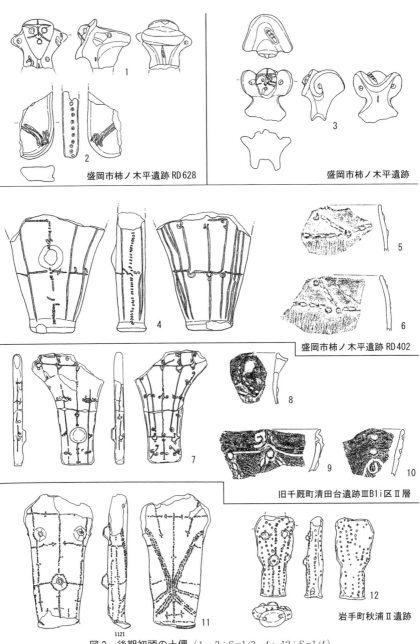

図3 後期初頭の土偶 (1〜3：S=1/3、4〜12：S=1/4)

4 北上川上・中流域における後期初頭土偶の型式 (八木勝枝) 145

まれている。頭頂部は平坦に張り出し、耳は左右に張り出して、耳朶に穿孔がある。図3-1頭部は図3-2と同じRD628土坑から出土している。なお、報告書には未掲載だが、図3-2と接合する胴部大形破片がある。接合資料は方形区画文施文で、鍵状文が配置され、頂部が凹む臍状の突起が確認でき、施文文様が当該時期の土器文様と共通することから、後期初頭に該当すると考えられる。また、図3-1の頭部と胎土および焼成が酷似しているため、頭部と胴部は同一個体の可能性がある。

　筆者は型式学的な見地から、柿ノ木平遺跡資料図3-1の正面から穿孔された耳朶が、同柿ノ木平遺跡資料図3-3の肥大化した耳朶に変化したと想定している。頭頂部の張り出しも図3-3では、耳状の突起に背筋からY字状の隆起が続く形態へと変化している。図3-3は、頭頂部の刻み入り隆帯が後期初頭土器の様相と共通しており、後期初頭の土偶頭部と考えられる。

　そのほか、後期初頭の門前式に伴う事例として、一関市清水遺跡大規模捨て場出土の図4-3がある。図4-3は7T3地点N6（15）から出土しており、7Tの15層以上は門前式期と報告されている。顔面は逆三角形で、眉と鼻は緩やかなY字状の隆帯、目は粘土粒上に横一文字の凹みで表現され、口は凹む。実測図には表現されていないが、眉から鼻の隆帯上に列点が施文されている。背面から観察すると、背筋からY字状に隆起が続き、隆起両脇から頭頂部に向けて穿孔が施されている。体部全体に刺突が充填されているが、よく観察すると列をなしており、前面背面とも両脇に2列の列点文と、中央の1列で描かれている。

　図3-3と図4-3の様相をつなぐ資料として、図4-1の旧東和町安俵6区V遺跡資料を挙げる。柿ノ木平遺跡資料図3-3は耳朶に正面から穿孔されているが、図4-1は穿孔の位置がやや上方に移動している。さらに頭部付け根から続く、Y字状に隆起して張り出す部分にも横方向の穿孔が施されている。額から両頬にかけての逆さY字状の文様は、柿ノ木平遺跡資料は沈線で施文されるのに対し、安俵6区V遺跡資料は列点で施文されている。以上の点から、安俵6区V遺跡資料は柿ノ木平遺跡と清水遺跡の中間的な様相を具えているため、報告書では明確な共伴資料を確認することはできないが、後期初頭に位置付けることが可能である。

　このように図3-1・3、図4-1・3は前後関係を持ちながら、いずれも後期初頭に位置付けられると考えたい。図3-1については、土器文様との共通性から後期初頭と判断可能であった。しかし、清水遺跡資料は包含層からの出土であり、安俵6区V遺跡は遺跡全体から出土している資料が中期末から後期初頭と時期幅がやや広く、どちらも厳密に後期初頭と断定できない要素を残す。

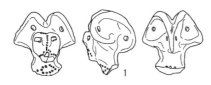

旧東和町安俵6区V遺跡

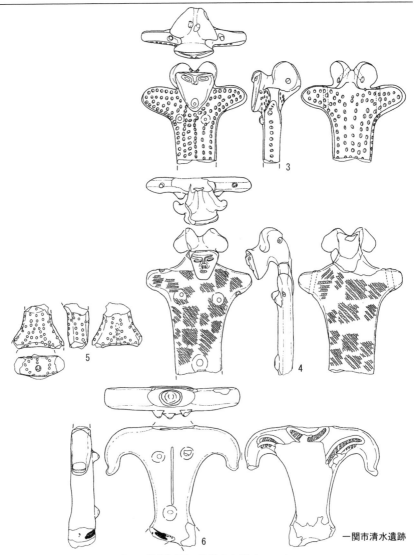

一関市清水遺跡

図4　後期初頭～前葉の土偶（S=1/4）

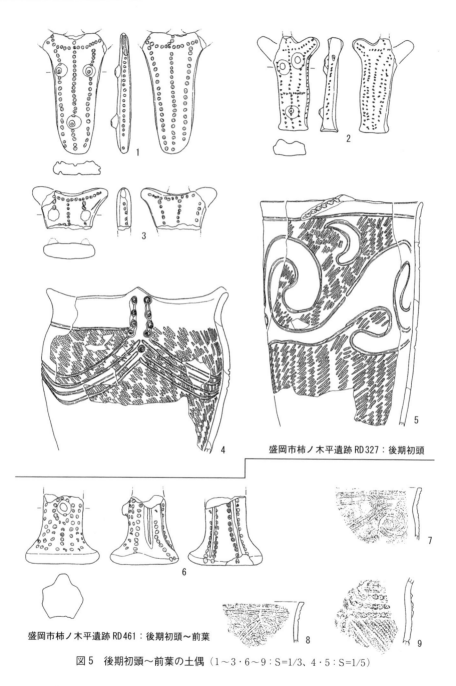

盛岡市柿ノ木平遺跡 RD327：後期初頭

盛岡市柿ノ木平遺跡 RD461：後期初頭〜前葉

図5　後期初頭〜前葉の土偶（1〜3・6〜9：S=1/3、4・5：S=1/5）

そこで後期初頭と確実に判断できる土偶として、柿ノ木平遺跡 RD327 土坑出
土資料を挙げて検討する（図5-1～3）。RD327 からは、土偶が3点出土してお
り、後期初頭土器と共伴関係を確認することができる。図5-1と2は1が2
よりも上層から出土している。どちらも3列構成の列点文だが、1は前面背面
とも3列の列点文施文、2は前面が3列、背面は両脇に2列、中央に1列で構
成されている。図5-2の背面列点文の構成は、図4-3の清水遺跡資料の背面
列点文に類似しており、また両脇側面の列点文も共通していることから、やは
り図4-3清水遺跡資料は後期初頭の土偶だと断定できる。

　以上、柿ノ木平遺跡・安俵6区V遺跡・清水遺跡の各遺跡から出土した土偶
は施文文様や共伴資料から後期初頭と考えることが妥当であり、柿ノ木平遺跡
図3-1・3→安俵6区V遺跡図4-1→清水遺跡図4-3という変化の方向性も
窺い知ることができた。

　先学の研究を振り返ってみると、北東北地域の土偶は列点文を施した中期末
の様相から、方形区画文を施した後期初頭の様相へと移行すると考えられてき
た。しかし、本稿での清水遺跡資料などの検討結果から、少なくとも北上川
上・中流域においては、列点文土偶は中期末から後期初頭に連続していると考
えるべきであろう。

　しかし勿論、北上川上・中流域においても、方形区画文資料は出土してい
る。図3-2・4・7・11である。沈線文・列点文の別があるが、いずれも方形
区画文が施文されている。頭部を欠くが、全体像がわかる類例として、旧千厩
町清田台遺跡ⅢB1i区Ⅱ層出土資料を提示したい。清田台遺跡資料図3-7は、
両腕を横に張り出した形態で、脚はなく、沈線による方形区画文と鍵状の文様
が配置されている。両胸は剥落しているが、大振りで頂部が平らな臍状突起が
認められる。図3-7に共伴する土器は大木10式から宮戸Ⅰb式までで、時期
幅があり、明確な帰属時期を限定できないが、土偶の施文文様から後期初頭と
考えられる。なお、中期末から後期初頭の幾何学文土偶に施された臍状突起に
関しては、宮城・山形・福島・新潟各県出土資料では臍状突起を確認できない
のに対し、岩手県湯沢遺跡や秋田県本道端遺跡、五十瀬神社前遺跡の木葉状文
土偶、青森県一本松遺跡土偶は明確な臍状突起を有しており、東北地方では南
北で様相が異なる点も指摘しておく。

　図3-4には、盛岡市柿ノ木平遺跡 RD402 土坑出土資料を提示した。清田台
遺跡資料と共通する文様構成を示し、後期初頭土器と共伴関係が認められる。
また、前述のとおり図3-1は門前式の文様要素が観察できる資料であるが、
方形区画文の土偶であり、後期初頭に方形区画文土偶が出土していることは、
先行研究で指摘されていることを追認できる。

以上をまとめると、後期初頭土偶には清水遺跡列点文土偶（図4-3）と柿ノ木平遺跡方形区画文土偶（図3-1・2）の2型式が提示できる。

（3）後期前葉の土偶（図6）

　土偶に磨消縄文が施文されるようになるのは、図4-6清水遺跡資料以降の十腰内Ⅰ式期である。剥落しているが、脚付け根にアスファルト状の接着痕がある。図4-3・4は胴部下半を欠くため脚部の様相を知り得ないが、同じく清水遺跡から出土した図4-5のように、脚部へと続く腰の広がりを持ち、底面左右端に剥落痕が認められることから、清水遺跡が営まれた期間に脚部発達の画期があったことは間違いない。図4-6の背面には磨消縄文が施されており、十腰内Ⅰ式（古）に位置付けて差し支えないと考える。前面は無文だが、胸部と臍に突起が認められ、両腕も脚と同様に発達している。肩から腕は弓なりで手先が外側に広がる。頭部は失われているが、首付け根はソケット状になっている。胴部は厚みがあり、断面形態は脇の稜が際立つ。十腰内Ⅰ式（古）以前の後期初頭まで肩の穿孔が認められたが、図4-6以降の土偶には穿孔が認められない。併行すると考えられる青森県有戸鳥井平（4）遺跡資料は、脚が発達しても腕が作り出されず、肩の穿孔がある。同じく秋田県萱刈沢Ⅰ遺跡資料は腕を作り出しているが、依然として肩の穿孔を残している。後期前葉に腕と脚を作り出し、肩の穿孔を失うことは、北上川流域の特徴的な様相といえる。

　図4-6清水遺跡土偶の形態に後続する様相は、旧藤沢町相ノ沢遺跡において検証できる。相ノ沢遺跡は後期前葉から晩期にかけて、大規模な包含層が確認された遺跡である。図6～8に示した資料は包含層出土で、土偶と同一グリッド・同一層位から出土したことを確認できた土器も提示した。

　図6-1・6・7・12の土偶は、共伴する土器から十腰内Ⅰ式（新）と考えることができる。図6-6は腕先を欠くが、図6-1の胴部上半と共通するため、同様の腕表現である可能性が高い。頭部を逆三角形で表し、眉と鼻はアーチを描く隆帯で表現している。目と鼻孔は刺突で、耳はない。頸部正面および背面に3列の列点が施されている。また、胴部にも3列の列点があり、胸骨あたりに十字の点描が認められる。十字の点描は図6-12にも観察できる。

　図6-12は頸部や胴部・腕部の表現が図6-1・6に共通する反面、後頭部の橋状突起が明らかに前2者とは異なる。橋状突起の上端下端には、沈線が2本引かれている。南東北地域では図6-12に併行する時期に、すでにハート形土偶が出現している。図6-12の橋状突起が、ハート形土偶からの影響か、図4-3・4の清水遺跡耳状突起から派生するものか、現時点では間をつなぐ資料が見当たらず、判断は待たねばならない。また、後期前葉に至るまで頭部のねじり鉢巻き状隆帯は類例が乏しいが、図6-7には付けられている。混入の

150　第Ⅱ章　土偶祭祀と地域社会

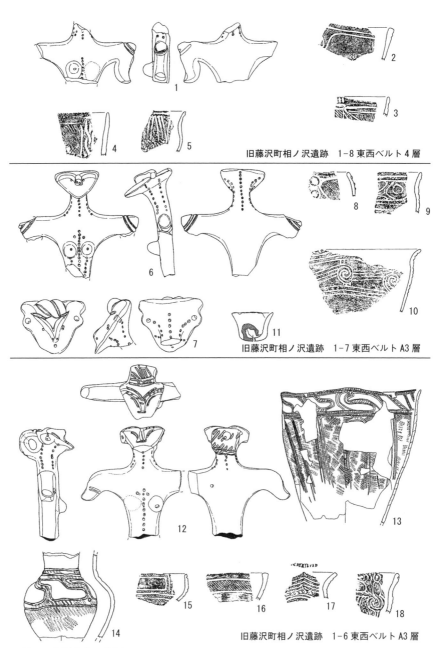

図6 後期前葉の土偶（1・6・7・12：S=1/4、2～5・8～11・14～18：S=1/6、13：S=1/8）

4 北上川上・中流域における後期初頭土偶の型式（八木勝枝） 151

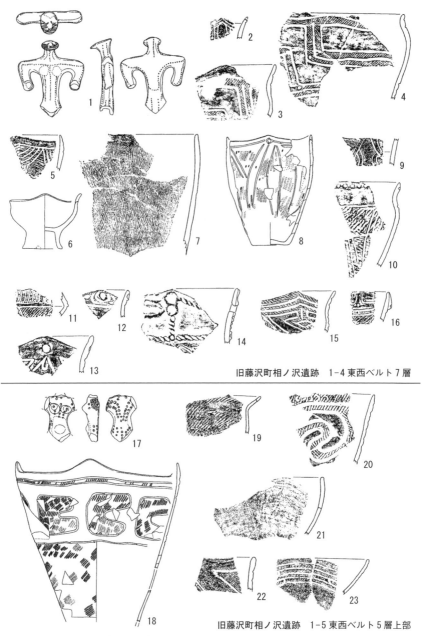

図7　後期前葉〜中葉の土偶（1・17：S=1/4、2〜13・19〜23：S=1/6、18：S=1/8）

152　第Ⅱ章　土偶祭祀と地域社会

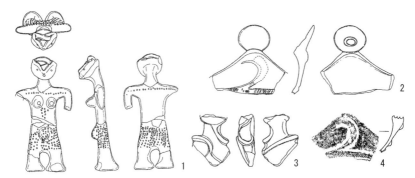

旧藤沢町相ノ沢遺跡　1-5東西ベルト2層中部
図8　後期中葉の土偶（1：S=1/4、2〜4：S=1/6）

可能性もあるが、同一層位出土資料として取り上げた。

　図7-1に提示した後期前葉土偶は、手のひらの凹みが表現されていて腕も長い。また、前面には縦3列の列点があり、背面肩部分の横方向の列点は、腰のあたりまで垂れ下がっている。腰まで垂れ下がる列点は、図7-17にも認められる。図7-1・17の脚部は、胴部からV字状に剥離している。

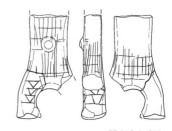

一関市清水遺跡
図9　後期前葉の土偶（S=1/4）

　図7-17と図8-1は、正面の正中線が上から下まで連なるものの、列点の集中が、胴部上半と下半で分離されている。さらに図8-1の土偶は、頭部に交差させた2本の粘土紐が貼り付けられ、肩の前後に横方向の列点、下半身の腰回りに列点が集中している。列点は図7-17・図8-1とも背面中央が一段下がっている。図8-1土偶は、後期中葉土器に伴う可能性があり、また、図7-17とは出土層の上下関係があるため、相ノ沢遺跡内で後期前葉から後期中葉の変遷を追うことが可能である。

　北上川上・中流域では列点文土偶が主体を占めるが、方形区画文から変遷したと指摘される「簀子状沈線文」（中村1999）も土偶組成の一端を担う（図9）。一関市清水遺跡から出土している図9は、前面は胴部全面に、背面は腰部分に簀子状の格子目文が施文されている。脚部に鋸歯状文が施文されており、南東北地域との比較で考えた場合、鋸歯状文の施文位置から板状ハート形土偶に併行する時期の様相を示すと考えられる（八木2001）。北上川流域で主体をなす列点文施文土偶では、図6-1・6・12、図7-1と重なる時期と推察される。

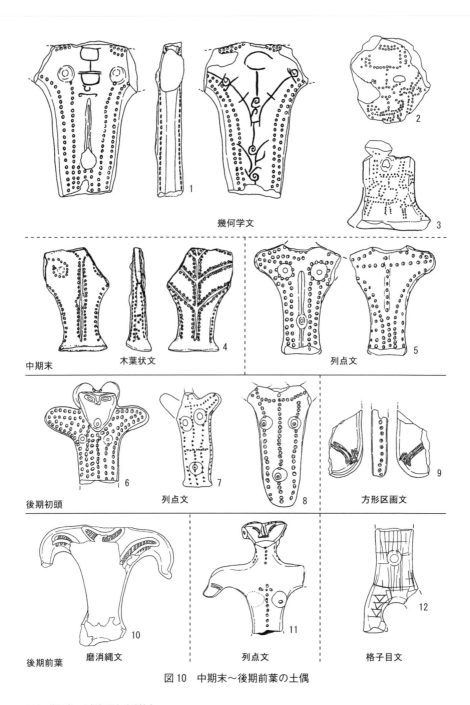

図10　中期末〜後期前葉の土偶

以上の検証から、後期前葉土偶は清水遺跡磨消縄文土偶（図4-6）、相ノ沢遺跡列点文土偶（図6-1・6・12・図7-1）、清水遺跡格子目文土偶（図9）の3型式が提示できる。

3　北上川上・中流域の中期末から後期初頭の土偶型式

　北上川上・中流域における縄文時代中期末から後期前葉の土偶は、近年資料が増加し、土偶の変遷や他地域との影響関係について検討できる環境が整いつつある。本稿は、今まであまり詳細に検討されていなかった資料を中心に、共伴土器とともに提示し、変遷の方向性と併行関係を検討した。

　検討の結果、中期末（門前式以前）の土偶は湯沢遺跡幾何学文土偶（図10-1）と五十瀬神社前遺跡木葉状文土偶（図10-4）、清水遺跡列点文土偶（図10-5）の3型式、後期初頭（門前式〜十腰内Ⅰ式以前）の土偶は清水遺跡列点文土偶（図10-6）、柿ノ木平遺跡方形区画文土偶（図10-9）の2型式、後期前葉（十腰内Ⅰ式）の土偶は清水遺跡磨消縄文土偶（図10-10）、相ノ沢遺跡列点文土偶（図10-11）、清水遺跡格子目文土偶（図10-12）の3型式を確認することができた。確認の過程で、中期末から後期中葉にかけて列点文が連続して変遷する様相も追求できた。今後の土器編年研究に左右される部分もあるが、土偶の併行関係および変化の方向性に関しては、本稿で提示した様相から大きく外れることはないと考えている。

　その一方、本稿執筆にあたり、資料集成を行う過程で、新たな課題も浮かび上がった。それは、地域や時期毎に検討すると、土偶の型式組成比に優劣が認められることである。確かに、北上川上・中流域の土偶は、中期末の時点では北東北の一地域としての範疇を出ない。しかし、後期初頭から前葉に至り、大いに個性を発揮し始める。個体数で列点文土偶が圧倒的な主体となる上、馬淵川流域の影響を受け、方形区画文土偶も少数ながら出現するという変化は非常に興味深い現象である。本稿では、各時期の土偶型式構成の提示に主眼を置いたため、このような土偶型式の組成比についての詳細には触れ得なかった。今後、時期毎の組成比を提示し、周辺地域との関係性を検討する必要がある。稿を改めて、方形区画文土偶の変遷過程や、後期中葉以降の列点文土偶との関係についても検討を進めたいと考えている。

註

1）「土偶とその情報」研究会 1992「土偶とその情報」『国立歴史民俗博物館研究報告』第37集
2）代表稲野裕介・成田滋彦ほか、有志による土偶研究会。年1回研究会を開催

し、前年度報告分の県別土偶集成と、毎年テーマを設定し、研究発表を行っている。

3) 2011 年 3 月 11 日東北地方太平洋沖地震および津波が発生し、岩手県の沿岸部も大きな被害を受けた。陸前高田市街地は壊滅的な被害で、市街地平坦部に立地していた陸前高田市立博物館も屋根まで津波に飲み込まれた。貝畑貝塚報告書によると、出土資料は陸前高田市立博物館に収蔵されていたようだ。津波の被害は甚大だったが、建物は流されず収蔵資料も多くは流出していない。陸前高田市教育委員会と共に著者も瓦礫の中から収蔵資料を「発掘」し、6 月以降洗浄作業を行っている。文化財レスキューした資料はおよそ 1,000 箱で、貝畑貝塚の土偶はまだ確認できていない。

4) 一本松型式とは、原田昌幸（2010a・b）によって提示された土偶型式である。原田によれば、「土偶を考古学本来の型式学的研究によって再評価することは、これら従来の研究を漸進的に統合するためにきわめて有益な手段であり、それは土偶それ自体を縄文文化のタイム・スケールとして機能させ得る可能性を秘めている」とされ、土偶を社会構造を示す一部と位置付けるだけでなく、土偶による全国編年を構築することによって、土偶研究の次なるステージを目指すことが有効ではないか、として、土偶型式を提唱している。

引用・参考文献

青森県埋蔵文化財調査センター 1983 『長者森遺跡発掘調査報告書』青森県埋蔵文化財調査報告書第 74 集

青森県埋蔵文化財調査センター 1993 『野場（5）遺跡発掘調査報告書』青森県埋蔵文化財調査報告書第 150 集

秋田県埋蔵文化財センター 1988 『味噌内地区農免農道整備事業に係る埋蔵文化財発掘調査報告書―袖ノ沢遺跡・横沢遺跡―』秋田県文化財調査報告書第 169 集

秋田県埋蔵文化財センター 1993 『萱刈沢 I 遺跡』秋田県文化財調査報告書第 231 集

阿部昭典 2010 「縄文時代後期前葉における土偶の有脚化とその意義―東北地方北部を中心として―」『國學院大學伝統文化リサーチセンター研究紀要』2

阿部明彦 2009 「蕨台遺跡出土の土偶」『山形考古』9―1（通巻 39 号）

稲野裕介・金子昭彦・熊谷常正・中村良幸 1992 「岩手の土偶―縄文時代後・晩期を中心に―」『国立歴史民俗博物館研究報告』第 37 集

稲野裕介 2002 「岩手県　2000 年度　土偶情報」『ストーンサークル』5

稲野裕介 2003 「岩手県　2001 年度　土偶情報」『ストーンサークル』6

稲野裕介・菊池寛子 2006 『横町遺跡（縄文時代遺物図版編）』北上市埋蔵文化財調査報告第 72 集

岩手県教育委員会 1979『東北新幹線関係埋蔵文化財調査報告書Ⅰ（五十瀬神社前遺跡）』岩手県文化財調査報告書第 33 集

岩手県教育委員会 1980『東北新幹線関係埋蔵文化財調査報告書Ⅵ（鬼柳西裏遺跡）』岩手県文化財調査報告書第 50 集

岩手県教育委員会 1980『東北新幹線関係埋蔵文化財調査報告書Ⅶ（西田遺跡）』岩手県文化財調査報告書第 51 集

上野修一 1989「北関東地方における後・晩期土偶の変遷について（上)」『栃木県立博物館研究紀要』6

上野修一 1991「北関東地方における後・晩期土偶の変遷について（下)」『栃木県立博物館研究紀要』8

上野修一 1997「東北地方南部における縄文時代中期後葉から後期初頭の土偶について—ハート形土偶出現までの諸様相—」『土偶研究の地平』

及川　洵ほか 2005『大文字遺跡』江刺市埋蔵文化財調査報告書第 33 集

太田原潤ほか 2000『餅ノ沢遺跡』青森県埋蔵文化財調査報告書第 278 集

小笠原雅行 1999「円筒土器文化圏における前期の土偶について—三内丸山遺跡の事例を中心に—」『土偶研究の地平 3』

小笠原雅行 2005「三内丸山（6）遺跡の土偶—十腰内Ⅰ式前半期の土偶—」『葛西勵先生還暦記念論文集北奥の考古学』

小原眞一 2003『清田台遺跡発掘調査報告書』岩手県文化振興事業団埋蔵文化財調査報告書第 412 集

金子昭彦ほか 1993『新山権現社遺跡発掘調査報告書』岩手県文化振興事業団埋蔵文化財調査報告書第 188 集

金子昭彦 2007「環状列石　土偶と絵画　岩手県の事例」『第 4 回土偶研究会』

神原雄一郎ほか 2008『柿ノ木平遺跡　堰根遺跡—浅岸地区区画整理事業関連遺跡発掘調査報告書Ⅳ—』盛岡市教育委員会

工藤徹ほか 2002『米沢遺跡発掘調査報告書』岩手県文化振興事業団埋蔵文化財調査報告書第 376 集

熊谷常正 1997「岩手県の土偶—その発生期から遮光器土偶成立前夜まで—」『土偶研究の地平』

小林康男 1997「河童形土偶の系譜とその変遷」『土偶研究の地平』

小林弘卓 2003『秋浦Ⅰ遺跡発掘調査報告書』岩手町埋蔵文化財調査報告書第 16 集

近藤　悟・阿部博志 1999「大木式土器分布圏の土偶について」『土偶研究の地平 3』

齋藤尚巳 1985「北上川流域の土偶について—主な遺跡の出土から—」『日高見國—菊池啓治郎兄還暦記念論集—』

佐々木清文ほか 1995『上米内遺跡調査報告書』岩手県文化振興事業団埋蔵文化財

調査報告書第 220 集

佐々木琢 2000『秋浦Ⅱ遺跡発掘調査報告書』岩手県文化振興事業団埋蔵文化財調査報告書第 347 集

佐藤淳一・高木　晃 2001『南畑遺跡発掘調査報告書』岩手県文化振興事業団埋蔵文化財調査報告書第 349 集

佐藤正彦ほか 1998『貝畑貝塚発掘調査報告書』陸前高田市文化財調査報告書第 19 集

鈴木克彦 1985「土偶の研究（Ⅱ）―円筒土器文化に伴う土偶―」『日高見國―菊池啓治郎兄還暦記念論集―』

鈴木克彦 1999a「大木系（土器）文化の土偶の研究―土偶の研究（3）―」『土偶研究の地平 3』

鈴木克彦 1999b「十腰内文化の土偶の研究―土偶の研究（4）―」『土偶研究の地平 3』

瀬川　滋 2001『向田（24）遺跡有戸鳥井平（4）遺跡有戸鳥井平（5）遺跡』野辺地町文化財調査報告書第 7 集

高木　晃 2001『南畑遺跡発掘調査報告書』岩手県文化振興事業団埋蔵文化財調査報告書第 349 集

高田和徳ほか 2006『大平遺跡』一戸町文化財調査報告書第 56 集

滝沢村教育委員会 1995『けや木の平団地遺跡』岩手県滝沢村文化財調査報告書第 30 集

永峯光一 1977「呪的形象としての土偶」『日本原始美術大系 3　土偶・埴輪』

中村哲也ほか 2009『山田（2）遺跡』青森県改造文化財調査報告書第 469 集

中村良幸ほか 1979『立石遺跡―昭和 52 年・53 年度発掘調査報告書』大迫町埋蔵文化財報告第 3 集

中村良幸 1986『観音堂遺跡―第 1 次～6 次発掘調査報告書―』大迫町埋蔵文化財報告第 11 集

中村良幸 1995「北上川流域における後期土偶の変遷」『早池峰文化』8

中村良幸 1999「東北地方北部の後期前半土偶―板状形からの脱却―」『土偶研究の地平 3』

中村良幸ほか 2008『久田野Ⅱ遺跡―平成 5 年度～13 年度発掘調査報告書―』花巻市埋蔵発掘調査報告書第 6 集

成田滋彦 1999「目立たない土偶―第Ⅰ章―」『土偶研究の地平 3』

野辺地町教育委員会 2001『向田（24）遺跡・有戸鳥井平（4）遺跡・有戸鳥井平（5）遺跡』

村上　拓 2002『清水遺跡発掘調査報告書』岩手県文化振興事業団埋蔵文化財調査報告書第 382 集

原田昌幸 2010a『日本の美術』527

原田昌幸 2010b「土偶の多種多様な形態と型式・編年研究」『月刊考古学ジャーナル 12』608

古舘貞身 2001『秋浦Ⅰ遺跡発掘調査報告書』岩手県文化振興事業団埋蔵文化財調査報告書第 346 集

松本建速 1999『下舘銅屋遺跡発掘調査報告書』岩手県文化振興事業団埋蔵文化財調査報告書第 297 集

三浦謙一 1983『湯沢遺跡発掘調査報告書（遺物編）』岩手県埋文センター文化財調査報告書第 66 集

宮本節子 2000『相ノ沢遺跡発掘調査報告書』岩手県文化振興事業団埋蔵文化財調査報告書第 332 集

八木勝枝 2001「新潟県における後期中葉土偶の変遷」『新潟県考古学談話会』23

八木勝枝 2010「北上川上・中流域における中期末～後期初頭の土偶について」『第 7 回土偶研究会』

吉田　充ほか 2004『館遺跡発掘調査報告書』岩手県文化振興事業団埋蔵文化財調査報告書第 43 集

コラム

東京都忠生遺跡の土偶と集落
―中期後葉の様相―

川 口 正 幸

　忠生遺跡は、東京都町田市の土地区画整理事業に伴う発掘で明らかにされた、旧石器時代から中世を主体とした市内最大の遺跡である。縄文時代中期環状集落跡はA，B地区2ヵ所にあるが、A地区第1地点で多数の土偶が出土した。

　A1地点の環状集落は外径約140m、内径約40mの規模であるが、約半分が工場建設で昭和30年代に破壊され、発掘された遺構は竪穴住居址が151軒（中期中葉57軒、中期後葉89軒、中期細分不明5軒）、土坑243基などである。

　土偶は、合計104個体（破片数124点）が報告された。このうち住居址出土が75個体（同91点）、土坑2個体（同2点）、ピット内1個体（同1点）、遺構外26個体（同30点）である。

　住居址出土75個体中73個体が中期後葉の44軒から出土したが、これは同時期住居数のほぼ半数にあたる。中期後葉（加曽利E式期）4時期区分のうち、本遺跡の住居址の時期は1期～3期までで3期にピークがある。73個体の土偶の大半がこの3期に属している。環状集落の内側の住居址が中期後葉主体（外側の多くは中期中葉）で3期が多く、土偶はこれらの住居址から多く出土しており（図1）、広場を挟んだ接合も3個体が確認された。

　さて、ここでは主要な28個体を図示した（図2～4）が、完形品は3点（5・12・25）、ほかはすべて欠損品である。形態的には、両腕を広げた十字型の立像が主体で顔面表現がなく、前面は乳房、腹部の突出、乳房下のブラ文、正中線、背面は腰の括れと臀部を強調した文様を施す。大きさは高さ4cm程度、8cm程度、10cm超の3サイズがある。脚部、頭部の形状などに着目すると次の分類が可能である。1類（1・3・4）は、股上が残り自立の難しい形態。2類（5～8）は垂直方向の股上がなく、設置面が「H」字型で足裏面には沈線文が残り、自立可能なもの。3類（2・12～15・18～25）は、足裏の沈線文がなくなり接地面の「H」字型がフラットで安定した自立が出来る形態。4類（26～28）は、板状の形態で脚部表現のあるものと無いものがある。このうち1・2・4は、出尻タイプで甲信地方曽利式土器様式圏の特徴を有する。頭部の形状は1・5・23～25が余計な造作がなく、顔面部をみせるが、目鼻の表現は

極めて乏しい。口の表現がわずかに見られるものもあるが、多くは9～17のように、棒状に突出させた頭部を芯にして粘土紐を巻きつけ、顔面部を隠してしまう。本遺跡ではこの「顔ナシ」、「顔隠し」を最大の特徴とする。「顔隠し」の最も単純な形態が12であるが、多くは粘土紐巻きつけの後に頸部接合部の調整を行い、文様も付加している。例えば10は頭巾状、11は皿状であるが、基本的には粘土紐巻きつけのアレンジである。17に至っては仕上りだけを似せた手抜きの例で12からの変化は明確である。これらは「背面人体文土器」（安孫子1997）、近年では「橋本土偶型式」（原田2007）に属するが、橋本遺跡（大貫1986）より充実した内容である。表1では、これらが出土した住居址の主要土器の型式別出土数も示した。有効住居址数を20として型式別に土器の比率をみると、曽利17軒（85％）、加曽利E15軒（75％）、前二者折衷型14軒（70％）、連弧文9軒（45％）である。曽利式が若干多く、連弧文は意外に少ない結果となった。この点については安孫子による最新の研究がある（安孫子2011）。ただし、本遺跡では後葉3期の土偶の出土が無かった住居址が21軒あり、これらの主要土器の型式別出土比率を集計したところ、曽利21軒

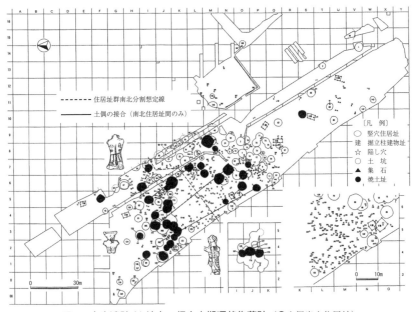

図1　忠生遺跡A1地点　縄文中期環状集落跡（●土偶出土住居址）

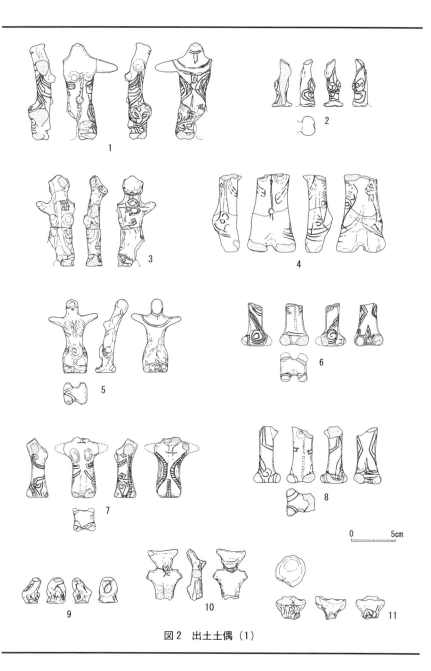

図 2　出土土偶 (1)

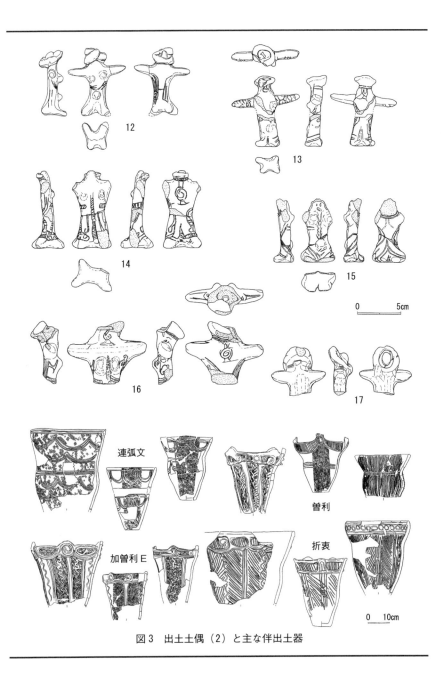

図3 出土土偶（2）と主な伴出土器

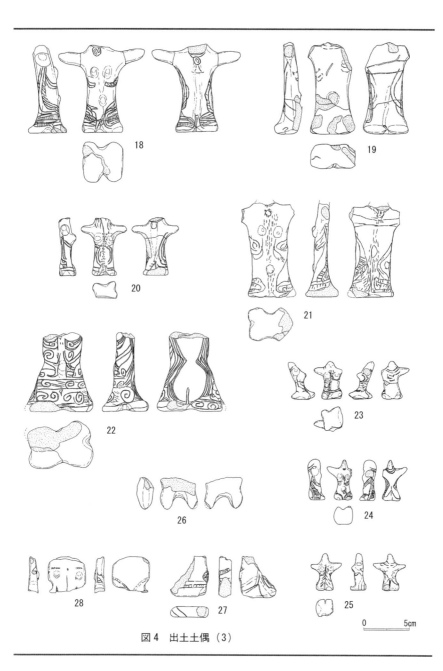

図4　出土土偶（3）

164　第Ⅱ章　土偶祭祀と地域社会

表1　忠生遺跡Ａ1地点出土土偶（抜粋）

No.	出土位置	部位	高さcm	重量g	遺構時期	土器数	加E	連	折	曽	土偶数
1	110住	頭〜足	10.7	(79.4)	中期後葉2〜3	9		○	○	○	2
2	119・120住	腹〜足	(5.2)	(14.5)	中期後葉3	4				○	1
3	102住	頭〜胸	10.0	(50.0)	中期後葉3	21	○	○	○	○	5
	9号住	胸〜足			中期後葉3	10	○			○	1
4	102住	胸〜足	(8.6)	(114.0)	中期後葉3	21	○	○	○	○	5
5	87住	完形	8.2	46.7	中期後葉3	14	○	○		○	12
6	24住	腹〜足	(4.7)	(28.8)	中期後葉1	6	○				1
7	29・61住	頭〜足	(6.7)	(49.5)	中期後葉2・中期	9		○	○	○	2
8	101住	胸〜足	(6.3)	(39.2)	中期後葉3	10	○	○	○	○	1
9	116住	頭	(2.9)	(9.9)	中期後葉3	9	○	○		○	5
10	116住	頭	(5.7)	(26.3)	前出						
	87住	頸〜胸			前出						
11	116住	頭	(2.5)	(16.8)	前出						
12	25住	略完形	7.6	41.5	中期後葉3	4	○		○	○	1
13	不明	頭〜胸	(8.0)推定	(38.5)	前出						
	102住	左腕			前出						
	112住	右腕			中期後葉3	18	○		○	○	3
	112住	腹〜足									
14	134住	頭〜腹	8.7	(60.7)	中期後葉3	3	○		○		1
	遺構外	腹〜足									
15	遺構外	頭〜足	(7.2)	(39.4)							
16	78住	頭〜胸	(7.1)	(80.3)	中期後葉3	6	○		○		1
17	遺構外	頭〜腹	(5.5)	(41.1)							
18	89住	頸〜足上	(9.3)	(132.4)	中期後葉3	9	○		○	○	7
	89住	右腕									
	89住	左腕									
	89住	足									
	89住	足									
19	89住	頸〜足	(9.9)	(96.3)	前出						
20	111住	頸〜足	(6.2)	(30.4)	中期後葉3	9	○	○	○	○	1
21	102住	頸〜足	(10.2)	(107.9)	前出						
22	97住	腹〜足	(8.6)	(169.5)	中期後葉3	7			○	○	3
	97住	足									
23	87住	頭〜胸	4.0	(13.6)	前出						
	87住	胸〜足									
24	104住	頭〜足	4.3	(13.0)	中期中葉3	1		勝坂			1
25	86住	完形	4.0	11.0	中期後葉3	9	○		○	○	2
26	116住	板状足	(3.4)	(21.2)	前出						
27	147住	板状上半	(3.9)	(20.6)	中期	7	○		○	○	1
28	不明	板状下半	(4.5)	(20.7)							

40点（住居址23軒分35点、不明2点、遺構外3点）28個体
○ 加E−加曽利E、連−連弧文、折−折衷、曽−曽利

（100%)、加曽利 E13 軒（62%)、折衷型 9 軒（43%)、連弧文 2 軒（9%）であった。連弧文土器の比率は極端に低く、逆説的ではあるが、本遺跡の土偶もその出現においては連弧文土器と軌を一にしているように見える。

引用・参考文献

忠生遺跡調査会 2006『東京都町田市忠生遺跡群発掘調査概要報告書』

忠生遺跡調査会 2007『東京都町田市忠生遺跡 A 地区（Ⅰ)』

忠生遺跡調査会 2010『東京都町田市忠生遺跡 A 地区（Ⅱ)』

安孫子昭二 1997「東京都の土偶」『土偶とその情報　国立歴史民俗博物館研究報告』37、国立歴史民俗博物館

安孫子昭二 2011『縄文中期集落の景観』アム・プロモーション

原田昌幸 2007「土偶の多様性」『縄文時代の考古学 11　心と信仰』同成社

大貫英明 1986『橋本遺跡　縄文時代編』相模原市橋本遺跡調査会

第Ⅲ章　人体の表現系と器物

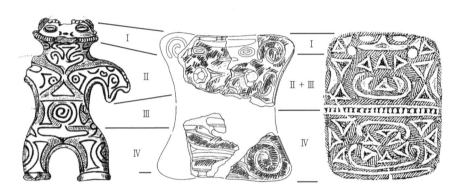

福田土版と土偶の関係（阿部論文）

1　土版の出現と関東東部の晩期社会

―矢畑土版から福田土版への変遷過程にみえる祭祀構造―

阿 部 芳 郎

はじめに

　土版は縄文晩期を特徴づける祭祀遺物である。また土版の中には顔面を表現したものもあり、古くから土偶との関係が指摘されてきた。関東地方における土版の出現については東北地方からの文化伝播が指摘されてきた（天羽 1964）。

　しかしその背景や、土版自体の性格についてはほとんど検討されることがないままに編年的な検討が主流を成してきた。関東地方における土版の性格を明らかにするためには、土版文様全体の型式学的な検討をおこない、土版の出現とその背景を明らかにする必要がある。

　さらにまた、これまでの型式学的な検討によって、関東地方の土版には形態や文様などからいくつかの系統的まとまりが存在することがわかっているので（鷹野 1977）、これらの系統相互の関係は関東地方の土版の特性を考える場合、重要である。

　本論ではその手始めとして、型式学的な観点から関東地方最古の土版を指摘し、その系統をたどり、さらにまた以後の土版の変遷と土偶との相互関係について触れ、土版の型式と系統からみた関東東部地域の特質を論じたい。

1　土版研究の課題と方法

(1) 学史的問題点

　土版はその研究の当初において、土偶との関係に注意がはらわれてきた遺物である。なかでも顔面付土版は、土偶と顔面表現のない土版との中間に位置づけられ、土偶が顔面付土版を介して、土版へと変化したという考えが示された[1]（大野 1897）（図 1）。

　しかし、その後縄文土器の型式学的な研究が推進されるなかで、土器型式との併行関係が注目され、これをもとにした土版の編年的な研究が主流を成していく過程で、土版と土偶はそれぞれ別個に扱われるようになった。関東地方の土版もこうした趨勢のなかで土器文様との比較が進められ、東北の大洞文化の

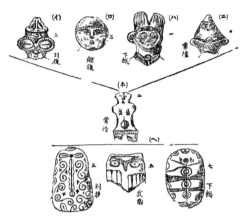

図1　土偶と土版の関係（大野 1897）

波及によって出現したものと指摘された（天羽 1964）。その後に土版文様の型式学的な検討から関東地方の内部においても複数の系列が存在し、その変遷が整理されたが、顔面付土版は特殊例として検討の対象からは外して考えられた（鷹野 1977）。

また土版の型式学的な分類は、土器文様との対比から編年的な位置づけを確定する方法が主流となったため、土版自体の固有の文様構成や人体形象としての表現方法などが検討されることは稀であった。確かに土版文様の一部には土器文様と共通した特徴があるものの、独自の文様構成や手法もある。したがって土版の文様全体を検討しなくては、土版自体の系列的なまとまりや、その相互関係を理解することはできない[2]。

また、関東地方における土版は東北地方とは異なり、独自の文様構成や形態をもつものも存在し、その地域化の背景には関東地方晩期の独自性が反映していると考えることができる。したがって、こうした背景を考察するためには、まず土版自体の型式学的な検討が不可欠であり、現状における重要な課題の1つである。

小論では関東地方の土版の型式学的な特性を考えるために、学史的にも著名な茨城県福田貝塚の土版（本論では福田土版と呼称する）を題材として、関東地方晩期の土版の型式学的特性について考えてみたい。

(2) 土版の分類方法

土版の型式学的な検討をおこなうためにはまず、土版の表裏と上下を見分けて正しい位置において比較検討することが必要である。こうした観点では大野雲外が土版に人体形象を表現した特徴として顔面付土版以外にも、正中線や「山字文」といった人体の上下・表裏を区別する視点を指摘している（大野 1926）。また池上啓介は山字文土版の集成をおこなって、山字文が顔面または頭部を示す文様であることを確認している（池上 1935）（図2）。まず、この点を土版の型式分類の基本とするならば、土版の正面がおのずと決まってくる。

さらに土版全体に描かれる文様構成に着目すると、正中線を中心軸として縦位に文様が描かれるものと、正中表現をもたずに横位に区画された区画内に

図2　山字文のある土版の集成（池上 1935）

帯状に描かれるものの2者があることがわかる（池上 1933）。これを縦帯系と横帯系に区分することにする。こうして区分された内部には各種の文様が描かれるが、これは、眼や鼻、乳房や腹部などの人体の部位を表現した人体意匠文様、文様施文部を分割する区画文様、さらに区画された内部に描かれる単位文様、そして周縁に描かれる縁取り文様などに区分することができる（阿部 2011）。

これらの文様分類をもとに個々の土版を比較し、新旧の前後関係や系統的な関係を整理しよう。

2　福田土版の系譜

福田土版には顔面表現はないが、山字文が片面の上部に描かれているので、まずこの面が土版の正面で、さらに山字文を基準に上下がわかる（図3）。また、一時期・一地域の土版でも文様の類型が複数存在しているため、縦帯系や横帯系の文様構成の区分を基本にして、さらに文様の表出方法から類型的なまとまりを整理する必要がある。

先述した土版の基本分類では、福田土版は横帯系の文様構成をもつ。中心部が刻みを施す区画文によって大きく二分され、さらに上部には山字文の下に三角文が描かれる部分と、その下に入組文が描かれる部位から構成されている。

左右上端部には、焼成前の穿孔が1ヵ所ずつ認められる。この穿孔は方形や糸巻き形といわれる形態の土版に多くの類例を指摘することができ、関東地方

表面　　　　　　　　　裏面

図3　茨城県福田貝塚出土の土版（東京国立博物館所蔵　Image:TNM Image Archives）

の土版の特徴の１つである（池上1933ほか）。

　上半部の文様は山字文の下に三角文を描き、その下に入組文を配し、刻列を施した区画文の下部にも上部と類似した構成の入組文様が描かれている。さらに主文様の左右には充填文として三角文が描かれ、「三角対向文」（鷹野1977）を構成する部分もある。文様の細部の表現としては三角形の頂部が連結しておらず、これはＩ字文の成立前段階である。次に福田土版の特徴の由来について考える。

（1）矢畑遺跡の土版

　茨城県矢畑遺跡の土版（ここでは矢畑土版と呼ぶ）は、顔面付土版である。下半部を欠損しているが、残存部分は横帯区分された３つの施文部から構成される（図4-1）。

　顔面表現は眉が隆線によって表現され、その上に縄文が施文されている。眉の端部は跳ね上がる特徴がある。頭頂部には１つのコブ状突起が付けられており、さらに内部が沈線で２つに分割されている。以後の変遷を追跡するためにこれを「一山双頭突起」と呼ぶことにする。

　矢畑土版の形態的な特徴として注意すべき点は、一山双頭突起と耳の表現が独立した突起として表現されている点である。型式学的にも古い特徴である。

　眼は横長の粘土粒を貼り付けて中心部に横線を描く。この手法は東北地方の土偶において発達し、やがて遮光器へと系譜がつながる表現方法である。

　つまり矢畑土版が東北地方において、遮光器土偶が成立する前段階に位置す

1. 茨城県矢畑遺跡（東京国立博物館所蔵　Image:TNM Image Archives）

2. 新潟県元屋敷Ⅱ遺跡　　3. 宮城県沼津貝塚　　4. 福田貝塚顔面付注口土器
（辰馬考古資料館所蔵／
『日本先史土器図譜』より）

図4　茨城県矢畑遺跡の土版と関連資料

ることを暗示しよう。口も眼と同様に粘土粒の貼り付けによる表現で、左右に三叉文が伴う。これにさらに眼とほぼ併行する位置にやや突出した耳の表現があり、穿孔が施されている。

　口の下に1つの粘土粒の貼り付けが認められ、遮光器土偶の口部下の突起に系譜がつながるであろう（図4-1）。

　全体は顔面とその下部に狭い帯状区画部があり、乳房を表現した2つの突起が付けられ、これに三叉文が絡み付いている。片方の乳房が欠損しているが、2つの乳房の間には独立した三叉文が配される。これを「胸間部独立三叉文」と呼称し、その系譜について考えることにしよう。以下は横位の区画沈線が見えるが欠損している。裏面は2段の文様構成で、各段に横位に入り組み三叉文

1. 岩手県長倉遺跡　　2. 宮城県二月田貝塚　　3. 茨城県山王遺跡

図5　「胸間部独立三叉文」の生成

が描かれている。1段目は顔面に相当し、2段目は頭部以下に対応する。

　矢畑土版の顔面表現は、山内清男が安行3a式の標識資料とした茨城県福田貝塚出土の顔面付注口土器とおなじ系統で、関東における土版の出現状況を示唆する（図4-4）。縄文を施文した眉の表現や貼り付けと沈線による眼の表現方法、口の両側に挟み込むように配置された三叉文、穿孔をもつ耳の表現など、両者には共通点が多く、その時期的な帰属を示唆する[3]。

　また矢畑土版の系譜を考える場合に重要となるのは、宮城県沼津貝塚出土の岩偶との関係である。文様と表現形態から大洞B式期と判定される。この土版は長楕円形の平面形態に厚みのある体部が特徴的である。矢畑土版の形態が楕円隅丸形を呈すのは、東北地方の岩偶との関連を示唆する[4]。

　その対応状況は図4-3に示したように、顔面と胸部、胴部とが横位の区画沈線によって分割された横帯構成を成している。そして顔面の下にある玉抱三叉文は矢畑土版の「胸間部独立三叉文」に対応するだろう。顎の下には隆帯区画があり、隆帯上には一条の沈線が周回する。これは、土偶の首に巡る隆線に対応する表現であり、現状では矢畑土版にのみ認めうる特徴である。福田貝塚の顔面付注口土器にも、首に相当する部分に沈線による区画が認められる。

　また沼津貝塚例は、胴部の横帯の中心部に同心円文を配する。時期的には後出するが、栃木県藤岡神社遺跡の土版（図6-1）などに見られるような、正中線を中心軸に左右に向かい合う同心円文と同様の意味をもつのであろう。

　胴部文様の構成に見られる横帯構成と縦帯構成は、その当初より時期的な違いではなく、同時期に併存した二者である。例えば新潟県元屋敷Ⅱ遺跡の岩偶の胴部には、中心に二条の沈線による縦位の区画がおこなわれている（図4-2）。これらを見るならば、横帯系と縦帯系の違いは、器体の中心軸を先に同心円文を配置するために沈線によって縦位に区画するか、あるいはまた横帯構成の分割をおこなった後に中心部に同心円文を配置するかの表現作法の違

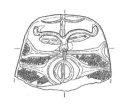  

1. 栃木県藤岡神社遺跡　　2. 千葉県貝ノ花貝塚　　3. 茨城県小山台貝塚

図6　顔面付土版の変遷

いとして説明することができる。

　胸間部独立三叉文は、岩版や土版のように帯状に区画された部位の中で型式化しているが、その初源は東北地方の晩期初頭の土偶の首から胸にかけてV字状に垂下する隆線に挟まれた三角形の内部に生成されるもので、宮城県二月田貝塚例や、岩手県長倉遺跡例において生成される状況がわかる（図5-1）。これは大洞B式期の適例である（図5-2）。関東地方では時期が下るが茨城県結城市山王遺跡例で、向かい合う一対の三叉文として継承状況が確認できる（図5-3）。

　一方、関東地方ではミミズク土偶の中で顔の下から臍に続く正中表現が委縮して、この部分に楕円文や玉抱三叉文、入組文などが入れ込まれるが、その系譜は本来異なり、系統の違いを示している。

　矢畑土版に続くのは、安行3b式期の栃木県藤岡神社遺跡と千葉県貝ノ花貝塚例である（図6-1・2）。藤岡神社例は顔面の上部に山字文が配されており、一山双頭突起から沈線による表現に変化し、付加的に表現されていた頭頂部の表現は土版の形態の中に取り込まれ文様化する。一般に薄手の土版には山字文が描かれるが、例えば厚手の作りの貝ノ花貝塚例は山字文が土版の表面上部に付くのではなく、側端部の頂部に描かれている。これは突起による表現が変容し側端部に文様化したものと見ることができる。眉尻が跳ね上がった形態で矢畑土版に類似するが、隆線は細くなり、縄文の施文も認められない。貝ノ花例は眉を表現する隆帯上に縄文が施文されるが、眼は沈文表現である。裏面は横位に区分された文様構成と推測される。

　藤岡神社例は、顔面の下部や裏面には縦位に装飾部を区分する分割線が引かれ、これを中心軸として左右に三叉文が向かい合う構成をとる。とくに顔面を貫くように表裏に連続した縦位区画沈線をはじめに描き、土版の表裏の文様の割り付けをおこなっており、縦帯構成特有の作法の1つである。文様描線や充

填文様の後出的な特徴などから安行 3b 式期とすることができる。

　これらは体部の構成が省略化し、乳房の表現系などが退化しており、顔面の表現系の連続性としてここでは示しておく。体部の表現系には乳房を表現する系統も併存している。また、「胸間部独立三叉文」は、これら縦帯系の土版では胴部文様に同化して不明確になる。これは乳房表現の消失と同期しているのであろう。「胸間部独立三叉文」は、基本的に横帯系土版のなかで系列変化を遂げる特徴的な文様である。

　茨城県小山台貝塚出土の顔面付土版は、これらに後出するものである（図6-3）。縄文の施文は明瞭なモチーフとの対応関係が見られず、疎らで不規則な施文である。上半部が復元できる資料であるが、頭頂部には2つの突起があり、矢畑土版の一山双頭突起が独立双頭突起に変化したものである。型式学的には「山字文」の成立以前の表現方法であり、ほかの表現系の時期的な対応は緩やかな相関性をもっていた可能性が高い。顔面の表現は眉と鼻がY字状の隆線、鼻孔が刺突によって表現されている。

　口は刺突による表現形態をとる。眼は表現が退化し、体部上半には独立した乳房が表現されているが、矢畑土版では横長の貼り付けであったものが、小山台例では縦長の突起に変化している。

　胸の中央部には曲線文の外郭線のみが残存し、中心部は欠損しているが、系統的には矢畑土版の胸間部独立三叉文の系統をひく文様が描かれていたのであろう。耳は穿孔を伴う突起として表現され、弧状の隆線によって区画され、隆線上には沈線が引かれる。

（2）「山字文」の成立過程

　ここで、関東地方の土版に特徴的に認められる「山字文」の成立について考えてみよう。今のところ関東地方最古の土版と考えられるのは矢畑土版であるが、この資料には頭頂部に一山双頭突起が配されている。矢畑土版は耳の表現も付加的に表現されている。

　筆者はこの一山双頭突起が「山字文」へと変化するものと考えているが、その間の変遷を埋める資料が茨城県駒寄遺跡の土版である（図7）。

　この資料は体部が欠損しており、全形が不明であるが顔面表現では眉の湾曲が緩くなり鼻と連結しておりT字状に見える。また耳部の表現も土版の形態に取り込まれており、より新しい様相をもつ。頭頂部の突起は、一部が欠損しているものの、沈線による縦の2分割線と突起自体を体部から区画する弧状沈線が合体して山字状の沈線を構成している。

　これは小山台貝塚例の独立双頭突起とは異なり、矢畑の一山双頭突起からの直接的な型式変化と考えることができる。時期的には小山台例と大差のない併

図7　茨城県駒寄遺跡の顔面付土版（東京大学総合研究博物館提供）

存する異系列の類型であろう。

　福田土版と併行する顔面表現をもつ資料で前浦式期の例は、千葉県馬場遺跡例と上宮田台例が該当する（図8）。上宮田台例は同一個体で3片の破片資料である。横帯系の3帯構成の土版で顔面では鼻は欠損しているが、眉はY字状の隆線で表現されていることがわかる。眼は浮文表現で周囲が沈線で縁取られる。眼の脇には弧状沈線が認められるが、これは小山台例の沈線を引いた隆線による弧状隆線と対応する。

　乳房は貼り付けによる隆起によって表現されている下向きのU字状であるが、馬場遺跡例に見るように、2個の独立した縦コブによる異なる表現系も同時期に併存している。

　下向きU字形の乳房表現は東北地方の大洞式中空土偶に共通したものがあり、またその影響を受けた千葉県吉見台遺跡の中空土偶（図8-3）、余山貝塚の板状土偶にも見ることができる（図8-4）。

　千葉県馬場遺跡例は顔面部の約半分が欠損しているが、独立した2つの突起状の乳房の間に2つの三叉文を配している（図8-1）。小山台例の顔面の左右上段に描かれた渦巻文は、馬場遺跡では大柄に変化しているものの、独立した乳房の表現系などに系統的な変化を認めることができる。

　福田貝塚の土版は、上宮田台例で示した顔面付土版と併存する顔面無土版である。充填文様のクセから見れば上宮田台例はI字文様が完成しており、後出的な特徴をもつ。対して福田例は相同の位置に三角対向文が充填され、しかも向かい合う三角文の頂部が接続しておらず、彫刻的ではないという細部の違いがある。福田土版と年代的により近いのは馬場遺跡例であろう。

　福田土版は頭頂部では山字文が配されるが、左右に各1つの押点が配され

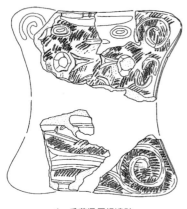
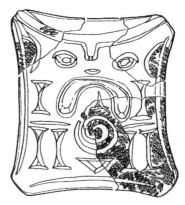

1. 千葉県馬場遺跡　　　　　　2. 千葉県上宮田台遺跡

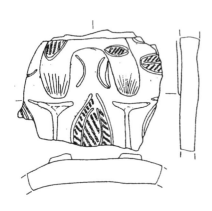

3. 千葉県吉見台遺跡　　　　　　4. 千葉県余山貝塚

図8　土版と土偶の乳房表現

る。これを双点山字文と呼ぶ。おそらく小山台例の独立双頭突起からの流れを汲むもので、2個の突起が押点へ変化したものであろう。上端部の左右には1対の焼成前穿孔が認められる。

　上半部は2段構成となっており、上段には3つの三角文が並び、その下に三角文を内部に取り込んだ入組文様が描かれている。3連の三角文は馬場遺跡の1対の「胸間部独立三叉文」に対応する。そしてその下の入組文様は本来土偶の胴部上半部に描かれる入組文と相同で、小山台例からの直接的な系譜を伝えるものであろう。

　福田土版は、胸間部独立三叉文の下に入組文様が描かれていることになる。

178　第Ⅲ章　人体の表現系と器物

小山台例では胸間部独立三叉文が略化された系列なのであろう。馬場遺跡例は破損部があるが、相同の部位にやはり福田土偶と同様に曲線的な文様が描かれていることがわかる（図8-1）。

3　土偶との関係

　それでは福田土版と土偶との関係はどうであろうか。福田貝塚からは2体の大形土偶が出土している（図10）。1は片腕と頭部の一部を欠損している全形の推測できる大形土偶である。顔面は浮点による遮光器表現が認められ、隆起した眼の部分が沈線で縁取られ、胴部は胸部表現をもつ上半部と腹部を表現した渦巻文をもつ下半部に区分される。文様は沈線によるモチーフの描出に充填縄文が施文されている。脚部と腹部には、主文様の空白部にI字文風のモチーフを描くが、完成された形態をとらない。

　こうした文様表現は、前浦式の古い部分に相当する文様の描き方である。福田土版は、同様にしてI字文の表現が未完成な三角対向文を描く点からみても、両者の型式学的な距離の近さを認め得る。また福田貝塚から出土しているI字文系の中空土偶の胸部破片には、胸間部に入り組み三叉文が描かれており、別系統である。福田貝塚において複数の系列の土偶の共存が確認できるわけである（図10-2）。

　福田貝塚では、土版と土偶は相互に型式学的な特徴を共有して存在していることがわかる。さらに馬場遺跡などの顔面付土版を加えることによって顔面付土版と顔面無土偶との関係はより一層明確に理解することができる。

　土偶と土版の文様と部位を対比すると、図9に示したように、土偶の頭部と顔面付土版の顔面（I）、乳房表現のある上半部（II）、土偶の腹部の渦巻き文（III）、下半部（IV）といった共通した施文部位から構成されていることが

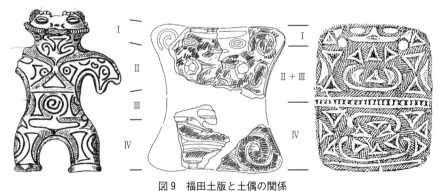

図9　福田土版と土偶の関係

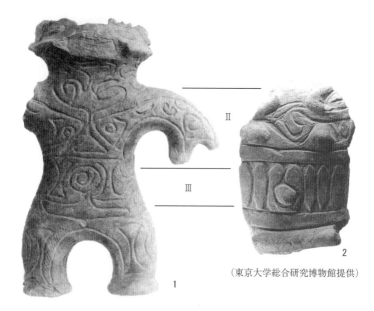

(東京大学総合研究博物館提供)

図10　福田貝塚の土偶の系統

わかる。

　ところで関東地方における晩期土偶は、後期以来の安行系ミミズク土偶と東北地方の遮光器土偶が加わることが指摘されているが、東北地方の影響下に成立した関東地方の遮光器土偶の在り方は、「遮光器系」または「東北系」と一括りにできるほど単純ではない（鷹野 1983）。

　このような視点から福田貝塚の土偶についてみるならば、遮光器土偶としての特徴を保つのは、中空であることと顔面の表現にすぎない。また腕部が蟹挟状に二分されているのは、東北地方の遮光器土偶の手の先端の先割れ状の分岐に対応するものの、福田土偶は肥大化してぴったりと一致した類例をみない。

　筆者はこの蟹挟状の腕の形態は、東北地方の大洞Ｃ２式期の小形板状土偶の特徴と考えている。そうであるならば福田貝塚における大形中空土偶の成り立ちは、単に大形の遮光器土偶からだけではなく、同時に併存する小形板状土偶からの影響も加わり複雑さを増していることになる。これは、前浦式期における東関東と東北地方との間の複雑な関係を示す現象である。

　また、小形板状土偶の腕の表現が土版に表現されたものとして、埼玉県東北原遺跡や茨城県沓掛遺跡の土版を掲げることができる（図11）。東北地方の土偶の属性が、土偶を介して関東各地の土版に取り込まれている事例である。

福田土版は、矢畑土版から、大別3段階の変化を遂げて変遷した顔面付土版とのセット関係の上に成立した土版である。また福田土版は顔面表現はもたないものの、文様構成には身体の各部位に対応した文様が配置されていることがわかる。
　こうした変遷観に立つならば、顔面付土版は土版の発生期にのみ存在するという考えは否定され、顔面表

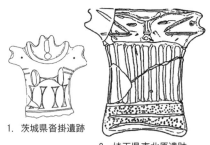

1. 茨城県沓掛遺跡
2. 埼玉県東北原遺跡
図11　腕部表現のある土版

現の無い土版と土偶とともに長期にわたり併存していたと考えるべきなのである。単品として見ただけでは人体表現と理解できない土版も、こうした土偶との相互関係を理解することによって、明確な人体意匠を認めることができる。

4　土版の出現と東関東地方晩期の社会

(1) 土版と土偶の関係

　前浦式期に比定される福田土版は晩期初頭の顔面付土版に系譜するが、これらを構成する属性は必ずしも単系統的な連続を示していない様に見える。
　その理由は2つある。第1点は、関東に矢畑土版が成立して以後、関東地方では同時期に複数の系統の土版が一遺跡に共存する事態が起こることである[5]。
　土版には文様や表現系に複数の系列が存在し、これらが単系的な変化を遂げるのではなく、相互に特徴を共有・融合化させる現象が認められ、複雑な変遷を示しているのだ。
　第2点は、併存する時期の土偶との関係である。関東地方の晩期には、在来のミミズク土偶の系統に加え、東北地方の遮光器土偶の影響を受けた複数の類型の土偶が存在する。土版の出現の契機となったのは東北地方の影響により出現した矢畑土版であるが、その後の土版は遮光器土偶の在地化と連動して多数の系列を生み出すほかに、それだけでなく土版は安行系土偶との間にもセット関係を生み出している。関東地方では土偶と土版はセット関係を示すかのように、文様構成とモチーフなどに共通点をもっている。
　東北地方の晩期初頭に顔面付岩版が出現し、以後東北地方では土偶と土版・岩版というセット関係が形成された。土版の顔面表現は土偶と共通している点から、共に女性を象徴化した祭具と考えることができる。大洞式期の土版は全面に単位文様を表現する類型以外には、基本的には縦帯型であり、体部の全体

に正中表現か、それに由来する縦位の分割軸が認められる。単純な眼や口の表現をもつものも少数例ではあるが存在している[6]。

　関東地方の土版に比較すれば抽象化が著しいが、斉藤和子が指摘するように、各所に土偶と共通する身体表現が認められるのも重要な事実である（斉藤2001）。しかし、関東地方の土版の多くに認められる山字文や、横帯系土版に認められるような顔面・胸部・腹部・脚部といった土偶の各部位との対応関係は低調だ。縦帯系土版が主流をなすという現象も、関東地方との間での地域的差異を示唆する現象であろう。

　関東地方では、安行3b式期以後に横帯系と縦帯系土版が共存する状況が確認できる。そして「胸間部独立三叉文」を例としたように、横帯系土版は土偶との関係を表示するようになる。そしてまた、土偶と土版の関係は時期と地域によって複雑に変化していることがわかる。

　関東地方に土偶と土版のセット関係が成立して以後、この関係は、安行系と大洞系という単純な相互関係ではなく、安行系と前浦系、両者の緩衝的系列であるⅠ字文系[7]にさらに大洞系という4者が各々にセット関係を確立し、これらの単位を中心に関東晩期の土偶・土版祭祀が展開するのである。

(2)「Ⅰ字文」の出自と性格―緩衝的性質の充填文様の意味―

　Ⅰ字文は鷹野や堀越が指摘するように、土版だけではなく、土偶や石棒（刀）土器などにも描かれる文様である（鷹野1977、堀越1993）。近年では前浦式に発見例が増えているイノシシ形土製品にも特徴的に用いられる事例が増加しており、その特殊性が際立つ。

　Ⅰ字文は、東関東の土偶や土版だけではなく、安行系の土偶や土版、北関東地方に特有の岩版などそれぞれの地域の文様構成のなかに埋め込まれている。

　Ⅰ字文の生成は鷹野が指摘するように、「三角対向文」が向かい合う三角形の頂点を連結させることによって生まれると考えて良い。Ⅰ字文はそれのみで充填文として用いられる場合が多いが、それは年代的にはより後出するものである。Ⅰ字文の生成を考えるためには、全体の文様構成のどの部分から成立するかを見極めることが必要であろう。例えば、福田土版の中のⅠ字文は、上半部（Ⅱ＋Ⅲ帯）と下半部（Ⅳ帯）の中心に描かれた入組文様の両脇の空間を埋め込むように配されている。

　古相のⅠ字文は多くの場合、入組文か渦巻文などの空白部に配置されており、この空白部の形がそのままモチーフとして独立した充填文様である。それが、新しい段階になるといわゆるⅠ字文として独立するのである。もう少し古相のⅠ字文の性質を考えるために、千葉県八木原貝塚の浅鉢（宮内2011）の文様に注目してみる（図12）。

1. 千葉県八木原貝塚
2. 宮城県網場遺跡（石巻市教育委員会所蔵）
3. 青森県土井1号遺跡（板柳町教育委員会所蔵／青森県埋蔵文化財調査センター提供）

対向渦巻文は東北地方の祭器のなかで生成する。初期の文様には三（叉）角文が組み合わさる。2と3は時期差をもつ。

4. 青森県十腰内遺跡
5. 宮城県里浜貝塚（東北大学大学院文学研究科提供）

図12　I字文に関係する遺物

　この土器の体部には、向かい合う渦巻文が描かれている。これを対向渦巻文と呼ぼう。主文様である対向渦巻文の上下にできた空間に、対向する三角文が描かれているのがわかる。しかも双頭の渦巻文の内部のみに三角文が描かれ、類似した空間でありながら、双頭渦文の隣接間には三角文が描かれない約束事がある。また三角文は主文様が太い沈線で描かれているのに対して、三角文は沈線でモチーフを縁取った内部が彫刻的に削り取られている。I字文が彫刻的な手法を採るのは、こうした祖形文様の系譜をとどめるからであろう。

　八木原例を基準に考えると、I字文は祖形の対向渦巻文の内部に発生した文様と考えることができる。それが文字通りI字文として独自の充塡文に独立するのは、前浦式成立以後の段階での変容である。

　東北地方に目を転ずれば、対向渦巻文は、土版や骨角器・岩版と素材をこえた儀器に共通して描かれる文様であることがわかる（図12-2〜5）。八木原貝塚の土器に転写された対向渦巻文は、関東地方におけるI字文の成立の基盤となる文様と考えることができ、それは単に図形的な問題にとどまるのではなく、大洞文化圏と同様にして、土版や岩版、土偶や石棒といった複数の儀器を飾るのである。

　I字文のもつもう一つの特性に、安行系と前浦系という関東の東西を二分する土器型式分布圏にありながらも、両系統の土版や土偶の内部にI字文が取り

込まれている事実がある。ここにＩ字文のもつ緩衝的な性質を読み取ることができよう。

関東地方のＩ字文やその祖形となった東北地方起源の対向渦巻文は、石棒や土偶といった性差を象徴する儀器に併用されている。これに多産性を象徴すると思われるイノシシ形土製品を加えると、人口維持を目的とした集団結束の象徴的な行為のなかで、これらの文様がその物語性を発揮した、と推測しておきたい。

5　まとめ

土版と土偶の型式学的検討によって両者の密接な関係を読み取ることができるが、問題となるのは、遺跡内における存在形態である。これらの土版・土偶のセット関係は、1遺跡において複数のセットの共存が常態化している。東関東地方において、これらの複数の系列が互いに排他的な空間分布を示さないという事実の背景として考えられることは、これらの規範に縁取られた祭祀集団は、一集落の集団構成員の内部で分節化して共存しているという状況だ。土版と土偶の型式学からはこれらの系統相互間での比較的厳格な製作作法が維持され、それらが自立的な変遷を遂げていることを明らかにした。そして、こうした状況は単発的に生じた現象ではなく、土偶と土版の型式学的な連鎖性として示されるように長期的に維持された社会的関係として存在したのである。

東関東を中心に描き出したこうした関係態は、地域社会の全体が複数の系統の土偶：土版の祭祀集団によって多重的に包摂されていたことを意味する。

そしてこれらの祭祀系統の遺物に広域的に認められる自立的変化、系統間の相互関係の強弱は、各地の集落で共存する祭祀集団相互の関係を具体的に示唆している。関東地方における土版の出現背景とは、以上のようにそれのみで完結する文物の単品的伝播ではなく、土偶・土版がセット関係をなす東北地方の祭祀形態の波及と、その自立的展開を示すものである。

本論は明治大学人文学研究所個人研究「縄文時代における長期的継続型地域社会の形成と土偶祭祀ネットワークに関する研究」の成果の一部である。

註

1）　土版と土偶の関係を同一器物の変化過程と考えた大野の発案自体は今日的には否定されているものの、土偶と土版の相互関係の有無については一部の文様の共有などによる時間的併行関係の指摘などを除いて、土版の性格解明はほとんど検討が進んでいない。筆者はこの現状を定点として、今日的に土偶

と土版の相互関係を検討すべきであると考える。

2) 土版の人体形象については近年では斉藤和子が東北地方の土版の研究をおこない、表現方法の違いはあるものの、基本的には東北地方の土版は人体を表現したものであることを指摘している（斉藤 2001）。

3) 福田貝塚の顔面付注口土器は山内清男による安行 3a 式の標識資料とされており、矢畑土版の系統的な関係を示唆するものであるが、矢畑土版の裏面に描かれた絡み合う三叉文を新しい特徴とみなし、安行 3b 式と判定する意見もある（鈴木 1989）。

4) 稲野彰子はこれらの岩偶は土版の祖形とは考えず別の遺物と考え、系統的な連絡はないと考えている（稲野 1983ab）。

5) ただし、関東における土版の初源期にあたる矢畑土版の時期には、顔面表現のない土版がセット関係を形成していたかという問題は未解決である。将来の発見事例の蓄積に負うところであるが、現時点では、矢畑土版の時期ではセット関係は形成されていないと考えている。

6) 東北地方の土版・岩版においても遮光器系の眼や口の表現をもつものが存在するが、これらの岩版・土版は初期にのみ存在するわけではなく、大洞 C2 式期まで認めることができる。大洞式文化圏内においても、土版・岩版は人体を形象化したものという潜在的な認識が共有されていたことを示す証拠である。またこうした認識構造は関東地方と同じであり、顔面表現の多寡は表現系の発現形態の違いであろう。

7) I字文については鷹野光行の指摘するように一部の特殊な土器や土偶、石棒などの祭祀遺物に共有される鍵的文様であり（鷹 1977）、これらの文様の共有化によって複数の祭祀具が飾られるという点や、安行系土版の中においても用いられ、ほかの文様とは異なる性質をもち合わせている。

引用・参考文献

阿部芳郎 1996「食物加工技術と縄文土器」『季刊考古学』55

阿部芳郎 2011「顔面付土版と土偶」『考古学集刊』7

阿部芳郎ほか 2000「縄文後期における遺跡群の成り立ちと地域構造」『駿台史学』109

天羽利夫 1964「亀ヶ岡文化における土版・岩版の研究」『史学』37―4

阿部友寿 1995「安行 3 d 式土偶について」『神奈川考古』31

池上啓介 1933「土版岩版の研究」『上代文化』10

池上啓介 1935「山字文のある土版」『ドルメン』4―6

稲野彰子 1982「関東地方における岩版・土版の文様」『史学』52―2

稲野彰子 1983a「土偶と岩版」『季刊考古学』30

稲野彰子 1983b「岩版─研究動向」『縄文文化の研究』9

稲野彰子 1990「土偶と岩版・土版」『季刊考古学』30

江坂輝彌 1960『土偶』校倉書房

江坂輝彌・野口義麻呂 1974『古代史発掘3 土偶芸術と信仰』講談社

大野延太郎 1897「土版ト土偶ノ関係」『東京人類学会誌』12─131

大野延太郎 1898「岩盤も土偶に関係あり」『東京人類学会誌』13─144

大野延太郎 1901「石器時代土偶系統品と模様の変化について」『東京人類学会誌』
　　16─184

大野延太郎 1918「土版・岩版の形式分類」『人性』14─9

大野延太郎 1926「原始的宗教石棒崇拝物土偶・土版・岩版の関係・土偶の系統と
　　紋様」『日本先住民の研究』磯部甲陽堂

芹沢長介 1960「岩版と土版」『石器時代の日本』築地書館

小杉　康 1986「千葉県江原台遺跡および岩手県雨滝遺跡出土の亀形土製品」『明治
　　大学考古学博物館紀館報』2

小林達雄 1967「縄文晩期における＜土版・岩版＞の研究」『物質文化』10

斉藤和子 2001「岩版・土版の身体表現」『人類学雑誌』108─2

鈴木正博 1989「安行式土偶研究の基礎」『古代』87

鈴木正博 2010「縄紐吊り（操り）土偶」の世界」『異貌』28

鷹野光行 1977「関東地方の土版の分類について」『古代文化』29─10

鷹野光行 1983「安行の土偶覚書」『歴史公論』9─9

田中英世 2004「千葉市内出土の顔面付土版」『貝塚博物館紀要』31

安井健一 2009「辰馬考古資料館所蔵龍角寺出土土偶について」『千葉縄文研究』3

原田昌幸 1984「成田市殿台遺跡出土の土偶」『奈和』22

成田市教育委員会 1997『成田市郷部遺跡群発掘調査報告書』

堀越正行 1980『千葉県の土偶』市立市川博物館

堀越正行 1992「I字文を持つ土偶」『シンポジウム縄文時代後・晩期安行文化─土
　　器型式と土偶型式の出会い─』埼玉考古学会

堀越正行 1993「I字文土偶、その系統と分布」『埼玉考古』30

宮内慶介 2011「姥山II式平縁深鉢形土器の成立と系譜」『駿台史学』142

山形洋一 1985『東北原遺跡─第6次調査─』大宮市遺跡調査会

渡辺邦夫・上野修一 2010「栃木県栃木市藤岡後藤遺跡ほか出土の土版」『栃木県立
　　博物館研究紀要─人文─』27

2　大宮台地を中心とした「人面文土器」

―馬場小室山遺蹟の「人面文土器」から洞察する地域社会の波動―

鈴　木　正　博

序―「顔面付土器」から「人面文土器」まで諸々の経緯など―

　縄紋式の土偶や「**顔面付土器**」との出会いは大学1年に遡る。昭和46 (1971) 年秋から参加した埼玉県桶川市高井東遺蹟（吉川ほか 1974・1975）の発掘調査は、関東地方における縄紋式後期前葉から晩期中葉の集落研究としては学史的な居住地区の全面発掘であり、集落の立地・規模・形態、施設としての遺構、年代や生活様式を知り得る遺物、人類活動の痕跡が顕著な「焼獣骨角小片群」包含層・遺構覆土・土偶出土状況など多くの知見を得る機会を得た（鈴木正 2005）。

　当時の学びの一つが「顔面付土器」との出会いである。当初はヒトの顔らしく見える形態は全て人面と判断して問題はないとの考えから総称「人面文土器」とするものの、人面形態に様式化が観られる状況に対しては新たに「土偶顔面」との比較・分析を重視するなど、後年の命名である「**生態型式学**」（鈴木正 2009）への接近が著しい。

　すなわち、素朴に人面と判断する範疇には「土偶顔面」とそれ以外の2大別が認識され、本稿では土器に付される人面の形態が「土偶顔面」と共通する場合には「顔面付土器」と呼ぶ。ただし、全ての「土器型式」が土偶を製作するとは限らず、また該当する「土器型式」の「土偶顔面」に未明の部分も認められ、当初は正体不明と判断して人面を冠すべき形態であっても、研究の進展により「土偶顔面」との共通性が明らかになり、「顔面付土器」と変更する場合もある。

　具体例に触れよう。図1-1が高井東遺蹟第21号住居址出土の「顔面付土器」である。「高井東式」に並行する南奥の「注口付双口環状異形土器」に「土偶顔面」が付される該期特有の形態である。とくに土器が「**精製土器様式**」のとりわけ非日常形態ゆえに付される人面も非日常の「土偶顔面」となり、このような性質と特徴から土偶の顔面形態と「土器型式」の相互の関係が導出される。この経験は後年に「**土偶インダストリ論**」（鈴木正 1989a）として「安行3a式」に

おける「土器─土偶クロス年代論」を型式学基盤とする「クロス土偶系統論」や「顔面系統論」の開陳となり、近年に至り大宮台地以北の妻沼低地でも「安行3b式」頃の「顔面付土器」が2例確認される。図1-2は熊谷市諏訪木遺蹟出土の注口付土器で、これまでの類例と同様に注口部の口縁に「ミミヅク顔面」が付され、さらに諏訪木遺蹟ではもう1例「ミミヅク顔面」のみの出土を見る（渡辺2007）。

続いて「土偶顔面」以外の取り扱い例である。この問題についても図2-1の茨城県外塚遺蹟例を示し、「土偶インダストリには参画し得ないが、土器の装飾の一部にこうした模倣が見られる例を示し、その作出手法に該期の土偶が影響を及ぼしている点を触れた」（鈴木正1989a）ように、「土偶顔面」と一部関係しつつも総体としては異なる形態も確実に存在する。「安行3b式」の外塚遺蹟例は「顔面付土器」とは異なる「土器の装飾の一部」として変形され組み込まれ、名称は「人面装飾付土器」（吉本・渡辺1994）が相応しい。「安行3c式」前後の「人面装飾付土器」は図2-2の埼玉県赤城遺蹟例を一つの典型とし、図2-3のように大宮台地の作法とは異なる「無文貼付文土器」の中に人面装飾を組み込み一体化する無文深鉢例として紹介する（新屋1988）。

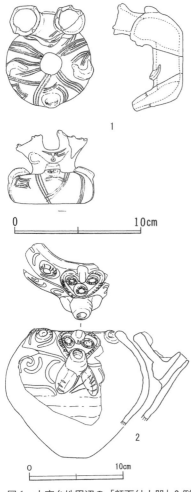

図1　大宮台地周辺の「顔面付土器」2例
　　1：高井東遺蹟　2：諏訪木遺蹟

「顔面付土器」と「人面装飾付土器」は単なる形態学による分類ではなく、「土偶顔面」や「土器の装飾」との比較を重視し人面としての拠り所を相対化する分類である。常に比較対象の中間的位置に外部からの「分類の標準」を制定する構えが要である。

また、「顔面付土器」は弥生式にも継続する。茨城県女方遺蹟では中空土偶、およびその顔面形態が条痕（線）文「粗製土器様式」壺の口縁部に付される

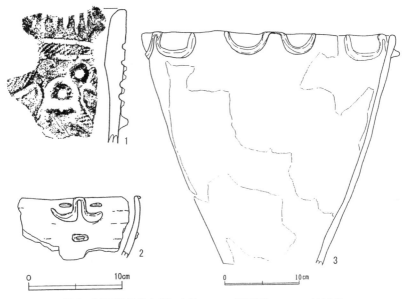

図2 「人面装飾付土器」など　1：外塚遺蹟　2・3：赤城遺蹟

「顔壺」(「顔面付壺」) が出土し、「東部弥生式」形成のイデオロギーを象徴する (鈴木正 1993・2010b)。ここでは高井東遺蹟の「精製土器様式」に限らず、「粗製土器様式」が「土偶顔面」と深く関わる伝統を確認する。

「顔壺」出現以前の「荒海式」では「半精製土器様式」深鉢に「土偶顔面」の系統を付す「顔面付土器」が検出され、「荒海土偶」との関係が議論になる (鈴木正 1989b)。当時の議論は「顔面付土器」を「荒海土偶」より新しく位置付けるが、その後の見直しにより型式学的変遷は

　　　　　大崎台顔面→山武姥山顔面→「荒海土偶」

と改訂され、現在では「顔面付土器」はともに「荒海土偶」より古式に編年される。

このように「顔面付土器」は年代や地方により、土台である土器の器種に変化が見られ、また飾る土台としての土器も「精製土器様式」、「半精製土器様式」、「粗製土器様式」に付されるなど、「顔面付土器」の位相分析 (土器の機能と「土偶顔面」の役割に関する相互作用を分析) という基礎研究については、数に追われる現状とともに未着手である (吉本・渡辺 1999・2005)。

目録作成による俯瞰レベルの比較考古学的現状に対し、特定の地域と年代における「考古文化」の実態レベルを詳細に穿つ研究方向は、常に年代と系統の

見直しが必至であり、しかも晩期前葉の諸例と「比べて写実的であり、表情すら読み取ることが出来るのではないかと思える程である。」（林 2000）との感想から出発する。今日では、千網谷戸遺蹟例の位相分析を後述するように、「顔面付土版」や土製仮面を含めた「人面文インダストリ論」として製品の別を超えた「生態型式学」の展開が必至となる。

　では、原型を「土偶顔面」に特定できない人面形態とは何か、を問題の所在とするならば、大別２種が存在する。第１種の人面形態は前述した文様構成として一体化する性質の「人面装飾付土器」である。第２種の人面形態は人面の構成が独立するものの「土偶顔面」と特定できない場合、あるいは「土偶顔面」の意識的な変形（表現形態の変形や「顔面付土版」などへの変形も含む）を目的とする場合などであり、これまでの定義では扱えない範疇として狭義の「人面文土器」と呼ぶ。

　しかるに「人面文土器」は二つの経緯で顕著な流動性も有している。一つはたとえ現時点で「人面文土器」と判断されても、「土偶顔面」として新たな原型が増えることにより、「人面文土器」から「顔面付土器」へと範疇異動する経緯である。もう一つは土版や土製仮面との関係である。「安行 3a 式」では「土偶顔面」に原型が求められることから「顔面付土版」となり、「安行 3b 式」まで継続するものの、以降は「土偶顔面」から独立し、「安行 3c 式」には土版特有の年代的系統的な変遷を確立する中で、原型としてのモデルを見失う多くの現象が散見される。後述する馬場小室山遺蹟の「人面文土器」もこのような経緯が彷彿とする例である。

　ちなみに「顔面付土器」、「人面装飾付土器」、「人面文土器」の総称は広義の「人面文土器」に代表させる（鈴木正 2010b）。

　冒頭で用語を整理するのは、初期の「土偶インダストリ論」では馬場小室山遺蹟の「人面文土器」を不用意に「顔面付土器」と表現する経緯からである。今日ではどのように相対化されるか、特に土台となる土器の性質と併せて、地域社会における新たな共通基盤の発現として「人面文土器」の製作意義を理解しなければならない。

　また、製作意義を読み取る場合に反省すべきは、高井東遺蹟の「顔面付土器」が珍品お宝主義の陥穽から抜け出せない時代背景（埋蔵文化財業界形成期）において取り扱われたことであり、過去・現在・未来にわたる生活者にとり如何なる価値が引き出せるか、常に先史考古学の原点を確認しなければならない。

　ひるがえって大宮台地における「人面文土器」研究の現在は、製作者の年代や系統など製作に係わる位相や背景、およびその取り扱いに係わる人類活動の

痕跡から存在意義を追及する「生態型式学」が適用できる段階にあり、**観光考古学**（類例の蘊蓄や理論（？）考古学の適用など**生活者と無縁の観点**）の位置付けから脱し、「人面文土器」の背後に隠れている情報を洞察する記述考古学の新たな可能性と「土器型式」への昇華こそが、今後の研究に対する突破口となる。

　本稿では大宮台地を中心としてその周辺で検出される「人面文土器」に接近し、どのような遺蹟において如何なる状況で検出されるか、を重視しつつ、新たに「生態型式学」の構えで「人面文インダストリ論」に接近する。「人面文土器」の検出状況には地上系や地下系の別を問わず、収納施設の存在と取り扱い作法の独自性を顕著に見出せることから、**地域社会の拠点集落における象徴的な構成基盤として「人面文土器」の検出状況を分析する**。そこでは所謂「**再葬墓**」の「**顔壺**」と同様に独立した区画に一定期間設営される意義が彷彿とし、縄紋式晩期中葉から弥生式中期中葉に至る土壙墓などの収納施設における展開過程に、地域社会の伝統を継承する新たな作法あるいは系統として「人面文土器」の参画契機に接近したい。

1　馬場小室山遺蹟の「第51号土壙埋設土器群」と　　「人面文土器」の位相分析

　高井東遺蹟の「顔面付土器」は製作意義も存在意義も分析されずに今日に至るが、その後、大宮台地の南部、さいたま市緑区（旧浦和市）馬場小室山遺蹟から「人面文土器」が出土する（青木・小倉ほか 1983）。集落遺蹟の特徴は「凹地状地形」（現在は「**拡大窪地**」と呼称）とそれに関わる「土手状突帯部」（現在は「**土塚**」と呼称）との指摘（岩井 1983）、および「**第51号土壙**」（青木・小倉ほか 1983・1988）という「環堤土塚」（鈴木正 2005）の構成に尽きる

　馬場小室山遺蹟の具体的な特徴を図3で示す。標高16m前後の谷奥台地上における小さな谷頭の延長上に径約40m以上の「**拡大窪地**」を中心として、その周囲にやはり径30m前後を中心として大小と長短ある5基の「**土塚**」群が環状に巡る形態をとり、最大で径約110m前後の「**外部構造**」が後晩期安行式の縮小型「環提土塚」という居住施設群として復元されるのである。

　「環堤土塚」は「土塚」の構成と層位の関係、住居址などの施設群による年代的な編成と動態解明が集落研究としての基本である。象徴的な施設は「安行3c式」の「人面文土器」を検出した「第51号土壙」である。「1号土塚」の外縁に「第51号土壙」として付随するように設営される大規模な地下施設の役割の解明は今日的課題であろう（鈴木正 2005・2007a・b、鈴木正・馬場小室山遺跡研究会 2006）。

図3　馬場小室山遺蹟の「環堤土塚」概念図（★は「第51号土壙」）

（1）「第51号土壙」と層位、そして「一括土器」現象

　「第51号土壙」の形態と「人面文土器」の出土層位について確認する。関心が集中するのは遺構の大きさに比例する多量の土器群、および「一括土器」現象とされる出土状況の特異性である。

　「第51号土壙」の形態は平面図によると概ね円形を呈し、法量は「開口部の長径4.85m、短径4.5m」、「底面はほぼ平坦で、長径3.65m、短径3.05m」、断面図によると深さは「確認面からの深さは2m60cm、地表からは3m60cm」規模の大きさである。さらに出土土器群の層位にも特徴が観られ、底面から40cm前後に「灰層」が確認される。「人面文土器」を含む38個体の土器群が

その「灰層」から検出され、しかも「灰層」の上部においてイノシシやシカなどの獣骨の検出が指摘される状況から「一括土器」現象と報告される。

問題となる「灰層」は土層記録上では「灰、植物繊維、有機質」を中核とし、土の色調・硬度・包含物の濃淡など少しずつ異なる様相の堆積層が累積する状況を一括した内容である。そして土壙の周辺部から中央部に落ち込むように形成され、その中央部には目立って厚く堆積する「第15層」(「炭化物を含み、15層の下面との境で一括土器を多く出土。やや粘性があり、やわらかい」)が土壙形態と相似形をなす落ち込み断面形として展開し、38個体の土器群も部分的に「第15層」と関わる状況が記録されている。このことから「第15層」の周辺や直下には「灰層」として一括される特別な木組みあるいは植物繊維などによる施設が設けられ、そこに38個体の土器群が収納され埋設された可能性が高く、その後焼土ブロックや大型炭化物を形成する活動が行われたものと思われ、それらを「第51号土壙埋設土器群」と呼ぶならば、「第15層」(実際には「第12層」～「第14層」も含めた一連の埋没層位)もそうした施設に関わる堆積土層と考察する。

ゆえに「第51号土壙」は、最終的な「一括土器」現象を保証する動作系として「収納施設埋設型風習」(鈴木正・馬場小室山遺跡研究会 2006)と位置付け、その役割についてもある程度は層位と「一括土器」現象から読み解きが可能である。

(2)「第51号土壙埋設土器群」の位相分析

馬場小室山遺蹟の「人面文土器」は単独出土ではない。さらに「第51号土壙埋設土器群」は単純な構成ではない。「土器型式」の概念で判断するならば、連続する多世代にわたる「土器型式」別の埋納土器群が累積する状況が指定され、所謂「再葬墓」の土器群と共通する様相と思われる。個々の土器群や「土器型式」別の詳細は解説済み(鈴木正 2007a)であり、本稿では年代別の概観に留める。

「安行3a式」は「精製土器様式」の「非隆起帯縄紋系列」注口付土器1点の検出であり、「第51号土壙」は「安行3a(新)式」の単体埋設風習から始まる。

「安行3b式」は「精製土器様式」10点に対し、「粗製土器様式」1点が加わる構成となり、「精製土器様式」の組み合わせに特徴が観られる。具体的には「安行3a式」の伝統を引く波状口縁深鉢2点(「馬場小室山3b系列」と「寿能3b系列」の新古二者)、平縁深鉢1点、浅鉢2点、「角底鉢」1点、それに対して異系列である「板倉沼式」系の深鉢3点、台付浅鉢1点の構成となり、年代的な新旧と系統的な濃淡が調和的である。

飛んで終末である「安行3d式」は無文壺1点、無文浅鉢1点、鉢1点、台付

鉢1点の「精製土器様式」4点から構成されるが、無文壺と無文浅鉢（「南奥大洞C2式」の影響の強い非在地系器種2種）が主体となり、「安行3d式」に観られる土器（深鉢）棺の文様帯が欠落する点に、埋設主体者の系統が垣間見える。

　戻って「人面文土器」が関与する「安行3c式」では、「安行3b式」の様相から一転して無文の「粗製土器様式」や粗雑な沈線文の「半精製土器様式」が主体となり、ドラスティックな土器埋納組成の転換点として現象を精緻に分析しなければならない。

　同時に特定の集団が管理する施設への埋設であることに着目するならば、世代間の移行時における継承関係の緊密性も分析視点となり、検証される。世代間継承関係の緊密性は図4-3・4の「角底鉢」が示しており、3は「安行3b式」の作法、4が「安行3c式」の作法である。類似の文様構成を継承しつつ、簡素化、粗雑化、および非縄紋化に移行する漸進的なプロセスに大きな特徴がある。

　継続する中での変化としては、「粗製土器様式」からの変遷である「副文様帯」が「安行3c式」の大きな特徴である。内彎砲弾系の形態が2点検出され、しかも簡素化、粗雑化の最初のプロセスとして馬場小室山遺蹟周辺に際立つ特徴かもしれない。この2点とは別に、「安行3c式」で新たに形成される口縁部が直立する例が1点見られる。こうした口縁部の直立が端緒となり、外頃・外反が一般的となり、口縁下に横線のみが施文される例が1点見られる。

　「副文様帯」とは異なる「半精製土器様式」には「安行3b式」の文様帯が非縄紋化し、併せて簡素化、粗雑化する系列も2点見られる。加えて「姥山II式」の「細密沈線文」による「半精製土器様式」を原型とした2段構成の簡素化粗雑化例が1点見られる。

　特に「第51号土壙埋設土器群」のなかでも、注目すべき様式化された「人面文土器」は図4-1である。単なる人面画と見る当初の印象から注目され、やがて学問の対象として人面文が型式学の土俵に上がり、「馬場小室山系列」と命名され（鈴木正1989b、林2000）、ついには大宮台地における「陰顔文」の「馬場小室山系列人面文」と「陽顔文」の「赤城系列人面文」という作法の違いがいかなる在地化基盤から生み出されたのか、という地域社会形成に新たな課題が提起される（鈴木正・馬場小室山遺跡研究会2006）。

　「人面文土器」は「角底鉢」と略同じ大きさの小型の内彎深鉢で、条痕のように顕著な削りを残すナデ手法に真正の「安行3c式」とは異なる系統的作法を認める。この異なる系統的作法を特定するならば、類例の分布（林2000）と「安行3c式」の地方差からは、大宮台地北半を中心とした周辺地域（渡良瀬川周辺）との強い影響関係を導出することができる。しかも「土偶顔面」とし

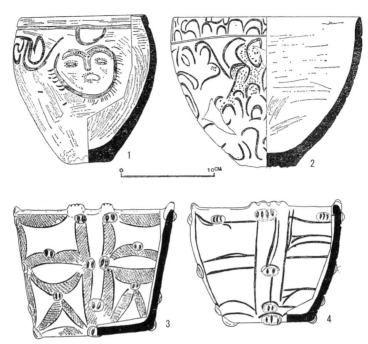

図4　馬場小室山遺蹟「第51号土壙」の「人面文土器」など

ての原型が未明な状況にも拘わらず、「顔面付土版」からの変遷を経るが如き「安行3c式」における顔面の様式化が図られ、さらに注目すべき装飾は眉の直上に強調するかのように大きく描かれた「上弦弧沈線文」であり、人面画という思いつきの画などではなく、この装飾形態まで含めた該期における様式化過程の追及に新たな展望（鈴木正 2010b）を見出す。

　また、左側に描かれる弧線の要領を得ない組み合わせ文様は、明らかに文様の粗雑化過程から形成される。この弧線文などを粗雑化しつつも多用化した文様帯の典型が図4-2の台付鉢である。口縁部の狭い範囲に細かい文様を展開する点、および特定部に繊細な刺突を密充填する点など、そこには決して粗雑化のみではなく、注意を喚起すべき施文としてイデオロギー認識が措定される。

　「第51号土壙埋設土器群」の最後の特徴として注目すべきは、10点の無文深鉢や無文浅鉢1点である。この「安行3c式」における無文深鉢・浅鉢の埋設は、「安行3b式」における「板倉沼系列」の進出と同様に大宮台地以北との関係により形成される「板倉沼3式」風習と考えられる。大宮台地以北に

は大きく2つの系統が関与しており、大宮台地西北部と密な交渉関係を有している利根川上流、そして大宮台地東南部が連絡している奥東京湾から古鬼怒湾最奥部にかけての渡良瀬川（含む古利根川）方面、のいずれかであるかを具体的に指摘するならば、「乙女不動原北原D17号土壙型埋納土器組成」（鈴木正 2007a）における土壙との関係が示唆的であろう。「第51号土壙埋設土器群」における多量の無文深鉢は一度に埋設されたのではなく、何世代かにわたり埋設されたものと考察する。

　この10点の無文深鉢の形態にはかなり限定された選択意識が働いている。屈曲ある形態は存在せず、平縁のみで、しかも折り返し口縁も無ければ、突起を付す例も無いことから、かなり限定された在地と「板倉沼3式」の集団構成による世代の継承を措定する。なかでも大型無文深鉢2点には機能上の異質性を見抜き、「安行3c式」後半に外部からの新たな動向により限定された集団構成による世代継承に変化が生起したと理解するが、線刻画や輪積痕にも注意を向けなければなるまい。

　ほかに台付鉢の無文台部片1点があるが、以上の「第51号土壙」における「人面文土器」と係わる38個体の土器群を俯瞰する分析視点とともに、「型式組成」あるいは系列個々の組み合わせ関係の背景に接近し、さらにより高次の研究を目指すならば、「第51号土壙埋設土器群」と係わる全体資料を他遺蹟と比較する視点に至る。

　「第51号土壙」出土遺物には、ほかに「安行3c式」前後の完形あるいは完形に近い土製耳飾15個体もあり（鈴木正 2005）、施設内の状況としては赤城遺蹟の「完形土器集中地点」との対比に意味があり、文物の形態から施設の在り方まで顕著な地域性が見られる（鈴木正・馬場小室山遺跡研究会 2006）。

（3）「人面文土器」から観た「第51号土壙」の位相分析

　馬場小室山遺蹟の「第51号土壙」における収納施設としての俯瞰は、「一括土器」現象により「人面文土器」を中心に再構成が可能であるとともに、再構成される性格には「人面文土器」の役割と係わる全体的な特徴が見え隠れする。本稿では後述する赤城遺蹟との比較を目的として、以下の特徴ある現象を議論する。

＜馬場小室山遺蹟における「第51号土壙」と「人面文土器」を取り巻く位相＞

　「土器型式」の累積年代と年代別系統別組成　「安行3a（新）式」〜「安行3d式Ⅰ期」まで継続する土器群が参画する。「粗製土器様式」は「安行3c式」から量的な参画を示し、「精製土器様式」（深鉢・鉢・浅鉢）も含め、異系統は大宮台地北部の「板倉沼式」系統の土器群である。晩期中葉には簡素化、粗雑化、非縄紋化など在地の伝統とは異なる土器群の影響が

顕著となり、「亀ヶ岡式」系統の関与が僅少な点にも大宮台地南部の特徴を観る。

「人面文土器」および関連する文様の関与　「安行3c式」の非在地作法である「板倉沼3式」系の無文深鉢で、体部最大径部に様式化した人面文および関連する文様のみを施文する。人面文は刻文の多用化と大きく展開される「上弦弧文」が際立ち、原型とすべき「土偶顔面」が未明である。「顔面付土版」や土製仮面との形態的類似に新たな関係を読み解く必要がある。と同時に関連する文様作法と共通する特殊な土器にも非実用的な注意が必要である。

角底土器など非日常土器の参画　注口付土器以外の特殊な形態として僅少な出土からも、非日常なる用途として参画する意義の一端を示す。

土製耳飾の参画　「安行3c式」前後の略完形品が伴存する。

2　赤城遺蹟の「人面文土器」と「完形土器集中地点」の位相分析

馬場小室山遺蹟において導出した「第51号土壙」と「人面文土器」を取り巻く位相に着目するならば、大宮台地北縁から続く埋没ローム台地に形成された鴻巣市（旧川里村）赤城遺蹟の「完形土器集中地点」は、まさに比較すべき人類活動の痕跡として注目に値する位相を示す。紙数の関係で赤城遺蹟の「第1号柱穴群」・「祭祀遺物集中地点」・「第2号柱穴群」などを含め全体像の分析は省略せざるを得ないが、「人面文土器」が検出された「完形土器集中地点」については、「完形に近い状態で一ヵ所から出土するものが多い。近い位置で2～3ヵ所から破片が出土し接合する場合も少なからず認められる」「特筆される出土状況を示している遺物として耳飾が挙げられる」「2個一対の製品が二組出土している」「裏返しに並べられたままの状況がそのまま保たれた様子である」との摘要に尽きる（新屋 1988）。

馬場小室山遺蹟の「第51号土壙」と比較する前に、赤城遺蹟の「完形土器集中地点」が大きく2つの位相空間に分割されることを示す。第一の位相空間は2個一対の土製耳飾がそれぞれ対応するように検出された SK72・SK81 などの土壙群位相空間であり、第二の空間位相は長径5m以上短径3m以上の大型「不整形の落ち込み」位相空間で、その東側北縁から「人面文土器」の出土が観られる。

この位相空間の二者は「第1号柱穴群」・「祭祀遺物集中地点」・「第2号柱穴群」などの遺蹟構造に対しては一体の施設空間として統合配置されるものの、「完形土器集中地点」の内部構造としては土製耳飾空間と「人面文土器」空間に位相分離され、馬場小室山遺蹟の土地利用形態とは大きく異なる構造である。

その意味で当時の管理上における厳密な一括性は不明とせざるを得ないが、統合配置空間としての遺物の概要は「安行 3a（新）式」から「安行 3d 式 I 期」まで継続する 65 個体の完形土器などが集中して検出され、「人面文土器」や角底注口付土器などが注目される。土器以外では土製耳飾 8 点、人面文土版 1 点、土偶 1 点、石棒 1 点、磨製石斧 1 点、石皿 1 点、石錘 1 点、石製垂飾 1 点などの検出を見る。これらを馬場小室山遺蹟の「第 51 号土壙」の位相と対比すると以下のように纏められる。

＜赤城遺蹟における「完形土器集中地点」と「人面文土器」を取り巻く位相＞

「土器型式」の累積年代と年代別系統別組成　「安行 3a（新）式」～「安行 3d 式 I 期」まで継続する土器群が参画する。「粗製土器様式」は 10 点と少なく、無文深鉢が 9 点と目立つ。「精製土器様式」は深鉢が 12 点と少なく、注口付土器 9 点、壺 6 点、台付鉢 9 点、浅鉢・鉢 19 点が目立つ。「亀ヶ岡式」系統が 8 点と多く、主体は大宮台地北部周辺の在地土器群で、大宮台地南部の系統も少ないながら目立つ。「板倉沼式」と「亀ヶ岡式」の系統を中心とする深鉢以外の特異な器種構成で、深鉢中心の大宮台地とはかなり様相を異にする。赤城遺蹟と馬場小室山遺蹟は主体となる「土器型式」を違える上に、収納すべき土器群の器種選択も異にする。

「人面文土器」および関連する文様の関与　図 5-1 が、大型「不整形の落ち込み」位相空間の縁辺から検出された「人面文土器」である。「安行 3c 式」期の在地無文隆帯作法の深鉢で、体部最大径となる口頚部に無文隆線による様式化した人面文のみを施文する。「安行 3c 式赤城系列」（以下、「赤城系列」と略）と呼び、「馬場小室山系列」との比較など人面文の形態学は後述するが、人面輪郭の省略や沈線文を一切採用しない点に在地風習の強い限定性が窺われるが、口縁部の「上弦弧文」は小さめな形態の古い伝統であり、「祭祀遺物集中地点」出土の「安行 3a 式顔面付土器」である図 5-4 や福田貝塚の顔面形態から既に共通に観られる「安行 3 式」の作法としてその伝統性に注目する。関連する文様は見出せないが、図 5-2 のような不安定ながらも正面観のある弧線による文様帯は非日常的であろう。

角底土器など非日常土器の参画　図 5-3 が「安行 3b 式」前後の角底の注口付土器で、馬場小室山遺蹟例より古い階段であろう。注口付土器が多量に参画するためか、角底土器も注口付となる。希少例である。

土製耳飾の参画　「安行 3c 式」と「安行 3d 式」のそれぞれ 2 個一対の完形品が SK72・SK81 などの土壙群位相空間において別々の土壙周辺から一組ずつ検出される。

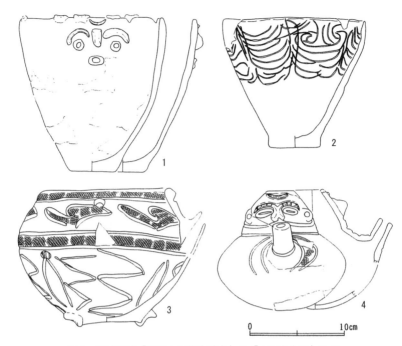

図5 赤城遺蹟「完形土器集中地点」の「人面文土器」など

　以上、赤城遺蹟の「完形土器集中地点」は位相空間として分別されるものの、略完形土器群による「土器型式」の混在(「安行3a(新)式」～「安行3d式Ⅰ期」)が顕著な様相であることに着目するならば、これらの混在土器群は単なる一括廃棄遺物として処理すべき現象ではなく、SK72・SK81などの土壙群位相空間に見られる土製耳飾の2個一対2組の出土状況に代表されるように、その取り扱いには破損や移動に対して配慮する丁寧さが加わる点が重要である。そのように略完形土器群が中心である上に、土製耳飾の取り扱いに対する丁寧さが可能であるのは、地面に放置されたままの状態ではなく、何らかの施設により意識的に保護された可能性を考察する。
　そこで再び馬場小室山遺蹟が形成された大見台地に眼を転じるならば、略完形の「安行3式」土器群があたかも焼失住居における同時廃棄のように保護された状態で検出され、晩期集落構成の強烈な特徴となる地域社会が垣間見える。
・さいたま市小深作遺蹟の「テラス状遺構」(大宮市教育委員会1971)
・さいたま市黒谷田端前遺蹟の「一括出土地点」(宮崎1976)
　この2例を代表例とするように大宮台地では晩期集落の特異な構成として

「テラス状遺構」が認識され、多世代土器群を多数埋設する風習が措定される。このような状況は、水場遺構などに見られる木組み施設が参考になる。ロームを削平した「テラス状遺構」や不整形落ち込みの存在も木組み施設の安定設置と関連するならば、それらは地上における「収納施設設置型風習」（鈴木正・馬場小室山遺跡研究会 2006）で、「一括土器」現象とされる管理形態であろう。

　以上、赤城遺蹟の「完形土器集中地点」に措定される地上系の「収納施設設置型風習」、および馬場小室山遺蹟の「第51号土壙」である地下系の「収納施設埋設型風習」の二者について、その特異な様相から「晩期安行式ムロ」（鈴木正・馬場小室山遺跡研究会 2006）と総合し、世代間の継承関係を強化する風習との観点から集落構成としての新たな問題提起とする。

3　大宮台地を中心とした「人面文土器」の型式学

　大宮台地周辺における「人面文土器」は縄紋式晩期中葉に特徴的な検出を観ることから、「土偶ユースウェア論」として所謂「再葬墓」における「顔壺」の研究手続に則り、遺蹟形成論による位相分析（鈴木正 2011）を通じて新たな集落構成の発現（地上系「収納施設設置型風習」と地下系「収納施設埋設型風習」の二者）や、収納土器の選択性による地域性の顕現、そして多世代にわたる施設継承の風習などへの接近が企図されるに及び、展望として「晩期安行式ムロ」と命名される地域社会における新たな制度の可能性を導出した。

　次の研究手続は、遺蹟形成論による位相分析から確定される「人面文土器」2系列を「分類の標準」とする「土偶インダストリ論」の展開であり、形態上の比較は表1に示す6項目の分類属性で行う。

　次に大宮台地を中心に周辺地域も含め、「安行3c式」から「安行3d式」にかけての年代的系統的に顕著な関わり合いのある遺蹟から検出される「人面文

表1　「人面文土器」の「分類の標準」2系列と比較する分類属性

	馬場小室山系列	赤城系列
【土器の精粗様式】	無文「粗製土器様式」	無文「粗製土器様式」
【人面配置】	無文口頚部で体部中央	無文口縁部
【上弦弧文】	大きめの沈線文	小さめの隆帯文
【眉鼻文】	ハート形結合隆帯文	ハート形分離隆帯文
【眼口文】	凹点文	隆帯文
【人面輪郭】	沈線輪郭文	省略

土器」一覧を示し、一定の品質を保つ資料を対象にして型式学的分析を進めるが、冒頭にて触れた「顔面付土器」や「人面装飾付土器」、そして全形が不明の小形人面例は今回の狭義「人面文土器」の対象からは除外する。

大宮台地の類例
・埼玉県さいたま市馬場小室山遺蹟例（図6-4）
・埼玉県さいたま市東北原遺蹟例（新井ほか1999）（図6-7）
・埼玉県蓮田市久台遺蹟例

渡良瀬川周辺の類例
・埼玉県鴻巣市赤城遺蹟例（図6-1）
・茨城県結城市鹿窪遺蹟例（大宮市立博物館1997）
・群馬県桐生市千網谷戸遺蹟例（増田ほか1985）（図7-1）

利根川上流域の類例
・群馬県藤岡市中栗須滝川II遺蹟例（茂木ほか2002）（図6-8）
・群馬県安中市天神原遺蹟例（林ほか1994）（図6-2）
・群馬県水上市矢瀬遺蹟例（三宅2005）（図6-6）

秩父方面の類例
・埼玉県飯能市中橋場遺蹟例（曽根原1986）（図6-5）
・埼玉県秩父市下平遺蹟例（田部井ほか1995）（図6-3）

そのほかの遺蹟にも「人面文土器」が見出されるが、将来の研究に委ねる。
　本稿では図示した「人面文土器」を俯瞰することにより、前述の比較項目で

表2　「人面文土器」の4象限分類

	上弦弧文・有	上弦弧文・無
無文「粗製土器様式」	馬場小室山・赤城	東北原・中橋場
有文「精製土器様式」	千網谷戸	矢瀬・中栗須滝川II・下平

表3　「人面文土器」の5「子象限」分類

		上弦弧文・有		上弦弧文・無
		人面輪郭・有	人面輪郭・無	人面輪郭・有
無文「粗製土器様式」		馬場小室山	赤城	―（東北原・中橋場は不明）
有文「精製土器様式」				
	文様帯内人面配置	千網谷戸	―	矢瀬・中栗須滝川II
	無文帯人面配置	―		下平

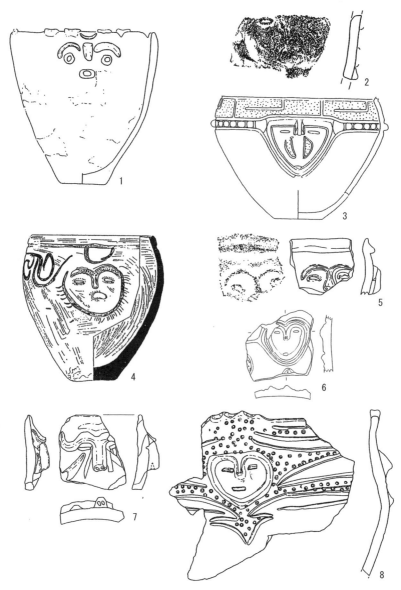

図6 大宮台地を中心とした「人面文土器」(S=1/4)
1：赤城遺蹟　2：天神原遺蹟　3：下平遺蹟　4：馬場小室山遺蹟　5：中橋場遺蹟
6：矢瀬遺跡　7：東北原遺蹟　8：中栗須滝川Ⅱ遺蹟

ある独立した関係の6項目から重み付けによる関連性を導出するが、比較項目に優先順位を認め、それに従う枠組みの拡張は入れ子状の構造で表現される。本稿にて展開する最初の重み付け優先順位は【土器の精粗様式】の別と【上弦弧文】の有無の2元クロス表であり、表2に示すように、9遺蹟の諸例のうち属性の判明するものは明確な4象限に分別可能である。

この4象限はさらに【人面輪郭】の有無や【人面配置】の様態で入れ子の構造となる細別（入れ子とした各細別を「子象限」と呼ぶならば）が行われ、理論的には16「子象限」に分別される。しかしながら、実際には小破片の例もあり、「上弦弧文・無」の東北原遺蹟例や中橋場遺蹟例においても「人面輪郭」の有無に確実性がなく、また天神原遺蹟例は「人面輪郭・有」であるが「上弦弧文」の有無は不明となるなど、確実に「子象限」として分類例が存在するのは表3の5「子象限」である。

表2や表3のように属性を象限別あるいは「子象限」別に分類したうえで俯瞰し絞り込むならば、自ずと地域性や系統性に起因する位相と年代差を表わす現象との関係がどこにあるか、単なる分類に終始することなく希少文物の広域における流通と分布形成メカニズムに関心が赴くことになる。ところが「分類の標準」とした2系列は偶然にも共に無文深鉢例であり、「安行3c式」に伴存する可能性が極めて高いものの、人面形態の細別年代を特定づける積極的な根拠を土器自身が持ち得ない。

一方、さらなる細別には有文「精製土器様式」が有利な形態であり、その年代と系統を分析した上で人面形態における位相を確定できれば、無文「粗製土器様式」において制定された「分類の標準」2系列との交差検証手続きも可能となり、「人面文土器」の型式学にとり大きな進展となる。

最初に注目すべきは、「「天神原式」の典型的な深鉢系土器」（林 2000）と裁断された中栗須滝川Ⅱ遺蹟「P-604」例（図6-8）である。報告書刊行以前に扱われているため、再吟味が必要である。本例は「南奥大洞C2式Ⅰ期」と伴存する典型的な「前浦1式」（西村正衛の「前浦式」は「大洞C2式」期と定義され、その最古の階段が「前浦1式」）の文様構成を有する興味深い年代的位置と文様帯の系統を示し（鈴木加 1991）、刺突文と幾何学構成の組み合わせを「天神原式」と呼ぶ風潮とは一線を画する系統として、「安行3d式中栗須滝川Ⅱ系列」（以下、「中栗須滝川Ⅱ系列」と略）と呼ぶ。ピット「P-604」からは「佐野Ⅱ式」も検出され、仮に伴存するとしても年代的な不整合はない。したがって、「安行3d式」期の「人面文土器」の1系列として、「中栗須滝川Ⅱ系列」を「分類の標準」とする。

次に表2にて「中栗須滝川Ⅱ系列」と同じ「上弦弧文・無」象限として分類

される、矢瀬遺蹟例や下平遺蹟例と比較・検討する。下平遺蹟例（図6-3）は「佐野Ⅰ式」系統の文様が特徴で年代は「安行3c式」前半である。【人面輪郭】は「安行3b式」以降の「ミミズク顔面」の系譜を継承する「T字形眉鼻文」形態に特徴があり、口部が【人面輪郭】に吸収される形態も同様である。土器の文様に影響を受けて口部の弧線区画刺突文が形成される。秩父地方を代表する系統の一つとして本例を「安行3c式下平系列」（以下、「下平系列」と略）と呼び、「分類の標準」とする。久台遺蹟例も口部を装飾する。

　【人面配置】が「無文部独立人面」となる「安行3c式」前半の「下平系列」に対して、人面部周辺のみの破片ではあるものの、顔面形態のみならず【人面配置】も「文様帯内人面」と異なるのが矢瀬遺蹟例（図6-6）である。本例の全体像は不明であるが「角底鉢」の胴部と考えられ、人面を中心として周囲に刺突文を充填する弧線区画などが配され、「天神原式」系統で単位文の発達が認められ、「安行3c式」後半の階段と措定する。【眉鼻文】と【人面輪郭】が「中栗須滝川Ⅱ系列」の母体となる形態と思われ、口部形態は「下平系列」の系統を引く。

　このように有文「精製土器様式」の「人面文土器」は、年代と系統の考察において無文「粗製土器様式」と比して、遥かに精緻かつ豊富な情報をもたらすことがわかるが、それでも「分類の標準」である「赤城系列」と「馬場小室山系列」の「安行3c式」内細別決定に威力を発揮しないのは、両系列間の関係が顔面の形態変化により新古関係とはならないからである。このため、両系列間に新古の変化を洞察するためには「第三のクロス標準」が必要となる。

　特に両系列間の「第三のクロス標準」は、有文「精製土器様式」により細別が決定されること、および両系列に共通する「上弦弧文」の形態学が可能でなければならない。その両者を満足する「人面文土器」が存在すれば、無文「粗製土器様式」でも型式学への参画が可能である。

　この条件を満たす「第三のクロス標準」は、表2に照らし合わせて千網谷戸遺蹟例（図7-1）のみであり、しかも文様構成などに多くの手掛かりが備わる優品である。土器の形態における特徴は、低平な4山の突起文と列点文にある。突起文を付すのは「赤城系列」と「中栗須滝川Ⅱ系列」であるが、人面部に集約させる配置は「中栗須滝川Ⅱ系列」の特徴である。列点文は力強い施文で弧線区画内を複列施文するのは「安行3c式」後半の作法で、「赤城系列」よりも「安行3d式中栗須滝川Ⅱ系列」にかなり近い年代的位置に比定されることと調和的である。

　人面の形態にも特記すべき特徴が観られる。頭部に相当する横幅の広い突起には幾何学的な区画に列点を充填する文様を配するが、頭部の装飾は「遮光

器型土面」(金子 2001)
と共通する意識である。
「上弦弧文」は隆帯表
現であるが「馬場小室
山系列」と共通する上
弦＋弧となる構成が指
摘され、「人面輪郭」も
沈線表現による二重輪
郭内を複列（部分的に羽
状）の刻文帯で、これま
での類例の中では唯一
「馬場小室山系列」と
共通する輪郭文構成と
なり、眉や眼の隆帯上
の刻文と併せて遺蹟間
の距離が近い「赤城系
列」よりも、離れている
「馬場小室山系列」と
密接な人面表現関係に

図7 「安行3c式千網谷戸系列人面文アッセンブリジ」
1：「人面文土器」 2：土版

ある。とはいえ、頭部の装飾をはじめ、眉毎や眼毎に付される鬚文風の装飾などの違いも大きく、口部が不明ではあるが「千網谷戸系列」と命名し、「安行3c式」後半の標準とする。「馬場小室山系列」と「千網谷戸系列」は、遺蹟間距離が遠いにも拘らず共通する人面表現となるのは同じ年代故であろう。

したがって、「人面文土器」編年に必須な「第三のクロス標準」として、土器の文様帯から「安行3c式」後半に「千網谷戸系列」を整備し、「安行3c式」の人面形態に観られる変化の違いを、年代差系統差と連動させる型式学を経ることにより、「安行3c式」前半に「赤城系列」、後半に「馬場小室山系列」が編年される。

さらに「千網谷戸系列」の人面形態、特に眉・鼻・眼の隆帯文表現と眼の刻文は同じ調査地点から出土した「顔面付土版」（図7-2）にも共有される。顔面裏側の文様から「安行3c式」後半と考察され、年代も調和的であり、同一範疇の人面形態の共有化を分析する視点を「人面文土器―土版による人面文アッセンブリジ」と呼ぶならば、図7で注目される現象は「安行3c式千網谷戸系列人面文アッセンブリジ」と呼びたいと思う。

さて、「人面文土器」の型式学を遂行するに当たり、「土器型式」が示す文様

表 4　大宮台地を中心とした「人面文土器」の年代と系統

		大宮台地	渡良瀬川周辺	利根川上流域	秩父方面
「安行 3c 式」					
	古	(+)	赤城系列	(天神原？)	下平系列
	新	馬場小室山系列	千網谷戸系列	(矢瀬)	(中橋場)
「安行 3d 式」		(東北原)	(+)	中栗須滝川 II 系列	(+)

帯や形態、および人面の作法から「分類の標準」を制定し、概ね年代別の導出
を得たが、残余の 3 例は断片であるため形態情報の欠落が多く、確度は低いが
触れておく。天神原遺跡例（図 6-2）は眼・口部が「赤城系列」の形態と類似
する。大形顔面と尻上り眉の東北原遺蹟例（図 6-7）は「第 4 号住居跡」にお
ける出土遺物の状況および「馬場小室山系列」との比較からは「安行 3d 式」
の可能性が高く、系統的にも異質である。類似形態の久台遺蹟例に注目してい
る。中橋場遺蹟例（図 6-5）は人面形態の「馬場小室山系列」などとの類似か
ら「安行 3c 式」後半に比定するが、ともに確定するための手掛かりは少ない。
　以上、「人面文土器」特有の型式学を展開したが、それらを纏めると表 4 と
なるが、久台遺蹟例に俟つ部分も大きい。

4　結語─馬場小室山遺蹟の「人面文土器」から洞察する地域社会の波動─

　大宮台地周辺の晩期拠点集落には「晩期安行式ムロ」が形成され、馬場小室
山遺蹟と赤城遺蹟ではさらに「人面文土器」が参画する。両遺蹟では地域性豊
かな「板倉沼式」系統の土器群が多様に関与しており、地域社会における新た
な共通基盤の発現として希少な「人面文土器」を洞察するならば、ある時には
「人面文土器」に象徴される特定集団の受容イベントと、その継承関係が世代
を超えて維持・運営される世代継承制度の痕跡が彷彿とする。しかも「人面文
土器」を参画させる世代継承制度は大宮台地周辺に限定されず、さらに縁辺へ
と表 4 に示したような広がりを波動の如く見せている。
　しかし、世代継承制度の痕跡が「人面文土器」に限定される保証はどこにも
存在しない。世代継承制度に希少な人面形態を必要とする状況が生ずるのであ
れば、「顔面付土版」や土製仮面も同様に希少な人面形態を有しており、制度
執行プロセスに関与する痕跡としての可能性が高いであろう。
　大宮台地を中心とした「人面文土器」は、はたして地域社会の構成を深耕す
る具体的な鍵語となりえるか、は起稿に当たり初期の象徴的命題であるが、型
式学が導出する表 4 の地域と年代における離散状況に従えば、「人面文土器」

における人面形態のネットワークには稠密性はなく、むしろ「土器型式」の伝統や交流と連動する現象が彷彿とし、「人面文土器」の広がりに伴う異系統集団の関与にこそ、馬場小室山遺蹟や赤城遺蹟における伴存土器群からもかなり活発な状況が導出される。

「土器型式」移動の活発さは地域間における稠密な展開の痕跡を示すが、他方で「人面文土器」の形態差を生み出す離散的な空間領域の意義、すなわち拠点集落間の移動空間としての影響範囲も示唆しており、しかも非連続的な動向に対しては中間地帯も含めて補完する拠点遺蹟やすでに触れた「人面文土器─土版による人面文アッセンブリジ」、そして今後問題となる土製仮面など異なる形態の介在も措定される。

したがって、「人面文土器」の人面モデルは希少な「人面文土器」ではなく、新たな人面共有化構造モデル（「人面文土器─土版─土製仮面による人面文アッセンブリジ」）の出現を措定させ、文様帯共有現象である「土偶─土版アッセンブリジ」（鈴木正 2010a）との関連も踏まえて「人面文インダストリ論」からの洞察を獲得しなければならない。

最後に、馬場小室山遺蹟の「人面文土器」を「ムロさま」と命名する展望について一言。はたして「晩期安行式ムロ」には、その背景としての「亀ヶ岡文化」は見えないのであろうか、さらに「見沼文化」（鈴木正 2007a）における縄紋式晩期の拠点集落である馬場小室山遺蹟の「第51号土壙」は、累積世代の短期化と施設の縮小化などにより制度自体を細々と継承させ（鈴木正 2011）、やがて所謂「再葬墓」として復活する道筋は見出せないであろうか、「安行3d式」において新たに出現する「網代痕無文深鉢」（鈴木正 2007c）なども含め、晩期中葉の大宮台地とその周辺は表4をより広域に東側は鬼怒川まで拡張することにより「周辺系統の坩堝地帯」と象徴化し、渡良瀬川周辺を中心とし、その周辺の地域社会におけるうねりの多様性を「人面文インダストリ論」から穿ちたいが、すでに紙面はない。

引用・参考文献

青木義脩・小倉　均ほか 1983『浦和市東部遺跡群発掘調査報告書　第3集　馬場（小室山）遺蹟（第5次）』浦和市教育委員会・浦和市遺跡調査会

青木義脩・小倉　均ほか 1988『浦和市東部遺跡群発掘調査報告書　第9集　三室遺跡（第7次）　馬場小室山遺蹟（第18、19、20次）　中原前遺跡（第2次）』浦和市教育委員会

新井和之ほか 1999『大宮市文化財調査報告　第46集　市内遺跡発掘調査報告─東北原遺跡（第4次調査）─』大宮市教育委員会

新屋雅明 1988『埼玉県埋蔵文化財調査事業団報告書　第 74 集　赤城遺跡―川里工業団地関係埋蔵文化財発掘調査報告書―』(財)埼玉県埋蔵文化財調査事業団

岩井重雄 1983「馬場小室山遺跡に於ける考古学的自然景観についての一考察」『浦和市立郷土博物館研究調査報告書』10、浦和市立郷土博物館、pp.37-44

大宮市教育委員会 1971『大宮市文化財調査報告　第 3 集　小深作遺跡』

大宮市立博物館 1997『第 21 回特別展図録―縄文人の顔―』

金子昭彦 2001『ものが語る歴史 4　遮光器土偶と縄文社会』、同成社

鈴木加津子 1991「前浦式研究の一視点」『利根川』12、利根川同人、pp.39-43

鈴木正博 1989a「安行式土偶研究の基礎」『古代』87、早稲田大学考古学会、pp.49-95

鈴木正博 1989b「荒海土偶考」『利根川』10、利根川同人、pp.31-34

鈴木正博 1993「荒海貝塚文化の原風土」『古代』95、早稲田大学考古学会、pp.311-376

鈴木正博 2005「高井東遺蹟から馬場小室山遺蹟へ―「焼獣骨角小片群」「住居址空間多目的利用」、そして「敷土遺構」から所謂「環状盛土遺構」へ―」『埼玉考古』40、埼玉考古学会、pp.3-24

鈴木正博 2007a「第 3 節　「環堤土塚」と馬場小室山遺蹟、そして「見沼文化」への眼差し」『「環状盛土遺構」研究の現段階―馬場小室山遺跡から展望する縄文時代後晩期の集落と地域―』「馬場小室山遺跡に学ぶ市民フォーラム」実行委員会、pp.78-112

鈴木正博 2007b「馬場小室山遺蹟―集落構成としての「環堤土塚」と「第 51 号土壙」『「環状盛土遺構」研究の現段階―馬場小室山遺跡から展望する縄文時代後晩期の集落と地域―』「馬場小室山遺跡に学ぶ市民フォーラム」実行委員会、pp.129-137

鈴木正博 2007c「馬場小室山遺蹟の「窪地」から後谷遺跡の「窪地文化層」へ―大宮台地における晩期中葉「安行 3d 式」生活様式の一様相―」『菟玖波―川井正一・齋藤弘道・佐藤正好先生還暦記念論集―』川井正一・齋藤弘道・佐藤正好先生還暦記念事業実行委員会、pp.1-10

鈴木正博 2009「縄文式前期の漆工技術と「生態型式学」―押出遺蹟における漆器インダストリと「漆と玉の文化史」―」『日本考古学協会 2009 年度山形大会　研究発表資料集』日本考古学協会 2009 年度山形大会実行委員会、pp.211-224

鈴木正博 2010a「「縄紐吊り(操り)土偶」の世界―弥生式土偶の形成と北奥―」『異貌』28、共同体研究会、pp.13-37

鈴木正博 2010b「北の家族、土偶と弥生式編―「村尻容器形土偶」の意義、「泉坂下顔壺」の真相、そして「池上土偶」の正体―」『利根川』、利根川同人、pp.45-59

鈴木正博 2010c「所謂「有髻土偶」出現前夜―三輪仲町遺蹟における晩期後半の

「土偶インダストリ論」を中心として一」『栃木県考古学会誌』31、栃木県考古
　　学会、pp.19-47

鈴木正博 2011「殿内遺蹟における「砂ムロ」と「新たなる価値」一「隠れた秩序」と
　　「継承される価値」の実際一」『東国の地域考古学』六一書房、pp.85-104

鈴木正博・馬場小室山遺跡研究会 2006「馬場小室山遺蹟における「環堤土塚」の
　　研究一多世代土器群を多数埋設する風習を中心として一」『日本考古学協会第
　　72回総会　研究発表要旨』日本考古学協会、pp.45-48

曽根原裕明 1986『中橋場遺跡発掘調査報告書一飯能の遺跡（5）一』飯能市教育委
　　員会

田部井功ほか 1995『秩父合角ダム水没地域埋蔵文化財発掘調査報告書』合角ダム
　　水没地域総合調査会

林　克彦 2000「顔と器一縄文時代晩期の「顔付き土器」について一」『青山史学』
　　18、青山学院大学文学部史学研究室、pp.85-109

林　克彦ほか 1994『中野谷地区遺跡群一県営畑地帯総合土地改良事業横野平地区
　　に伴う埋蔵文化財発掘調査報告書一』安中市教育委員会

増田　修ほか 1985『桐生市文化財調査報告　第8集　桐生市川内町千網谷戸遺跡
　　発掘調査概報 1985』桐生市教育委員会

三宅敦気 2005『上組北部遺跡群Ⅱ／矢瀬遺跡一上組北部地区土地改良事業に伴う
　　埋蔵文化財発掘調査報告書一』月夜野町教育委員会

宮崎朝雄 1976『黒谷田端前遺跡』岩槻市遺跡調査会

茂木　努ほか 2002『中栗須滝川Ⅱ遺跡一縄文時代集落編一　老人福祉施設「栗須
　　の郷」建設に伴う埋蔵文化財発掘調査報告書』群馬県藤岡市教育委員会

吉川國男ほか 1974・1975『埼玉県遺跡調査会報告　第25集　高井東遺跡調査報告
　　書（図版編）／（本文編）』埼玉県遺跡調査会

吉本洋子・渡辺　誠 1994「人面・土偶装飾付土器の基礎的研究」『日本考古学』1、
　　日本考古学協会、pp.27-85

吉本洋子・渡辺　誠 1999「人面・土偶装飾付深鉢形土器の基礎的研究（追補）」
　　『日本考古学』8、日本考古学協会、pp.51-85

吉本洋子・渡辺　誠 2005「人面・土偶装飾付深鉢形土器の基礎的研究（追補2）」
　　『日本考古学』19、日本考古学協会、pp.73-94

渡辺清志 2007『埼玉県埋蔵文化財調査事業団報告書　第336集　熊谷市諏訪木遺
　　跡Ⅱ一県道熊谷羽生腺（熊谷市地内）埋蔵文化財発掘調査報告（第1分冊）
　　一』埼玉県・（財）埼玉県埋蔵文化財調査事業団

コラム

土偶の装飾表現と装身具
―ミミズク土偶と耳飾り―

吉 岡 卓 真

　土偶における装飾表現には、刺青と思われる身体装飾や衣服などを思わせる装身装飾など様々あるが、縄文時代後期後葉の関東地方に分布するミミズク土偶の顔面、耳部において耳飾り表現が見られることが指摘されたのは今からおよそ100年前のことである（坪井1906）。

　耳飾り表現を伴う土偶は、ミミズク土偶に限らず、型式学的に先行する山形土偶にも見られるが、竹管状工具による刺突や小さな穿孔など、その表現は控えめで、ミミズク土偶が作られた時期に活発になる。こうした耳飾り表現が土偶装飾に反映されることと、この時期から顕著になる土製耳飾りの多量出土という現象、およびそこから類推される土製耳飾り着装習俗の隆盛を切り離して考えることはできない。

　ところでミミズク土偶に見られる耳飾り表現は、はじめから図2のような目や口と同じ装飾表現が採用されていたわけではなく、山形土偶からミミズク土偶へと型式学的変化をする中で定着した装飾表現であり、時間的な変遷を伴う。

山形土偶からミミズク土偶へ

　図1は後期中葉の山形土偶である。顔面部は押捺を伴う横長の目が鼻と眉に接し、口は顎状の隆帯の上に円形の貼り付けで表現される。耳部は顎状の隆帯の両端下側に竹管状工具による押捺で表現される。この時期の耳部の表現は、こうした工具による押捺のほかに、穿孔を施すものや粘土瘤の貼り付けによる表現などバラエティーがあり、中でも小さな穿孔を施すものが多い。

　山形土偶の顔面における各パーツ配置の特徴として、両目と口の中心点をそれぞれ結ぶと底辺を上にした縦長の二等辺三角形を描くものが多く、われわれ人間の目や口の配置関係と似たものが多い。

　図2は晩期前葉のミミズク土偶である。こちらは目、口、耳がいずれも円形のボタン状の貼り付けにより表現される。

　ミミズク土偶のパーツ配置の特徴として、両目と口の中心点をそれぞれ結ぶ

図1　山形土偶（椎塚貝塚）（大阪歴史博物館所蔵）　　図2　ミミズク土偶（1）（滝馬室遺跡）
　　　　　　　　　　　　　　　　　　　　　　　　　　　　（東京国立博物館所蔵　Image：
　　　　　　　　　　　　　　　　　　　　　　　　　　　　　TNM Image Archives）

と、山形土偶と違って鈍角な逆二等辺三角形や逆正三角形となり各パーツの配置関係が変化し、さらにどのパーツも同じ装飾表現となる。

　このようにそれぞれ典型的な土偶同士を比較するとその違いは明らかであるが、山形土偶からミミズク土偶への変遷は漸移的であり、その間をつなぐ資料を観察すると、耳飾り表現の変遷過程は明瞭となる。

　図3は後期後葉のミミズク土偶で、図1と図2の間をつなぐ資料である。目や耳の表現、および顔面部のパーツ配置などに山形土偶と近似した特徴が見られる。目の形状は横長の楕円形で、耳は小さな穿孔で表現される。顔面部のパーツ配置も両目と口を結ぶと縦長の逆二等辺三角形を描く。また古手のミミズク土偶の特徴である、刺突を伴う沈線（以下、刺突列沈線）が顔面全体に施される。

　さらに変遷をたどると図4となる。目や口は細かな刻目を伴う円形の貼り付けになり、欠損している耳部もこの時期、目や口と同様の装飾表現になる。ちなみにこの装飾表現は、後期後葉の土器型式である安行2式以降の注口土器などの口唇部や胴部を装飾する突起表現にも用いられており、土偶の時期を推定する手がかりとなる。そして図3で顔面全体を装飾していた刺突列沈線は、目や口の周囲と頬に限定される。ちなみに目、口、耳の各ボタン状の貼り付けに施された細かいキザミは、各パーツの周囲に施された重層する刺突列沈線の一部が変化したものであろう。そしてこの時期になると、顔面部のパーツ配置は縦長の逆二等辺三角形から逆正三角形へ変化し、図2と近似してくる。

　このように山形土偶からミミズク土偶への変遷は、それぞれ異なる表現によ

図3　ミミズク土偶 (2)（余山貝塚）　　　図4　ミミズク土偶 (3)（余山貝塚）
　　　（大阪歴史博物館所蔵）　　　　　　　　　（大阪歴史博物館所蔵）

る顔面パーツがいずれも円形のボタン状の装飾になり、さらにその配置が逆二等辺三角形から、逆正三角形に変化することにある。そして耳飾り表現としてのボタン状の貼り付けが定着するのは、図3から図4の間、目や口の周囲に刺突列沈線のみが周回するものから、それに加えて目や口の貼り付けの縁辺上にキザミが施される時期である。

ミミズク土偶と耳飾り

　ミミズク土偶に土製耳飾りとよく似た装飾が施されることは、研究の初期から今日に至るまで多くの研究者によって指摘されているが、古手のミミズク土偶の耳部には穿孔が施されており、全てのミミズク土偶にその表現が見られるわけではない。それは図3から図4へ至る過程で、目や口がキザミを伴う円形の貼り付けになる少し前の段階に耳部にも同様の表現が採用される。
　そしてボタン状の耳飾り表現を伴う土偶の中には稀に、一般的な耳飾り表現よりも土製耳飾りとよく似た表現が見られる（図5・6）。図5は、土偶の耳飾り表現について坪井がはじめて言及したときに用いた銚子市余山貝塚出土資料で、中央に深い刺突が施され、周囲に粘土瘤を貼り付ける（坪井 1906）。図6の印西市天神台遺跡出土資料は中央と周囲に4ヵ所、粘土瘤を貼り付けて耳飾りが表現される（國學院大學 1989）。これらは現在の利根川に沿う、かつての古鬼怒湾一帯に分布している。
　またこうした粘土瘤を貼り付けた耳飾り表現とは別に、弧状の刺突列沈線や沈線文様で耳飾りを表現した資料が存在するが、それらは千葉市内野第1遺跡

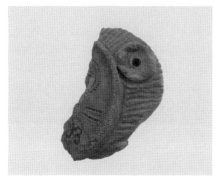

図5 ミミズク土偶の耳飾り表現（1）　　　図6 ミミズク土偶の耳飾り表現（2）
（余山貝塚）（東京大学総合研究博物館所蔵）　　（天神台遺跡）（國學院大学学術資料館（考古学）所蔵）

（古谷 2001）や、市原市祇園原貝塚（忍澤 1999）など、東京湾に近い地域に分布している。ミミズク土偶分布圏の中にも、耳飾り表現の装飾方法に地域差が存在する可能性がある。

　こうした資料の多くは、顔面の一部のみ残存しており、顔面全体の様相を知りうる資料は少ない。しかしながら、目や口の周囲、頬に限定された刺突列沈線などの特徴、および図6の目に施されたキザミ表現を考慮すると、図4の顔面表現に近い。おそらく耳部の表現が小さな穿孔を施すものから、目や口と同じボタン状の貼り付けとなる時期に、こうした装飾表現の採用が活発になるのだろう。

　さて、関東地方において土偶の装飾表現に影響を与えた土製耳飾りそのものは、耳飾り表現が顕著になる山形土偶の時期、縄文時代後期中葉の加曽利B式期以降に出土数が増える。この時期の土製耳飾りは、無文の鼓形で径の小さなものが多い。そしてミミズク土偶の時期である後期後葉安行式期以降、土製耳飾りの出土数はさらに増加し、1遺跡から100点、時には1,000点を超える多量出土遺跡が出現する。この時期になると小形で無文のものに加えて、粘土瘤による装飾を伴うものや、リング状の滑車形をなすものなど、着装部の直径が1cm前後のものから8cmを超える大形のものまで、大小様々なサイズによる形態装飾が登場する。

　通常、これら多様なサイズをなす土製耳飾りを、一人の人物が同時に着装することはできない。土製耳飾りを着装する場合、はじめから大きなサイズを着装することは不可能であり、最初は小さいサイズを着装し、時間をかけて徐々

に耳朶の孔を大きくしながらより大きいサイズの耳飾りへ付け替えていくことが想定される。そして様々な形態装飾が登場する安行式期の土製耳飾りは、各装飾とサイズに相関関係が見られることから、加齢とともに異なる形態装飾の耳飾りに付け替えていく使用方法が考えられる。つまり、この時期の土製耳飾りは、単に美的効果を高めるというより、成長に合わせてサイズと形態装飾を変更し、成人、婚姻、出産などの自らが迎えるその時々のライフステージを他者に視覚的に示すための表示装置としての役割を果たしていたことが想定される（吉岡 2010）。

土製耳飾りの着装者

ミミズク土偶が製作された縄文時代後期後半から晩期前葉にかけて、土偶は主に東北地方から中部地方の東日本で多く製作され、地域性が見られる。その中で晩期前葉から晩期中葉に製作された東北地方の遮光器土偶は、目の表現を誇張させていくことに重点がおかれる一方で、耳部の表現は終始控えめであり、耳飾り表現と思われる小さな穿孔を伴う程度である。そしてこの地域では、土製耳飾りそのものの出土数も関東地方に比べて少ない。

このように同じ時期の土偶であっても、各地域によって顔面表現のどの部分に重点が置かれていたかは様々であり、その装飾表現に見られる差異は、各地域における当時の装身具そのものの出土数の多寡を反映している。

少なくとも関東地方における土偶の顔面表現の中で、耳部表現に対する意識はほかの地域に比べて高かったことは間違いない。それはミミズク土偶の顔面に占める耳飾り表現の大きさに加えて、この地域の土製耳飾りそのものの出土数からも指摘できる。

これまでの土製耳飾りの研究では、その着装者を特定しようとする試みもなされており、人骨に伴う出土事例から着装者の性別や年齢の類推を行ったり、土製耳飾りのサイズを計測し、ライフステージのいつごろから着装を始めたのかといった検討が行われたり、様々な視点から検討が試みられているが明確な結論を得られていないのが研究の現状である。

しかしながら着装者を推定する手がかりとして、土偶製作のモデルとなった対象者を推定することで、着装者を絞り込める可能性はある。

一般的に土偶はその登場から終焉に至るまで縄文時代を通じて「女性」をモデルに製作される。それに加えて関東地方の山形土偶からミミズク土偶の身体表現には胴部の正中線や腹部の膨らみなど、「妊娠」状態を思わせる表現が見

られる。

　つまり、ミミズク土偶の場合、「女性」、「妊娠」といったキーワードと「土製耳飾り」の結びつきは、ほかの地域に比べて密接な関係であったことが窺える。

　したがって、関東地方の縄文時代後期後葉から晩期前葉において、ミミズク土偶の耳飾り表現から類推される土製耳飾りの着装者として、少なくとも「女性」、「妊娠」といったキーワードに当てはまる人物が浮かび上がるのである。

　※本稿は、平成22年度大阪歴史博物館共同研究「高島多米治と下郷コレクション」における委嘱研究者阿部芳郎氏（明治大学教授）との共同成果の一部である。

引用・参考文献

　江坂輝彌 1960『土偶』校倉書房

　江坂輝彌 1990『日本の土偶』六興出版

　忍澤成視 1999『祇園原貝塚』市原市文化財センター

　小野美代子 1984『土偶の知識』東京美術

　瓦吹　堅ほか 1987『特別展　霞ヶ浦の貝塚文化』茨城県立歴史館

　瓦吹　堅 1994『特別展　東国の土偶』茨城県立歴史館

　國學院大學 1989『考古学資料館要覧　小野良弘氏旧蔵資料』

　坪井正五郎 1906「日本石器時代人民の耳飾り」『東京人類学会雑誌』21—241

　坪井正五郎 1909「土製滑車形耳飾り」『東京人類学会雑誌』24—274

　東京大学総合研究博物館 1996『東京大学総合研究博物館所蔵 縄文時代土偶・その他土製品カタログ〔増訂版〕』

　原田昌幸 2010「土偶とその周辺II（縄文後期～晩期）」『日本の美術』No.527

　古谷　渉 2001『千葉市内野第1遺跡発掘調査報告書』第II分冊

　吉岡卓真 2010「関東地方における縄文時代後期後葉土製耳飾りの研究」『千葉縄文研究』4、pp.21-38

第Ⅳ章　土偶コレクションの形成と背景

江原台遺跡出土の土偶（阿部論文）

1 近代における縄文時代コレクションの形成とその活用

─高島多米治採集資料を題材として─

加 藤 俊 吾

はじめに

日本考古学の黎明期、多くの採集家たちが各地で活動していた。多くの遺跡では珍品を目的とした採掘が実施され、なかでも土偶や石棒などの資料は多くの採集家にとって格好の「獲物」とされた。

しかし、そうした行為によって把握された遺跡の存在が中央の学者・研究者たちの活動の情報源として活用され、地名表などの形に結実したこともまた事実である。現在、こうした関係性をひもとく動きがあり（杉山 2003〜2004）、コレクションの内容を検討する成果も公開されてきつつある（関根編 2009・2010）。

大阪歴史博物館に収蔵される「下郷コレクション」もそうしたコレクション群のひとつである。前所蔵者であった下郷伝平（正確には下郷共済会）にちなんで名づけられているが、そのなかに含まれる縄文時代資料は、明治・大正期に高島多米治（唯峰：1866-1960）によって蒐集されたコレクションが中核となっている。採集地は関東から東北地方にわたり、福田貝塚・椎塚貝塚・園生貝塚・余山貝塚などの著名な遺跡が含まれている。現在、大阪歴史博物館では、所蔵するこれらの縄文時代資料の共同研究を推進しており、その成果の一部がすでに公表もされている（阿部ほか 2011）。

高島が採集した資料は大阪歴史博物館以外にもいくつかの博物館において収蔵されており、また、採集地などを墨書きによって表面に注記しているものも多く、当時の採集品のなかでも今日的な価値を有していると評価でき、今後の研究に益するところが少なくないと考える。そのためには高島の活動に関する情報を集約・共有しておく必要がある。

本稿ではこうした意図のもと、前稿（加藤・鈴木 2008）から現時点までの高島多米治に関する情報を、本書のテーマである土偶にまつわるいくつかの知見とともに詳しく見ていくことにしたい。

表1　下郷コレクションに見る土偶出土地別数量

注　記	遺跡名	所在地	数量（点）
床舞	床舞遺跡	青森県西津軽郡森田村床舞	1
獺澤	獺沢貝塚	岩手県陸前高田市小友町	3
宮戸島・宮戸	里浜貝塚	宮城県桃生郡鳴瀬町宮戸	2
吹上	吹上貝塚	茨城県稲敷郡江戸崎町法蓮坊	1
椎塚・椎	椎塚貝塚	茨城県稲敷郡江戸崎町椎塚	36
福田・フク	福田貝塚	茨城県稲敷郡東村福田	53
薬師台・薬師・薬	福田貝塚（薬師台貝塚）	茨城県稲敷郡東村福田	23
園生	園生貝塚	千葉県千葉市稲毛区園生町	1
高石	高石遺跡（貝塚？）	千葉県千葉市緑区誉田町	1
堀之内	堀之内貝塚	千葉県市川市堀之内	1
余山	余山貝塚	千葉県銚子市余山	20
山王	山王遺跡（貝塚？）	千葉県か	1
平山	不明	千葉県か	1
西ヶ原	西ヶ原貝塚	東京都北区西ヶ原	1
不明			37
総計			182

＊このリストは、コレクションの受入時に「土偶」と分類されている一群を対象として計上したもので、
　土器破片資料が集積された一群にも土偶片が含まれる可能性が残る。

1　高島多米治の経歴

　高島多米治自身に関する論考はほとんど試みられることが無かったが、杉山博久氏が先駆的な業績を残し（杉山 1999a）、その後、筆者も前掲の拙稿によって高島の足跡を辿ってきた。本稿でも、まずは高島の経歴を当時の記録から確認しておこう。

　高島の経歴を伝えるもっとも初期の記録としては、『東京医療案内』（明治43年刊行）が挙げられる。

　　「高島歯科医院　京橋区南鍋町一ノ一〇　電話新橋二三四五番／経歴
　　明治十九年米国に渡航し、同二十一年より同二十八年迄歯科医ドクトル、
　　ビーブルンス氏に就きて歯科医学を修業し、翌年同国メリーランド大学歯
　　学部へ入学同三十二年卒業しドクトル、オブ、メデシンの学位を受け同
　　三十四年帰朝し、同三十五年故伊藤公爵に随従して欧州各歯科医学校を視
　　察して帰朝後開業す、次て東京予備病院海軍々医学校に勤務し同四十二年
　　東京慈恵会医学専門学校講師に嘱託せる」

　また、大正元年に刊行された『現代人名辞典』には、

1　近代における縄文時代コレクションの形成とその活用（加藤俊吾）　219

図1 高島多米治（日本歯科大学編 1971 より）と「高島歯科医院」（樫村 1910 より）

　「高島多米治／君は旧福井藩士慶応二年九月を以て生る、明治十八年米国に航しドクトル、ブルンズ氏に就き修学し、二十九年メリーランド大学歯科部に入り、三十二年卒業してドクトル、オブ、デンタルサーゼリーの学位を得、進んでポストグラデュエートコースに在る二年同大学の助手となり、一面一般医学を修めてドクトル、オブ、メデシンの学位を得、尋でニューゼルセー洲ネワルク市に歯科技術所を開き、三十四年伊藤公爵に随従欧州を漫遊し帰朝後直に開業す、当時日本歯科医学専門学校教授、海軍々医学校及東京慈恵院医学専門学校嘱託教授なり（京橋区南鍋町一ノ一〇）」
と見える。「ニューゼルセー洲ネワルク市」とは現在のニュージャージー州ニューアークに合致する。
　記載内容に若干の異同を見るものの、概ねその経歴としては、慶応2年（1866）9月に福井に生まれ、明治19年（1886）、20歳の時に渡米、同29年にメリーランド大学歯学部に入学し、歯科医師ならびに医師としての学位を取得、明治34年にはニュージャージー州で歯科医を開業するが、帰国して明治35年に東京銀座（現在の中央区銀座5丁目）で歯科医師を開業したということが確認できる[1]。
　注目すべきは伊藤博文との交流である。『日本歯科大学60周年誌』によれば、「時恰も明治憲法制度研究のため滞米中の伊藤博文公」の治療をしたことから「伊藤公の知遇を得」、「公の一行に加わり欧洲各地を漫遊傍ら歯科の状況を視察して帰朝」したらしい。また、高島の患者として来院する人物には「皇族をはじめ、伊藤博文、山県有明(ママ)の諸公、その他朝野貴顕紳士」が多かったという（日本歯科大学編 1971）。ここにあがる伊藤とのつながりがどの程度事実を言いあてているのかを検証する手段は今のところないが、高島の経歴を探って

220　第Ⅳ章　土偶コレクションの形成と背景

いくと、たしかに当時の政財界において名の通った人物が散見されることは、高島の採集活動を考える上で注目してよいだろう[2]。

さて、明治36年（1903）、帰国した高島はまず東京人類学会に入会する。同会は、モースによる大森貝塚発掘調査から7年後の明治17年に坪井正五郎ら東京帝国大学人類学教室のメンバーを中心に設立され、すでにさまざまな遺跡を探索していた。その中のひとつである東京都西ヶ原貝塚は、モースによってその存在が指摘されていた貝塚で（E. S. モース 1983）、明治25年に発掘が行われ、さらに明治32年には考古学・人類学に興味を持っていた華族たちの発意によって遺物採集が行われるなど（不明 1899）、東京近郊の採集地として多くの採集家が訪れていたようである。

この年、高島は奇癖会を水谷幻花（1865-1943）や江見水蔭（1869-1934）とともに結成し、翌年の第1回例会において自身の所蔵品として「古代羅馬貨幣八一個」を展示する。ちなみに、江見水蔭は石器時代土器を、水谷幻花は土器と石器を出品している（呑仏生 1904）。

明治37年には集古会、翌38年には考古学会にも入会する[3]。集古会は明治29年に発足した団体で、「談話娯楽の間に考古に関する器物及書画等を蒐集展覧し互に其智識を交換する」（斎藤 1984）という目的のもと活動を行っていた[4]。一方の考古学会も明治28年に三宅米吉を中心として結成され、まさに「考古学」を主たる目的とした初めての研究団体として動き始めていた。

高島の経歴を振り返ったとき、集古会への入会はやや奇異な印象を受けるが、同会は坪井正五郎ら東京帝国大学の関係者や、人類学会のメンバーも加わっており、こうした方面から入会へ到ったものと考えられる。また、集古会メンバーをみると、その目的意識や活動主旨からいくつかのグループにまとめることができる。たとえば、黒川真道など国学や考証学を行っていた人物群、さらに山中共古などの民俗・古銭研究家などである。おそらく、高島にとってこうした研究会への参加は、自身の活動を広げていく上での人脈作りに大いに役立ったのではないだろうか。

さらに、明治38年には自らも加わって太古遺

図2 「伊藤博文」の名前が見える下郷コレクション内の石斧
（大阪歴史博物館所蔵）

跡研究会を作り活動を始める。開会式には坪井正五郎が講演を行い、「当日来会者百余名出品の重なるものは高島、江見、水谷三氏の蒐集品を重なるものとせり」（和田 1905）と報告されていることから、自らの蒐集品を用いた展示会を行ったことがわかる。

明治 39〜42 年は、高島がもっとも活発に採集活動を行った時期であった。このとき、彼のコレクションの中核をなす遺跡である椎塚・福田貝塚や余山貝塚での採集活動が実施されている。他方、本業である歯科医としては、開業していた自身の病院の経営に加えて共立歯科医学校（のちの日本歯科大学）の講師も引き受けている（日本歯科大学編 1971）。

また明治 42 年頃からは、同じ採集家同士の展示会や、東京人類学会主催の土偶展覧会、さらに自身が主催した高島所蔵の蒐集品展覧会などが行われる。同時に、自らの採集活動を論文として報告するなど（高島 1909a・b ほか）、採集家としては特筆すべき足跡を留めている。

ところが、大正 10 年 (1921)〜11 年の頃、突如として高島は自身の蒐集品を滋賀県長浜の下郷共済会（下郷伝平が理事長）に譲渡する。その経緯は現在も詳細がわかっておらず、下郷との接点も明らかにされていない。

いずれにせよ、この移譲が結果的には幸運であった。大正 12 年の関東大震災によるコレクションの滅失を防ぐことができたからである。やや後年の記録ではあるが、昭和 11 年 (1936) 刊行の『紳士録』に見える高島の住所は「品川、下大崎二ノ二九」（現在の品川区東五反田）、同 13 年の『東京府歯科医師会会員名簿』では「銀座西五ノ五ノ八　秀吉方」[5] とあるなど、それまでの所在地情報とは異なっており、震災によって高島自身の医院（ないし居宅）も被害を被った可能性がある。

その後の高島に関する考古学界での記事・記録を筆者は寡聞にして知らない。少なくとも以前のような活発な採集活動を行うことはなく、歯科医としての本分を全うしたのではないだろうか。昭和 35 年、90 歳を超える長寿でその生涯を終えている。

2　高島の採集活動と蒐集品

上述したように、高島多米治の採集活動を特徴づけるひとつの事象として、本人による報告が当時の学術雑誌に掲載されたということが挙げられる。こうした採集家は珍しく、今日高島の活動を復原する上できわめて有力な情報源として活用できる。

高島がもっとも力を注いだ採集活動地である霞ヶ浦南岸の椎塚および福田貝塚については、近年、阿部芳郎氏をはじめとする明治大学のメンバーによって

図3 『Prehistoric Japan』に掲載されている園生貝塚出土土偶（左・中央）とその現状（右）
（大阪歴史博物館所蔵）

当地の様子が報告されており（阿部ほか 2011）、同時に、髙島による当地採集活動をまとめられている。

以下では、下郷コレクションに含まれる遺跡のうち、椎塚・福田貝塚以外に髙島が行った採集・蒐集活動について現在把握できた内容を紹介しておく。

（1） 千葉県市川市堀之内貝塚（高島 1909b）

恐らく、高島多米治がもっとも最初に関わった遺跡がこの堀之内貝塚であろう。明治37年（1904）10月16日、堀之内貝塚で開催された東京人類学会の創立二〇年記念遠足会（第1回遠足会と呼ばれる）に参加し、江見水蔭らとともに滞在を延長した結果、同地で人骨を発見している。現在この人骨は東京大学総合研究博物館において保管されており、刊行物ならびにインターネットにおいて収蔵情報が公開されている[6]。なお、下郷コレクションのなかで堀之内の注記を持つものは土器9点、石器2点が確認されている[7]。

（2） 千葉県千葉市園生貝塚

高島は、明治39年（1906）11月11日の東京人類学会第2回遠足会で園生貝塚に訪れている。下郷コレクションの中には、近年須賀博子氏によって報告されたように（須賀 2009）、この日付以前の墨書注記をもつ資料が確認できる。

園生貝塚から見つかったミミズク土偶（図3）は、N.G.マンロー（1863-1942）の『Prehistoric Japan』において図版が掲載されているが（エヌ．ジー．モンロー 1982, p.212）、図版を見る限りでは、現品では背面に確認できる「園生」という注記は見あたらない。この土偶がどの時点から園生貝塚出土として認知されていたのか再度調べる必要がある。

（3）岩手県陸前高田市獺沢貝塚

獺沢貝塚は、三陸海岸南部の広田湾に面した丘陵に位置すると考えられる貝塚である。高島がどういった経緯で獺沢貝塚を知ったのか、はっきりしたことはわかっていないが、明治43年（1910）に刊行された『気仙郡誌』（岩手県教育会気仙郡部会編 1910）によれば、「明治三十二年帝国大学の命を受けて冬嶺八木奘三郎氏の来郡小友村の貝塚を調査せると、同三九年太古遺跡調査会の唯峰高島多米治氏の来りて同所を発掘調せる」との記載を見る限り、八木奘三郎からの情報によって同貝塚の存在を知った可能性もある。

図4　獺沢貝塚出土土偶
（大阪歴史博物館所蔵）

八木の東北遠征は当時所属していた東京帝国大学からの命を受けてのもので、明治32年7月18日から実施（八木 1899）。獺沢貝塚以外にも、門前貝塚を訪れている。なお、『気仙郡誌』と八木論考には、獺沢採集の土偶・骨角器が図入りで紹介されており、いずれにおいても掲載されている資料が数点ある。下郷コレクション内では、前者図版掲載資料のいくつかを確認できるほか[8]、「明治卅■（判読不能）年七月下旬」の墨書をもつ土器も存在している。ちなみに、現在確認できる下郷コレクションの獺沢採集資料は、土器15点、土偶1点、石器16点、骨角器多数である。

さらに、下郷コレクションには里浜貝塚・東宮など宮城県松島湾沿岸に位置する遺跡からの採集資料も含まれており、特に里浜貝塚の骨角器資料はかなりの数にのぼる。今のところ、高島自身が松島を訪れたという根拠は見つかっていないが、上記獺沢貝塚とあわせて経巡った可能性もあるかと思われる。

（4）神奈川県横浜市三ツ沢貝塚

神奈川県三ツ沢貝塚は明治38年（1905）～39年に、医師であったN.G.マンローによって調査された貝塚である（岡本 2008）。この遺跡に高島が直接関与した形跡は確認できないが、清野謙次は、八木の日記から次のように抜粋・紹介している。「偶ま横浜の一般病院長たるマンロー君が（中略）横浜地方の貝塚を探りて彼是参酌、日本の先史研究を発表せんとの志望を懐き、その為め高島君を訪うて採集品の一覧を望み、兼て我等との会見を求む」（清野 1944）。この「高島君」は高島多米治であるとみてよい。これが遺跡調査からどの程度遡った時点でのことなのかははっきりしないが、明治38年頃のことと考えておきたい。八木・マンローという人物と、高島の関係性がかなり具体的に語られていて興味深い。

マンローが所有していた三ツ沢貝塚出土資料についてみていくと、その移動をめぐって以下のようなことが指摘できる。すなわち、下郷コレクション内には三ツ沢貝塚出土の骨角器が含まれているが、そのうち8点がマンローの著した『Prehistoric Japan』掲載図版と対照可能であった。しかし、これらはマンロー所蔵品とみなされるため（同書序文より）、この著書が刊行された明治41年1月の時点までは、高島のコレクションに三ツ沢貝塚の資料は含まれていなかったことになる[9]。

（5）千葉県銚子市余山貝塚

　余山貝塚には明治41年（1908）〜42年に訪れている（高島1909a）。そもそもは水谷幻花の勧誘によったものらしいが、明治41年の採掘に際して人骨を発見すると、翌年の2月から8月にかけて数度当地にて発掘を行うにいたっている。高島は発見した人骨を小金井良精に送ったと記述しており、現在も東京大学総合研究博物館に保管されている[10]。ちなみに下郷コレクションに含まれる余山貝塚採集資料は、土器50点、土偶20点、土製品48点、石器38点となり、これに大量の骨角器（主にヤス）が加わる。なお、一部は（余山貝塚資料図譜編集委員会編1989）において紹介されている。

（6）交換ないし譲渡による入手が想定される資料

　高島の活動として注目されるもうひとつの点は、採集と併行して陳列会への出品も頻繁に行っていることである。その端緒は明治38年（1905）に上野で開催された第1回太古遺跡研究会への出品と思われるが、早くも翌月には第2回の太古遺跡研究会が開催されており、ここでも所蔵品を出品している（和田1905）。さらに、同年10月の石器時代遺物展覧会（I生1906、不明1906）、12月の第三回太古遺跡研究会（杉山1999a）と立て続けに出品を行っている。特に先述の石器時代遺物展覧会では高島自身が発起人になっており、同名の陳列会は明治41年までに3回行われている。

　明治40年6月、考古学会第12回総集会に際して行われた陳列会で、高島は93点の所蔵資料を出品した。それら（『本邦石器時代骨角器類』）は「陸前国宮戸島、同国気仙沼獺澤、常陸国稲敷郡福田、同郡椎塚、同郡吹上、神奈川県橘樹郡三澤等の各貝塚より発見せしもの」という（不明1907）。三ツ沢貝塚の資料が高島所蔵のものとして紹介されているが、先述したように三ツ沢貝塚資料の所有者がマンローであったことと照らし合わせると、『Prehistoric Japan』刊行の1908年1月から上記陳列会が開催された6月の間に、マンローから高島へもたらされたと推察できる。高島のコレクションが形成された経過を示すケースとして貴重であろう[11]。

　また、二条基弘（1859-1928）という人物も、高島のコレクション形成を考

える上で興味深い一人としてあげられる。公爵であり、貴族院議員も務めた彼は、高島とほぼ同時期に東京人類学会に入会するが、明治32年の西ヶ原貝塚発掘（先述）にも参画している。第1回東京人類学会遠足会にも参加しており、ここで高島と面識を持ったのかも知れない。東京市牛込区若松町（現在の新宿区若松町）にあった邸宅内に銅駝坊人類学教室という名前の展示室を開示しており、明治42年11月に同施設の開館五周年記念として開催した陳列会には高島も出品しているほか、明治43年の石器時代土偶研究会展覧会（不明1910）（図5）にも両者揃って出品するなど、その活動範囲において高島との接点が見いだせる。また、銅駝坊人類学室の所蔵品は二条基弘の死後徳川頼倫・頼貞へと引き継がれ、昭和2年（1927）に東京帝室博物館へと寄贈される（杉山 1999a）。東京国立博物館の目録（井上・松浦 1996）をみると、徳川頼貞が寄贈した資料の発見地が高島蒐集資料の採集地と重なるケースが多いという事実

図5 石器時代土偶研究展覧会（明治43年）の展示風景と
　　　人面装飾付注口土器（辰馬考古資料館所蔵）
中央に高島が出品した人面装飾付注口土器（右）が置かれているのがみえる。

図6　西ヶ原貝塚採集の土偶（大阪歴史博物館所蔵）

に加え、徳川寄贈資料の中にある西ヶ原貝塚発見の土偶頭部模造品（列品番号19858）の原品は下郷コレクション中に存在している（図6）。当時の採集資料において同一遺跡の資料を複数の蒐集家が所有するという傾向はあったが、模造品とその原品を保有しあうという状況は、そこに蒐集品をやりとりするような関係があったことを示しているのではないだろうか。そして、こうした関係は二条基弘との間にだけ存在していたと考えるよりも、多くの蒐集家との間にも共通していたと理解する方が自然かもしれない。

3　下郷共済会への移動とコレクションの分散

　大正10年（1921）、近江商人であった下郷伝平（久道）の遺志を継いで二代目下郷伝平（久成；1872-1946）は私設の博物館を建設する。九鬼隆一によって「鍾秀館」と命名されたこの博物館は、明治36年（1903）に同じく下郷伝平の設立した財団法人下郷共済会が運営を担っており、高島多米治蒐集資料が下郷共済会へ移動していく背景として、この鍾秀館の開館があった。

　昭和2年（1927）、『鍾秀館日本石器時代土器選集』が刊行された（表2）。下郷共済会は戦後になって収蔵品が散逸したため、今となっては、戦前の高島蒐集品を知る上で、このカタログは大変貴重である。

　現在、下郷共済会旧蔵品を所蔵している機関としては、大阪歴史博物館のほかに、財団法人辰馬考古資料館・天理参考館・名古屋市博物館がある。このうち、名古屋市博物館の所蔵が銅鐸であることからひとまず除外すると、現在3つの機関が高島多米治蒐集品を所蔵していることになる。

　辰馬考古資料館が所蔵する下郷共済会旧蔵品のうち、高島蒐集品と思われるものは土器13点、土偶4点、土製品5点、骨角器30点であった[12]。同館所蔵品はコレクションの中でも特に優品といえるものが多い印象を与え、事実、「重要美術品」に指定されたものが13件存在する（福田出土の人面装飾付注口土器など）。同館所蔵の下郷共済会旧蔵品で特に注目されるのは、このような希少性はもちろん、蒐集品を収めていた木箱が残っている点である。中には「下郷共済会」の焼印が押されているものもあり、「下郷共済会」のネームが印字されたラベルも貼付ないし附属している。これらは、高島蒐集品を所蔵する他機関では確認できておらず、おそらく同館のみに遺存しているという点で大変興味深い。同館が下郷共

図7　第二代下郷伝平（久成）
（『鍾秀館日本石器時代土器選集』より）

会旧蔵品を入手した時期は戦後まもなくと考えられるが、その際の経緯を推察する上でも、こうした資料の周縁情報が今後役に立つであろう[13]。

なお、辰馬考古資料館が所蔵する土偶に、千葉県龍角寺採集と言われているものが存在する（辰馬考古資料館 1979、安井 2009）。現品には「幻花」の墨書注記が確認でき、高島と交流のあった水谷幻花が所蔵していた土偶であることがわかる。この土偶がいつ高島の手に渡ったのか、詳しいことはわかっていないが、水谷蒐集品の変遷を窺わせる資料として貴重である[14]。

天理参考館が所蔵する下郷共済会旧蔵品のうち、高島蒐集品と思われるものは、土器29点、土製品3点で、土偶や骨角器は含まれていない。ただし耳飾り3点が『原始文様集』（杉山 1923）に掲載されているものと一致することが確認できた。このほか、下郷共済会も現在11点の縄文時代資料を所蔵している（蓼沼 2009）。

いずれにせよ、下郷共済会旧蔵品がすべて高島蒐集品ではないため、まずは下郷共済会旧蔵品を把握し、その中から高島が蒐集した一群を識別する作業が今後も必要である。

表2　『土器選集』掲載資料一覧

図版番号	枝番	記載名称	記載されている出土地	墨書注記	現在の所蔵先	備考
1		土瓶形土器	常陸国稲敷郡高田村椎塚	椎塚	辰馬考古資料館	
2		土瓶形土器		（注記無）	下郷コレクション（A72-2）	
3		急須形土器	常陸国稲敷郡大須賀村大字福田字薬師台	不明	不明	
4	1	土瓶形土器	常陸国稲敷郡高田村椎塚	椎塚	下郷コレクション（A72-3）	
4	2	異形急須形土器		不明	不明	
5		捉手附鉢形土器		（注記無）	下郷コレクション（A73）	
6		急須形土器		不明	不明	
7		急須形土器	常陸国稲敷郡大須賀村大字福田字薬師台	不明	不明	
8		人面急須形土器	常陸国稲敷郡大須賀村大字福田	福田貝塚	辰馬考古資料館	
9		高坏形土器	下総国海上村余山	（注記無）	下郷コレクション（A143-25）	
10		広口壺形土器	常陸国稲敷郡高田村椎塚	椎塚	下郷コレクション（A51-1）	「明治四拾年一月」
11		波状広口壺形土器	下総国東葛飾郡国分村大字堀ノ内	不明	不明	

228　第Ⅳ章　土偶コレクションの形成と背景

図版番号	枝番	記載名称	記載されている出土地	墨書注記	現在の所蔵先	備考
12		香炉形土器		（注記無）	下郷コレクション（A74）	
13		角底形土器	常陸国稲敷郡大須賀村大字福田字薬師台	（注記無）	下郷コレクション（A69-3）	
14		湯呑形土器		（注記無）	下郷コレクション（A68-11）	
15		鳥形土器	常陸国稲敷郡大須賀村大字福田	（注記無）	辰馬考古資料館	
16		角縁皿形土器		（注記無）	下郷コレクション（A69-8）	
17		鮑貝形土器	常陸国稲敷郡高田村椎塚	椎塚	辰馬考古資料館	「明治四十一年四月」
18		土偶	常陸国稲敷郡高田村椎塚	（注記無）	下郷コレクション（B4）	
19	1	土偶	下総国千葉郡誉田村高石	高石	下郷コレクション（B9）	
19	2	土偶	陸奥国西津軽郡森田村大字床舞	床舞	下郷コレクション（B7）	
20		土偶	陸前国桃生郡宮戸村里浜	余山	辰馬考古資料館	
21	1	土偶	下総国千葉郡都賀村園生	園生	下郷コレクション（B1）	
21	2	土偶（中空）	陸前国桃生郡宮戸村里浜	椎塚	下郷コレクション（B2）	
22	1	土偶（棒形）	常陸国稲敷郡大須賀村大字福田	福田	辰馬考古資料館	
22	2	土偶	下総国印旛郡安食町龍角寺	龍角寺	辰馬考古資料館	「幻花」
22	3	土偶	陸前国桃生郡宮戸村里浜	宮戸島	下郷コレクション（B5）	

　＊『土器選集』に掲載されている写真をもとに原品を比定し、その表面に注記がある場合はこれを「墨書注記」として表中に揚げた。これをみると、『土器選集』の出土地情報と原品に残る注記の内容に齟齬がある資料が散見される。

4　おわりに

　以上、高島多米治によるコレクションの蒐集過程とその後の遍歴について検討してきた。これまではあまり語られることの少なかった東北地方の採集活動に関する情報や、いくつかの蒐集品についてその利用状況を具体的に示すことができたと考える。

しかし、高島が蒐集活動を行っていた時代からすでに100年が経過しており、蒐集品の移動経過を明らかにすることや資料価値を問い直すことには非常な労力を費やさねばならない状況を迎えている。そしてまた、蒐集品であるが故の危険性（改修・改竄・捏造など）には、常に気を配る必要もあろう。

　とはいえ、高島のコレクション研究は以下のような今日的な意義をも持ち得ると再認識する。ひとつは、現在すでに消滅してしまった遺跡に関する情報の獲得であり、いまひとつは、明治期の考古学のありようを映し出す採集家・蒐集家たちの姿である。特に後者の検討はまだ十分とは言えず、コレクションの形成過程や背景を明らかにする上で、蒐集家の歴史観や美術史的素養に迫ることは今後必要になってくるはずである。当時の収集家たちがいかなる動機や見識のもとに活動を行っていたのか。それを明らかにすることは、とりもなおさず、考古学という学問がどのようにしてそれぞれの時代や社会と関わってきたのかをより深く知ることに繋がっていくはずである。

　現在、大阪歴史博物館では高島多米治と下郷コレクションについて共同研究を進めている。いまはまだ上述したような学際的な取り組みには至っていないが、まずは考古学的な知見と成果を蓄積していくことで、多くの研究者にとって価値のあるコレクションであるということを認識して頂けるよういっそうの追求を行っていきたい。

　＊本稿は、平成21・22年大阪歴史博物館調査研究事業における共同研究「高島多米治と下郷コレクション」の研究成果の一部である。

註

1）高島がメリーランド大学に在籍していたことを示す資料として、"Bones, molars, and briefs"（1897〜1899）；University of Maryland（http://www.archive.org/details/bonesmolarsbrief1897univ ほか）があり、また、ニュージャージ州での開業事実については "The New York Times" の記事（1901年7月18日付）から窺うことができる。なお上記文献は川村勝氏（美浦村教育委員会）のご教示による。

2）清野謙次によれば、高島が朝吹英二（実業家）や小宮三保松（司法官、大審院検事や李王職次官など歴任）へ八木奘三郎の就職に関する仲介の労をとっている（清野1944）。

3）前稿では高島の考古学会入会年を明治37年としたが、明治38年の誤りである。

4）集古会は、佐藤伝蔵・大野雲外・八木奘三郎などが発起した会であったが、次第に書画・古文書・古物・民具などを対象に収集・校勘などを行っていた人物が加わるようになり、そうした内容に関する活動が多くなっていったよ

うである（八木 1940）。高島は明治 37 年（1904）3 月刊行の『集古会誌』に
入会者として名前が見え、少なくとも大正 11 年（1922）10 月までは会員で
あったことが確認できる（集古会 1980）。

5）南鍋町一丁目は、昭和 5 年（1930）の区画整理によって銀座西五丁目と六丁
目に分割されており、同一地点の住所表記が変わったようにも見えるが、こ
こにあげた「秀吉方」が「秀吉ビル」（中央区京橋図書館編 1996）であると
すれば、高島の住所であった一丁目一〇とは地図の上からも別地点であり、
転居したとみなせる。

6）筆者は同館 web サイト「縄文時代人骨」（http://umdb2.um.u-tokyo.ac.jp/DJinruis/
TJinruis.htm）より情報を得た。

7）堀之内貝塚採集の資料については、すでに市立市川考古博物館によって図化さ
れている（堀越・領塚 1992）。同書 164 頁第 16 図 4 は、『Prehistoric Japan』
でも掲載されている（エヌ．ジー．モンロー 1982）。なお、本稿で提示する下
郷コレクションの数量は受入時の台帳に記載されている情報をもとにカウント
したもので、今後の確認作業によって増減があることをお断りしておく。

8）同書巻末の第二図はその出土地に関する記載が無い。本文の記述内容から獺
沢採集と判断したが、下郷コレクションにある現品（収蔵記号：考 5487）は
「宮戸島」の墨書注記をもつため、今後の検討を要する。

9）前稿では、三ツ沢の資料を高島が入手した時期を明治 38 年（1905）の石器時
代遺物展覧会だったのではないかと考えていたが、ここに訂正しておく。

10）前掲註 6 に同じ

11）ちなみに、マンローが所有していた三ツ沢貝塚の石器は、明治 39 年（1906）
の 11 〜 12 月頃に東京帝室博物館に寄贈されている（水鳥 1906）。

12）同館所蔵の下郷共済会旧蔵品とされるもののなかから、出土地や墨書注記の
有無といった基準で選出および実見のもとにカウントした数量である。判断
に窮するものについてはひとまず除外している。以下、天理参考館所蔵品に
ついても同様。

13）また、同館と天理参考館、さらに大阪歴史博物館下郷コレクションに共通する
数字の注記が土偶・土製品について確認できる。さらに、前 2 館には同じ体
裁の紙ラベルが土器において貼付されていることも確認できているが、これ
らの数字が何に基づくものなのかについては今後の検討を必要とする。

14）八木奘三郎によれば、昭和 15 年（1940）頃までは水谷はその蒐集品を自身の
手元に保管していたことが窺える（八木 1940）。また、水谷が蒐集した遺物
として著名な福田貝塚出土版は、戦後数人の手を経て、現在東京国立博物
館の所蔵となっている（杉山 1999b、井上・松浦 1996）。

謝辞

本稿を作成するにあたり以下の方々にお世話になった。記して感謝の意を表します（敬称略・五十音順）。

青木政幸（辰馬考古資料館）、阿部芳郎（明治大学）、上條信彦（弘前大学）、川村勝（美浦村教育委員会）、下郷伝平（財団法人下郷共済会）、須賀博子（松戸市教育委員会）、樋口輝雄（日本歯科大学）、藤原郁代（天理参考館）、八木勝枝（岩手県立博物館）

また、『気仙郡誌』の入手に際して陸前高田市立博物館の佐々木洋氏に大変お世話になった。筆者が獺沢貝塚を訪れた昨年8月に同書のコピーを頂戴したが、残念なことに2011年3月11日の東北地方太平洋沖地震のため早世された。謹んでご冥福をお祈りします。

引用・参考文献

Ⅰ生 1906「石器時代遺物展覧会」『東京人類学会雑誌』22—248、東京人類学会

阿部芳郎・阿部　藍・與石梨枝・斉藤　郁・杉木有紗 2011「考古コレクション形成過程に関する基礎的研究　下郷伝平コレクションにおける椎塚貝塚・福田貝塚資料の由来」『駿台史学』142、明治大学

E. S. モース（近藤義郎・佐原真編訳）1983『大森貝塚』岩波文庫、岩波書店

井上洋一・松浦宥一郎 1996『東京国立博物館図版目録　縄文遺物篇（土偶・土製品）』　東京国立博物館

岩手県教育会気仙郡部会編 1910『気仙郡誌』

エヌ．ジー．モンロー 1982『Prehistoric Japan』第一書房（1911年再版本の復刻）

岡田茂弘・宇田川浩一 2000「園生貝塚」『千葉県の歴史』資料編考古1　千葉県

岡本孝之 2008「マンローの考古学研究―横浜時代を中心に―」北海道大学アイヌ・先住民研究センター特別講座（※講演資料をPDFとしてWEB配布。http://www.cais.hokudai.ac.jp/archive/pdf/munro.pdf）

樫村平吉 1910『東京医療案内』暁声社

加藤俊吾・鈴木正博 2008「黎明期の考古コレクションと貝塚研究」『季刊考古学』105、雄山閣

清野謙次 1944「先進考古学者としての八木奘三郎氏」『増補版満州考古学』荻原星文館

斎藤　忠 1984『日本考古学史辞典』東京堂出版

集古会編 1980『集古』（復刻版）第2巻～第4巻、思文閣出版

須賀博子 2009「園生貝塚の研究史と後晩期の大型貝塚」『東京湾巨大貝塚の時代と社会』明治大学日本先史文化研究所　先史文化研究の新視点Ⅰ、雄山閣

杉山寿栄男 1923『原始文様集』工芸美術研究会　（北海道出版企画センターにより

1978年に再刊。こちらを参照した。）

杉山博久 1999a「藤森栄一が評価した研究者―高島唯峰」『魔道に魅入られた男たち　揺籃期の考古学界』雄山閣出版

杉山博久 1999b「貝塚発掘の驍将―水谷幻花」『魔道に魅入られた男たち　揺籃期の考古学界』雄山閣出版

杉山博久 2003～2004「探求に熱心なる人（1）～（6）―若林勝邦小伝―」『考古学雑誌』87―1～88―2、日本考古学会

関根達人編 2009・2010『佐藤蔀　考古画譜』Ⅰ・Ⅱ、弘前大学人文学部附属亀ヶ岡文化研究センター

高島唯峰 1909a「貝塚叢話（其の一、下総国余山貝塚の人骨）」『考古界』8―5、考古学会

高島唯峰 1909b「貝塚叢話（其の二、下総国堀の内貝塚の人骨）」『考古界』8―6、考古学会

財団法人辰馬考古資料館 1979『東日本の縄文文化』（1979年秋季展）財団法人辰馬考古資料館

蓼沼香未由 2009「下郷共済会所蔵の東関東後期縄文土器」『利根川』31

中央区京橋図書館編 1996『中央区沿革図集』第3巻〔京橋篇〕

呑仏生 1904「奇癖会」『考古界』3―9、考古学会

日本歯科大学編 1971『日本歯科大学60周年誌』

堀越正行・領塚正浩 1992『堀之内貝塚資料図譜』市立市川考古博物館研究調査報告第5冊、市立市川考古博物館

水鳥 1906「ドクトル、マンロー氏の石器」『考古界』6―2、考古学会

八木奘三郎 1899「東北地方に於ける人類学的旅行」『東京人類学会雑誌』15―163、東京人類学会

八木静山 1940「明治時代の先史古物採集家」『民族文化』2、山岡書店

安井健一 2009「辰馬考古資料館所蔵龍角寺出土土偶について」『千葉縄文研究』3、千葉縄文研究会

余山貝塚資料図譜編集委員会編 1989『余山貝塚資料図譜』國學院大學考古學資料館

和田千吉 1905「太古遺跡研究会」『考古界』5―1、考古学会

不明 1899「貴公子の貝塚調査」『東京人類学会雑誌』15―164、東京人類学会

不明 1906「石器時代遺物展覧会」『考古界』6―1、考古学会

不明 1907「考古学会総集会」『考古界』6―9、考古学会

不明 1910「石器時代土偶研究展覧会」『東京人類学会雑誌』25―288、東京人類学会

コラム

江見水蔭旧蔵千葉県江原台遺跡の土偶の行方

阿 部 芳 郎

はじめに

　江見水蔭は明治時代に活躍した考古探検家で、文筆家としても著名である。江見は関東地方を中心とした遺跡を踏査し、膨大な資料を収集・所蔵したことで知られ、その著作（江見 1907・1909）は多くの読者を得た。しかし、江見が旅行先で客死したこともあり、膨大な資料はその後散逸し、現在ではその中のいくつかが散在して確認されているのみである（東京国立博物館 1996）。

　ところで今日の土偶研究において、たびたび取り上げられてきた晩期土偶に千葉県佐倉市に所在する江原台遺跡の土偶 2 点がある。これも江見の採集によるものであるが、江見の著作『地中の秘密』にそのうちの 1 点の図が掲載されているだけで（図 1 右）、他の 1 点は永らく杉山の写真（杉山 1928）によって知ることができるものの、その所在は不明であった。これまでの土偶研究で用いられてきたのは、鷹野光行が杉山の写真からトレースして作図したものである（鷹野 1983）。その後、これら 2 点の土偶は藤沼邦彦によって実物の鮮明な写真が引用されるところとなり、当該資料が宮城県教育委員会に所蔵されていることが判明した（藤沼 1997）。

　小論では、この土偶が江見の発掘後考古コレクションとしてどのようにして利用されたのか、その流転の履歴を追いながら土偶研究の一断面を紐解くことにしよう。

土偶の発見

　戦前に広く江原台遺跡として呼称されていた遺跡は、今日では曲輪内貝塚と呼ばれる縄文時代後・晩期を主体とした集落遺跡である（阿部 2003・2007）。本論では学史的な意味を含めて「江原台遺跡」の名称を用いる。

　江見の著作の『地中の秘密』によると、1904 年（明治 37）1 月 7 日に一度目の踏査に赴いていることがわかる。土偶は第 3 回目の同年 3 月 6 日の発掘で採集されたものである。土偶の発見は、同行の「望蜀生」が発見したもので、わずか 2・3 尺四方の発掘で「続いて腕部、脚部、出るわ出るわ土偶ばかり。見る間

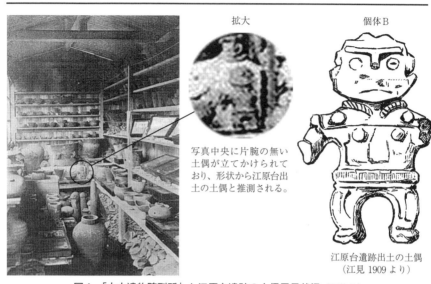

図1 「太古遺物陳列所」と江原台遺跡の土偶展示状況（個体B）

に土偶で山を積んだ」という。しかし、これらの土偶は、開墾で発見されたものを農夫が気味悪がって埋めたものであったらしい。ここからは「何でも土偶の顔面手足等26・7個も出たろう。」という記述があるが、本稿で触れる2点の土偶と江見が著作で挿図として用いた頭部1点を除いてこれらの土偶の所在は不明である。

　この土偶の出土状況の真偽については、江見の記述によると、最終的には農夫の証言と埋めた場所の一致をみていないので不詳とせざるを得ない。同じ調査で江見が別地点から発見した土偶も、晩期のほぼ同じ時期の土偶顔面であることから、江見らの発掘地点が晩期の土偶集中地点に当たっていた可能性も捨てきれない。同様な状況は近年では、佐倉市遠部台遺跡[1]においても認められるからである。

江原台土偶の利用履歴

　江原台の土偶は杉山寿栄男による『日本原始工芸』(1928) に2点が写真で掲載され、以後関東地方の晩期の土偶として多くの文献に利用されることになる（図2）。この時点での所蔵は「東京・江見水蔭氏」となっている（杉山前掲）。江見は1934年（昭和9）に旅行先の松山で死去しているので、その後も

図2　江原台の土偶（杉山 1928）

しばらくの間は江見に所蔵されていたことになる。

　この2点を掲載順に個体A・Bと呼称することにする。片腕を欠損したのみで全形が遺存している個体Bは、江見の私設展示室である「太古遺物陳列所」に展示されていたことが『地底探検記』の巻頭写真を微細に見ることによって確認できる（図1）。本書は明治40年8月7日発行の奥付をもつことから、少なくとも発掘の3年後には江見の手元で広く人々の目に触れることになっていたのであろう。またこの写真による限り、個体Aは展示されていない。

　個体Aは杉山（1928）の写真（図2）によると、正面右側の肩から胸、そして下半身までの色調が暗く異質である。脚部にも石膏補修を示すような白色の部分がある。このように、個体Aはその色調から、かなりの修復部分があることが推測される。

　戦後では江坂輝彌の『土偶』（1960）の中で個体Aの写真が使われ、写真のキャプションには「故杉山寿栄男氏旧蔵品、戦災で焼失」と記されている。杉山寿栄男の自宅と収蔵施設は1945年の「3月の幾日かの新宿方面空襲の時に、彼自身信じ切っていたお御堂」（筆者注：鉄筋コンクリート製の合掌造りの収蔵施設で杉山自身は「千寿堂」と呼んでいた（藤沼1997）。）に熱気が入り込み、資料が蒸し焼きになって焼失したという（酒詰1967）。江坂のいう「戦災」がこれを指すのであれば、1928年以降1945年までの間に、土偶の所蔵者が江見から杉山に変わったことになる。

模造品の存在

　東京国立博物館収蔵資料の中には、土偶（模造）〈22564〉とされた江原台遺跡出土の個体Aがある。受理次第には「1935（昭和10）年4月巽一太郎氏より

顔面や胴部の表裏面には線状の接合痕が残り、また胴部に描かれるⅠ字文や中心の単位文様の一部分に不鮮明な個所が認められる。これらは現存する実資料の修復状況と酷似しており、修復後に精巧な型取りがおこなわれたことを示唆する。

図3 東京国立博物館の土偶模造品（東京国立博物館所蔵　Image:TNM Image Archives）

購入　出土地：原品　千葉県佐倉市江原台」とある（東京国立博物館 1996）。
　まぎれもない個体Aである。巻末の遺物別一覧表によれば、高さ 24.8、幅 19.1、厚さ 5.0cmとある。その材質は明記されていないが、おそらく石膏であろう。表面は褐色系の着彩が施され、杉山の写真にみるような色調の違う部分は認められない。
　その一方で、個体Aに特有の顔面や肩口にかけての亀裂は、ほぼ杉山の写真で確認できるものと同様である。土偶の模造品の製作に関しては、古くは梅垣焼に代表されるように、粘土で製作し、本物と見間違えるほどの再現性で焼成された贋作が製作され、広く流通したことが知られる（江坂 1960）。これらは完形品の贋作であり、好事家たちに愛玩され、骨董品として広く流通した。
　東京国立博物館収蔵の個体Aの模造は、これに対して、完全に復元された出土品そのものの型取りをおこない、破損部や亀裂も含めて忠実に再現されている点に大きな差異が指摘できる。こうした型取りの技術が具体的にいかなる技法によって、また誰がおこなったのかは不明であるが、寄贈年代からすると、実物の所蔵が江見から杉山に移った以後に成された可能性がある。また杉山寿栄男の動向をまとめた藤沼邦彦によると、杉山は「江見の晩年にはその遺物を

一括して譲り受けている」（藤沼 1997）というので、その可能性は高まる。

東北歴史博物館収蔵の土偶

　一方、現在個体A・Bと『地中の秘密』に掲載された遮光器土偶の頭部の実物は、現在東北歴史博物館に収蔵されている。実物を観察した結果、東京国立博物館の個体Aの模造品の法量が実物と同じであることが確認でき、実物の型取り製作であることが改めて証明できた。

　個体Bは杉山の写真では右腕を欠損しているだけだが、現存品は左腕も欠損

図4　東北歴史博物館収蔵の土偶（東北歴史博物館所蔵）

している。また背面が黒色に煤けているように変色している部分があり、これが江坂の指摘にある「戦災による焼失」の傷跡であるのかもしれない。

　実物が現存し、つぶさに観察できるのは今日の土偶研究にとっても意義は大きい。例えば個体Aの眼は沈線による縁取りが認められないのに対して、個体Bは明瞭な沈線が周回しており、左目は粘土粒の貼付は剥離して円形の縁取り沈線のみが残存することや、個体Bには乳房が小さな隆起表現によっているのに対して、個体Aでは全く消失していること、個体Bは腹部が括弧状の単位文を中心として両脇にＩ字文が配置されるが、個体Aでは連続したＩ字文のみが描かれるなど、複数の点において個体Bから個体Aへという時間的変化が読み取れる。また一方で、後頭部の表現は個体Bを参考として個体Aの復元がおこなわれたらしく、型式学的な比較に際しては注意が必要である。こうした知見は、東関東地方におけるいわゆる「Ｉ字文土偶」の型式学的な理解に重要な情報となろう。さらに個体Aの脚部は表面が無文である反面、裏面には隆起帯が巡り、凹線が施されており、こうした実例を筆者は知らない。補修部分の正確な判別が前提となろうか、別個体の脚部（あるいは腕部）である可能性も残されている。個体Bに比べ重量が異常に重いという所見も書き留めておきたい。

　また杉山の写真（図2）によれば、個体Aの頭部には小突起があるが、現存する資料には認められず、平坦な修復痕があり、これは戦災以後の修復である可能性が高い。

　本稿では江原台遺跡から発見された2点の土偶の数奇な運命を跡づけた。未だに明らかにできない部分も多いが、精巧な模造品がどのように活用されたのかという点については、単なる愛玩品とは異なり、考古遺物研究のレプリカとして研究者の間で所有・利用された可能性もある。

　梅垣焼などの愛玩品製作とともに、戦前に学術的な目的でのレプリカ作成がおこわれていたとすれば、戦前における考古資料の活用方法としても注目すべきことである。

　最後に現存する江原台遺跡の土偶の実見においては東北歴史博物館の手塚均、柳澤和明の両氏のお世話になった。記して御礼申し上げたい。

註

　1）　筆者らが2000年に調査した際には、調査地点の一角から前浦式期の土偶片
　　　（手・足・胴部）が集中して出土している。報告書作成中。

参考・引用文献

阿部芳郎 2003「土器塚をつくる縄文後・晩期のムラ」『縄文社会を探る』学生社

阿部芳郎 2007『縄文時代における地域社会と遺跡形成に関する構造的研究』平成15～18年度科学研究補助金研究成果報告書

江坂輝彌 1960『土偶』校倉書房

江見水蔭 1907『地底探検記』博文館

江見水蔭 1909『探検実記　地中の秘密』博文館

酒詰仲男 1967『貝塚に学ぶ』学生社

杉山寿栄男 1928『日本原始工芸』

鷹野光行 1983「安行式の土偶覚え書」『歴史公論』9―9

東京国立博物館 1996『東京国立博物館図版目録』縄文遺物篇（土偶・土製品）

中山清隆 2001『「地底探検記」の世界』解説・研究編、雄山閣

藤沼邦彦 1997『縄文の土偶』歴史発掘3　講談社

藤沼邦彦・小山有希 1997「原始工芸・アイヌ工芸の研究者としての杉山寿栄男（小伝）」東北歴史資料館研究紀要第23巻　東北歴史資料館

第Ⅴ章　座談会

土偶研究と縄文社会

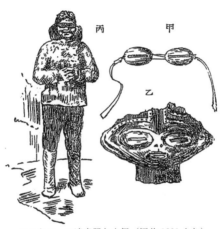

エスキモーの遮光器と土偶（坪井 1891 より）

参加者
　安孫子昭二　　鈴木正博　　上野修一
　八木勝枝　　司会：阿部芳郎

土偶研究の歴史

阿部 それでは、これから土偶と縄文社会の座談会をはじめたいと思います。土偶は古物収集のなかでもコレクションの対象として多くの好事家たちが競って集め、また古く明治時代より人種民族論争の中でも注目されてきた遺物の1つでした。

その当時の土偶研究は、有名な坪井正五郎によるエスキモーの遮光器と東北地方晩期の土偶の類似性（図1）や、顔面や口の周辺の刺突や文様を刺青とみたてて、それをアイヌの習俗と比較するなど、民俗・族事例との比較がさかんでした。こうした土偶研究の黎明期ともいう時期の研究について、今日的にどのように評価できるのか、はじめにまず安孫子さんと鈴木さんに伺いたいと思います。

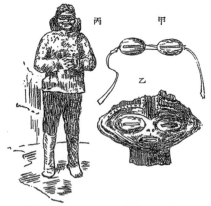

図1　エスキモーの遮光器と土偶
（坪井正五郎 1891「ロンドン通信」
『東京人類学雑誌』5—52）

安孫子 わたしは以前、青森県宇鉄遺跡の遮光器土偶のことを調べた

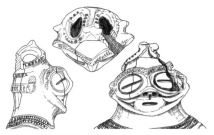

図2　青森県宇鉄遺跡の土偶（部分）
（安孫子 1997）

時に、坪井正五郎の『ロンドン通信』に掲載された遮光器土偶のことなどを参考にしたことがあります。宇鉄土偶の目は、一面では遮光器に良く似ているのですが、耳もちゃんと在るし、鼻の表現がとてもリアルなんです。つまり実体は、素顔を隠すためのマスクというかゴーグルをした仮面土偶の一種なのですね。わたしは宇鉄の土偶を遮光器土偶のはじまりに置いて、それが次第にデフォルメされて遮光器土偶になったと考えています（図2）。

阿部 遮光器土偶の初期は仮面をかぶった表現であったということですね。あとは、図3に示したように、ミミズク土偶の耳飾り表現ですね。これは千葉県余山貝塚の資料から坪井正五郎が指摘していますが、実際に

関東地方の安行期になると遺跡から耳飾りの出土量が増加していることが注意されています。こうした女性の装身具の発達した表現形態もあります。さらにまた、土偶の顔面表現に着目しかなり広い地域と時間幅の中で、関係資料を集めて比較しているので、まだ、時間的な関係や地域性といった面が意識されていなかったようです。

安孫子 そうですね。

阿部 こうした研究はその後昭和の前半期になると、縄文土器の型式学的な研究の推進と連動して、土偶の型式学的なまとまりを考えたり、その分布を検討したりする視点がでてきます。

　図4は甲野勇による土偶の分類です。こうした研究の中に以後につづいてゆく、土偶研究の型式学的な研究の流れを見てとれると思います。

鈴木 記述考古学という枠組みが未熟な明治期の考古学ですから、まず、遺物を説明するに際して体系的な記述の知識が確立していないわけですよ。だからその知識を何かに求めなければならない。そうした結果が、民俗・族学的な成果を参照するようになった。だから、その結論が良い、悪いというのではなく、まだ考古学がそうした試行錯誤の段階にあった時代だろうと思います。それでもとくに大野雲外（延太郎）の安産のお守り説と、鳥居龍蔵の女神説などは大変興味深く、わたしもそうした考えについては自分の研究のなか

図3　土偶の耳飾り表現と土製耳飾り
（大野延太郎 1925「同耳飾石環について」『古代日本遺物遺跡の研究』）

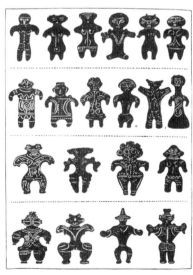

図4　甲野勇の土偶の分類
（甲野　勇 1928「日本石器時代土偶概説」『日本原始工藝概説』）

土偶研究の歴史　243

で参考にしたことがあります。

阿部　それは具体的にどのような点なのですか。

鈴木　安産のお守り説は非常に個人的なパーソナルユースとして考えることができ、それは私がかつて指摘した下位土偶であって、また女神説にあたるものが上位土偶なのです。もちろん、こ

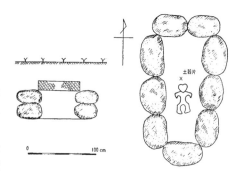

図5　郷原遺跡の土偶埋納状況
（江坂輝彌 1960『土偶』）

うした一意の用途は土偶の規定とは直結はしないだろうと思いますが、わたしの土偶研究はこのような構造的な考え方を枠組みとして捉えなおしたものなのです。

阿部　それは埼玉県桶川市高井東遺跡の土偶でしょうか。

鈴木　そうですね。まず考えるべきことは見て直感的にわかる形態学です。だからこそ、自分の思考プロセスをきちんとたどれるようにしないといけない。そのためには一通り土偶の研究の歩みを知らないと不備だと思います。

阿部　大正時代の後半から昭和初期にかけて甲野勇や山内清男らの型式学的な研究がはじまります。こうした研究の視点を引き継いだ研究者に江坂輝彌先生がおり、『土偶』というはじめての土偶の学術書が昭和35年に刊行されます。その末尾には、県別の土偶の出土量が示された地図があります。こうした研究によって、土偶は縄文時代の中で一様に存在しているわけではなく、多い地域と少ない地域と時期がある、ということが視覚的にもかなり明確になってきたのではないかと思うのです。そのずいぶん後になるのですが、国立歴史民俗博物館（以下歴博）が中心となっておこなった土偶データベースの構築によって、地域ごとの土偶の詳細が次第に判明してきます。

江坂先生の本の中では、地域ごとの土

阿部芳郎氏

偶の特徴を整理し、1つは偏在性があることを指摘されました。そしてもうひとつは遺跡における土偶の出土状態に着眼しています。図5は群馬県郷原遺跡の有名なハート形土偶の出土状況です。いずれも重要な視点です。

安孫子昭二氏

土偶の偏在性と地域性

阿部　さて安孫子さん、こうした研究の流れの上に立って土偶の偏在性という点についてはどのようにお考えですか。具体例を示していただきながらお話いただけますでしょうか。

安孫子　中期後半の関東地方南西部には、小形の見栄えがしない土偶が出土するのです。漠然と加曽利E式の土偶とされていましたが、1990年ごろに資料収集したところ多摩地域に分布の中心があり、しかも加曽利E式というよりも連弧文土器に伴うらしいと見当がつきました。その後、さらに発掘調査につれて資料が増えて、いまでは多摩丘陵の北部から相模野台地の北半にかけて濃密に分布しており、連弧文土器から次の加曽利E・曽利折衷タイプ（新戸・原山型）の時期、つまり加曽利E2式期からE3式前半期に伴うことがはっきりしてきました（第Ⅱ章97頁、図7参照）。

阿部　江坂先生のお示しになったような図をもっと地域ごとに詳しくみると、より複雑な土偶の在りようが見えてくるということでしょうか。

安孫子　江坂先生の土偶分布図は、縄文時代全体を包括して各県別の出土量を相対化したもので、あの時点では分かりやすかったですね。いまは全国の土器編年も細分化されていますのでもっと細かい時間軸で見る必要がありますし、そうすればより複雑な状況が見えてくると思います。

鈴木　土偶の偏在性の学史については「貝塚土偶」がはじめだと思います。貝塚遺跡から土偶が出るという現象が貝塚からたくさん土偶が出ると考えられたわけです。しかし、貝層からはあまり出ないのです。たとえば亀ヶ岡の時期を見ても、三陸の貝塚から多数の土偶が出土する事例は少なく、むしろ内陸の遺跡から立派な遮光器形土偶が出るのです。

安孫子　わたしも東京の土偶の学史を調べましたら、明治から昭和のはじめまでは都心の貝塚地帯に目が向けられていましたから、後期の土偶の発見

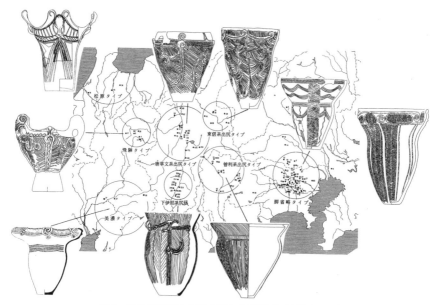

図6 各地の背面人体文土偶と土器様式 （安孫子 2001）

例が多いのですね。それが昭和40年ころから多摩ニュータウンをはじめ三多摩の開発が進むと、中期の土偶もどんどん発見され、42年には早くも区部の発見数を凌駕しました。いまでは全体の8割以上が都下の発見でしょう。

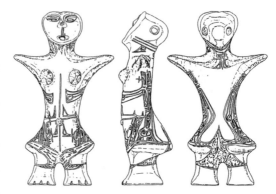

図7 長野県坂上遺跡の土偶
（富士見町教育委員会 1988『唐渡宮』）

　歴博に居られた八重樫純樹さんと小林達雄さんを柱に全国規模で土偶研究会がもたれ、資料収集にあたりました。平成8年に「中部高地をとりまく中期の土偶」というシンポジウムをやりましたが、各県の研究者が土偶を持ち寄って情報交換したところ、それまで地元の中期後半の土器型式に伴う在地の

土偶とばかり思っていたものが、じつは長野県坂上遺跡の土偶に代表される人体文（背面人体文）という文様デザインで共通する土偶がかなり広域分布することに気がついたのです。東京・神奈川では連弧文土器、山梨では曽利式土器、諏訪から上伊那では唐草文土器、下伊那では何型式になりますか、それぞれ地域に個性的な土器型式が分布していて、土偶を保有していることが分かったのです。

阿部　なるほど、それはつまり一つの型式学的な特徴をもった土偶が複数の土器型式に伴うということですね。

安孫子　逆に言うと、土偶で共通するネットワークをもつ文化圏の中にいくつもの地域集団が居て、それぞれの集団が土器型式でアイデンティティーを誇示している状況だと思うのです。

阿部　江坂先生の本をみると、当時は土器の型式編年が先行しておこなわれているので、まだどの土器型式にどの土偶が伴うのかという調べ方をされていますね。その後、土器型式はより細かな時間的な細別、地域性の把握にむけて研究がすすめられ、そうした成果の上に安孫子さんがご指摘されたような多摩ニュータウンでの中期の状況が浮かび上がってきたということでしょうか。鈴木さんは縄文文化の中で土偶をどのようにお考えですか。

鈴木　やはりごく大きな範囲で前期以降の縄文式文化は東日本を中心にして発達し、それが西日本に影響したのだと考えています。

阿部　西日本の中でも熊本などで飛び地的に多出地域が出てきますが。

鈴木　後期以降では東日本の影響が強いので。しかし、こうした飛び地的な地域に土偶がなぜ必要とされたかという点はまた別な議論になると思います。

阿部　要するに土偶の無い地域というのは、土偶を使う祭祀の必要性がなかった社会ということになるのですか。

鈴木　それも１つの考え方ですが、もうひとつ、土偶は誰でも造ることが出来たのか、という習俗上の問題もあります。またわたしから安孫子さんにお聞きしたいのは、連弧文土器の地域のなかにも土偶をもつ地域ともたない地域がありますが、そうした状況の背景はどう考えるべきなのでしょうか。その点も含め、こうした問題を一律に考えるのは難しいのではないかな、と思います。

安孫子　確かに連弧文土器と土偶の分布の仕方は一律ではないようです。土偶をもつ地域ともたない地域の違いというのは、あるいは一面で危機意識というか問題解決を土偶祭祀に託そうとした地域集団と、危機意識をあ

土偶の偏在性と地域性　247

まり認識しなかったような地域集団に分かれるのかも知れない。これから検討すべき課題でしょうね。

鈴木　そうあるべきですね。

阿部　土器の型式学的な研究が進められる中で、細別時期で土偶を見てゆくことがはじまるわけですね。一方、最近では一部で盛んになってきた、認知考古学的な土偶の考え方についてはどうでしょうか。

鈴木　認知考古学的な見方をすればするほど、その方法や解釈は学史的に鳥居龍蔵や山内清男まで古く遡ります。なぜかというと戦前は認知考古学としての考古学

鈴木正博氏

の領域における言葉がないだけで、実際は真の認知考古学を実践しているからです。そうすると、せっかく時間と空間の中に細かく整理されて、これまで積み重ねてきた土偶研究ですが、今日的なアプローチでは知の発達プロセスとの相関で学史的にも意味をもたない。

　たとえば前期と後期の典型例を対比する操作に代表されるように、あるいは思想空間や思想時間という生活時間とは無関係な空想的世界において考えるのも一つの方法であるかもしれませんが、土器型式による変遷として土偶を位置づける先史考古学の立場では、土偶形態の変容に至るプロセスも変化の過程もさらには、相互の具体的な関係などがまったく見えてこないので、変化・変容の意味に接近できない。しかし、それでも良いという今日的な視点もあるかもしれません。たとえば芸術などがそうかもしれません。何が事実であるかを解明するのではなく、考えている人間がどう思うかということであれば、そういう比較もあるかもしれません。現在は認知考古学が立ちあがりつつある段階ですが、将来はこうした議論もできるかもしれません。しかし、現時点では、扱う時間や空間の理解があまりにも当時の生活実態とは無縁で粗いと思います。そういう点で、現状の認知考古学の精度理解にはまだ違和感をもっています。

阿部　そうですね。わたしも時間と空間に関する整理と理解を前提にしないと、飛躍した解釈がおこなわれることになると思いますし、すでにそうした議論とその方法論的な精算は型式学的な研究の初期の時期におこなわれていると思います。こうした時期だからこそ研究の流れをきちんと

意識しておく必要があろうかと思います。

近年の土偶研究の課題

阿部　つぎに近年の土偶研究について、その現状と課題について、とくに上野さんと八木さんがそれぞれに進められている研究の具体例をご紹介いただきながらお話いただければと思います。最近ではとくに東北地方を中心に土偶研究会がさかんですね。

上野　土偶研究会は今年が8回目だそうです。歴博の土偶研究の延長線上に、それぞれの地域の資料を持ち寄って紹介・研究するという取り組みがながく続けられ、資料がかなり蓄積しています。

阿部　これはどのような目的をもって開催されてきたのですか。

八木　ストーンサークルという会がはじまりです。土偶の編年を構築するという目的をもっていたのだと思います。

上野　とくに岩手県の資料などが充実して、これに他県が触発されたのでしょう。中村良幸さん、稲野裕介さん、金子昭彦さんが中心で、青森県は成田滋彦さんが研究を進められていました。

八木　1992年が歴博の土偶集成でしたから、それ以後に東北各地での研究がさかんになりました。

阿部　そうすると近年の研究の流れは、歴博の土偶研究が契機となっていると考えることができるわけですね。やはり東北地方を中心に、という枠組みがあるのでしょうか。

八木　最初は東北中心でしたが、今後はさらに範囲を広げてゆこうという考えもあるようです。

上野　今は広域的な視点をもってきていますね。資料の多い東北地方では編年的な枠組みを重視してほしいと思います。

八木　これからもこうした取り組みが継続していくと思います。

阿部　こうした研究が前提としてないと、認知考古学的な思考方法だけでは土偶の実態はわからないですね。

八木　最近の土偶研究会は、研究報告に力を入れていて、毎年テーマを設定し、それに沿った討論会をおこなっています。たとえば、第6回北海道大会では「東北日本の中空土偶の成立と展開」で、3名の発表がありました。また、第7回栃木大会では、とくに目的をもった型式学的な研究を主張する意見が強まっているように感じられました。

阿部　このなかで近年の土偶研究の課題とはどのようなものでしょうか。具体的にお願いします。

近年の土偶研究の課題　249

八木　東北では中期末から後期初頭の編年的な課題が注意されています。近年の資料のなかでは、こうした時期に資料の充実が見られますし、わたしもこのようなテーマで研究会に参加させていただいております。

阿部　中期から後期の編年は歴博の集成の段階ではまだあまり明らかになっていなかったことでしょうか。

図8　山形土偶の分類
（瓦吹　堅1990「山形土偶」『季刊考古学』30）

八木　大枠は提示されていましたが、歴博の集成は1992年で、2000年以降に新たな出土資料が増えていまして、より詳細な検討ができる状況が整ってきました。

阿部　上野さんどうでしょうか。

上野　わたしが東北の土偶研究会に参加させていただきながら勉強したかったのは、関東地方における山形土偶の成立に関する問題で、その時期に土偶の構造がどのように変化したのか、という点に一番興味をもっていました。ハート形土偶から山形土偶への変遷過程です。すでに鈴木正博さんが指摘されているように、関東地方のハート形土偶からは山形土偶が成立しません。その間に東北地方の土偶の影響が考えられるのですが、関東地方での独自の変化なのか、東北地方からの直接的な影響なのかという点について考えてきました。

阿部　これまでは関東地方の後期の土偶は、大きく典型的なハート形・山形・ミミズク形という顔面の変化として説明されてきましたが、これらの土偶群を型式学的に整理してみると、ハート形土偶の系列が山形土偶に変化したのではなく、そのあいだに東北地方の土偶の影響があったということですね。こうしたことがわかってきたのも土偶の型式学的な研究の成果の1つだと思いますね。

上野　用語の問題も重要で、原田昌幸さんが積極的に言及されていますが、土偶に「型式」という概念を当てはめる場合、土器とは異なり数も少ないので、もう少し実態や概念を整理してから用いたいという気持ちもあります。

阿部　江坂先生の時代には何々式の土器に伴うという表現がなされていまし

たが、土偶自身の型式学的なまとまり、ということですか。

上野　最終的には土器型式との関係で説明するしかないとは思うのですが、土偶自体に土器とは異なる文様を描くものもありますし、土偶独自の型式学的な観点からの分析も必要だと思います。

阿部　土器の研究に乗っておこなわれてきた土偶研究ですが、これからは土偶独自の型式学的な研究が必要であるということですね。学史的な流れをみても、その点

上野修一氏

が近年の現状ということになるでしょうか。この点もまだ共有化されているものとはなっていないのでしょうかね。

上野　土偶の研究会では、最近そうした主張が認められるようになってきましたが、まだ十分とは言えませんね。群として捉える前に、まずは土偶を細別し最少単位となる型式を把握する必要があります。その上で、連続性のうかがえる細別型式の組列を系列として、分布を考える必要があります。いきなり遺跡名を土偶の型式に付ける前にもう少し整理しておくべき課題があろうかと思います。

阿部　基本的には研究の目指す方向性というものは同じという理解でよろしいですか。しかし、土偶に型式名を与えるまでの手続きに違いがあることになりそうです。上野さんは関東地方の後期中葉の山形土偶を対象にして遺跡の土偶を分類されてきましたが、瓦吹堅さんも福田貝塚や椎塚貝塚の土偶について分類をされていますね。

上野　わたしは1989年に後藤遺跡の資料紹介をしました。当時はまだ、その土偶が山形土偶らしいけれど、具体的にどれくらいの時期なのかということはわかりませんでした。

　　　いろいろな研究者のところに持って行ったのですが、「山形土偶でしょ」という以上のことはわかりませんでした。でも後藤遺跡の土偶には正中線がなく、刺突文が多く、後頭部にあるはずの球形のコブもない、こうした特徴は瓦吹さんが紹介されていた東関東の山形土偶とは大きく違いました。そこで自分なりに地域性を考えようと思ったのです。最初は次の号で結論を書こうと思ったのですが先送りにして、その間にいろいろと調べました。そして1991年に、渡良瀬川水系を中心に分布する山形土偶ということで、鬼怒川水系の土偶とは異なるという考えをまと

めました。そしてこれを「後藤系列」と名付けました。それ以後、こうした視点で土偶を見なければいけないと考えて研究を続けています。

阿部　その時に土器型式との対応関係はどのようにお考えになったのですか。

上野　後藤遺跡では直接対比はできませんでしたが、福田貝塚の土偶には磨消縄文などの文様が施されていたので、これらを「福田系列」と名付けました。土器文様が転写される土偶があるとすると、後藤遺跡の土偶との違いが浮かび上がると考えたのです。また椎塚貝塚には縄文を用いないで沈線だけで文様を描く土偶があることが古くから知られていますので、これらを「椎塚系列」と呼ぶことにしました。

阿部　なるほど。北関東では後藤系列があり、常総台地や下総台地のある東関東では福田系列と椎塚系列があるということですね。そうすると北関東には後藤系列が単純に1つの地域に対応しますが、東関東では一地域に2つの系列があるということですか。その背景とはどのようなものでしょうか。

上野　結局、土偶にどのような文様を付けるかという規範が大きな意味をもつと思います。

阿部　つまりこれはAからBへという時間的な推移ではなく、一時期・一地域のなかに異なる系列の土偶が併存しているということですね。

上野　そうです。椎塚貝塚も福田貝塚も遺跡としては近い位置にあるし、各遺跡からは両方の系列の土偶も出土しています。福田系列は縄文を施文し、椎塚系列は縄文を施文しないので文様表現の違いといえるでしょうね。

阿部　土偶の作り分けという点では、鈴木正博さんの上位土偶・下位土偶という考え方がありますが。

上野　福田系列と椎塚系列は両方とも上位土偶の中での作り分けと考えることができます。

阿部　それは何を示すのでしょうか。たとえばこうした例は東北地方ではありますか。

八木　東北地方の後期前葉でも刺突文と方形区画の沈線文の土偶は遺跡内で共存しますが、刺突文は北上川流域、沈線文はより北の地域に多いという傾向はあります。胎土に違いもないようですので、共存していたと考えています。

阿部　その場合、どちらかから入ってくるのではないということですか。

八木　数的な違いはあるようですが、同じ地域のなかで型式学的な変化も追うことができます。

阿部　そのあたりがこれからの土偶研究の課題となりそうですね。

上野　遺跡内の土偶のまとまりを型式学的に分類し、そのまとまりを構成している系列がどのような在り方をしているのか、という視点は重要ですね。

阿部　すこし土器の話に戻りますが、先ほどの加曽利B式の土器の話で鈴木正博さんが、中妻系列という土器が加曽利B式の中に存在すると指摘されていますよね。それは加曽利B式土器というまとまりの中にさらに系列という概念でまとめることができる単位があるという考え方だと思います。こうした土器型式の構造と遺跡における土偶の系列構成が対応する関係をもっているのではないか、とわたしは考えるのですが、いかがでしょうか。

上野　後藤系列と福田系列・椎塚系列というのは、その後の研究によって多少の時間的な前後関係があることがわかってきました。後藤系列のほうが新しい時期ですね。つまり、はじめは霞ヶ浦や印旛・手賀沼周辺で成立した山形土偶が、渡良瀬川中流域に伝わって後藤系列が成立すると考えることができます。

阿部　それは両系列の時間的な関係ということですね。ミミズク土偶の成立する安行式期までつづくということでしょうか。

上野　そうですね。ただし、渡良瀬川中流域ではミミズク土偶の受容には消極的だという特徴があります。

　　　文様構成を見ていると、ミミズク土偶は福田系列から成立することがわかります。沈線だけの椎塚系列からは成立しません。それも霞ヶ浦、印旛・手賀沼周辺の集団がミミズク土偶を成立させ、後に大宮台地の集団がそれを発達させるのだと思います。後藤系列はそれとは違い、山形土偶のまま型式変遷をたどります。大宮台地の北部以西、中部地方までも同じような変遷をたどります。

阿部　関東地方では、後期中葉から後葉までのあいだ、土器型式でいえば加曽利B式から安行式に至る、かなり長い時間幅をもってそれぞれの地域での土偶の複雑な変遷の有様が明らかになってきたというところですね。

上野　祭祀用の土器や耳飾りなどの関係なども関連づけていくと、より具体的な地域社会の実像が見えてくると思います。

阿部　広域な地域間の関係という観点からみた場合、東北地方との関係はどうですか。ハート形土偶にしても東北地方からの影響があって関東地方で成立したということですが、山形土偶の段階でも東北からの強い影響

　　　　があったということですね。
上野　そうです。常に東北地方からの影響は受けていると考えた方が良いと思います。
阿部　関東の内部でも北と東との関係、さらに東北地方との関係といったように、複雑な関係性というものが見えてきつつありますが、まず東北地方の内部の状況はどうでしょうか。

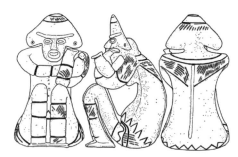

図9　後期のポーズ土偶
（目黒吉明ほか1953『上岡遺跡』）

八木　関東ほど研究は進んでいないのですが、中期末から後期前葉では北上川周辺では、一関市の清水遺跡と盛岡市の湯沢遺跡などがあり、列点文を主流とします。東北地方を広く見ると、正中線の表現が異なる点が指摘できます。また、円筒式や大木式土器との関係があり、臍の表現があるものはより北部の円筒式の土偶からの流れをもつと思います。三内丸山遺跡などでもあります。中期末から後期に移行する時に刺突文の伝統があるのですが、やがて方形区画文へと変わります。岩手県では列点文を中心として、この違いが基本的には後期中葉まで続くと考えています。また列点文の土偶に方形区画文を描くというものもあります。
阿部　2つの系統が錯綜しているのですね。それはいつ頃ですか。
八木　後期前葉から後期中葉です。
上野　時期はややさかのぼりますが、ハート形土偶には列点文がなくて、出現期には方形区画文が入っています。そこが変なんですが、阿武隈山地周辺には方形区画文の系列が入ってくるのです。北上川の下流域をとび超えてさらに北の影響が強い気がします。
阿部　それぞれの地域間での影響関係を受けながらも型式学的にはそれぞれの地域での変化が認められるということですね。あとはポーズ形土偶などがありますが出現はどうですか。
八木　旧大迫町立石遺跡よりもやや古い時期です。堀之内2式の終末位でしょうか。
阿部　後期前葉にならないと大きさや形態の作り分けが認められないのですね。これらの土偶群の遺跡内での在り方はどうでしょうか。
八木　遺跡内ではさまざまな土偶があるというのは常態ではないかと思います。

阿部　　それらの中でとくに土偶の出土量の多い遺跡はありますか。

八木　　やはり拠点集落とおもわれる規模の大きな遺跡には土偶が多い傾向が
　　　　あります。

阿部　　土偶祭祀の在り方はどうですか。

八木　　出土状況からはそれぞれの地域で土偶祭祀をおこなっていたと考えら
　　　　れます。

阿部　　有脚化への変化過程はどうですか。

八木　　東北地方北半では十腰内Ⅰ式の終末と考えています。有脚化は東北中
　　　　部地域では門前式の終わりから十腰内Ⅰ式の終わりまでの間に起こって
　　　　いるのだと思います。

阿部　　形態の多様化はこの時期におこるのですか。

八木　　そうです。

阿部　　だいぶ課題がたくさん見えてきたのですね。基本となる土器の編年研
　　　　究などはどうですか。

八木　　土器編年もまだ課題が多いです。

阿部　　山形県などでは大湯系の土器が出ていますよね。また東関東などでは
　　　　東北地方の影響を受けた土器が加曽利B2式の時期に多く出土したりし
　　　　ますし、スタンプ形土製品などもちょうどこの時期に出現します。
　　　　　宝ケ峯遺跡のような壺形土器なども福田貝塚などでは相当数の出土が
　　　　ありますので、関東の状況を考える上でも東北の状況は重要になってき
　　　　ますね。

上野　　堀越正行さんが異形台付土器の出現などでやはり東北南部地域との関
　　　　係を指摘されていましたね。

阿部　　東関東で出現する土器塚なども、ちょうどこの時期にほぼ対応した現
　　　　象であり、関東地方の内部でも東部と西部の地域的な違い、また小地域
　　　　の内部でも印旛沼南岸の遺跡では、遺跡間の差異化が著しいですね。

上野　　これからの研究に期待する所が多いですね。

阿部　　土偶という遺物は発掘の報告書に掲載率が高い遺物ですよね。だから
　　　　土器などよりも実数の把握が容易な利点があります。そうした状況を勘
　　　　案しても、東関東では出土量の多い遺跡と少ない遺跡があります。その
　　　　現象を考える上で土偶自体の系列が多いのか、継続期間が長いのか、と
　　　　いう点が重要になってきます。

上野　　型式学的な研究を進めないとこうした問題は解決できないですね。

近年の土偶研究の課題　255

収蔵資料の活用

阿部　次に博物館での土偶の活用方法や、収蔵資料としての扱いに関して
お話を伺いたいと思います。上野さんはこれからちょうど栃木県立博物
館で土偶展を開催される準備中だと思いますが、この点ではどうですか
(「土偶の世界―縄文人のこころ―」展が 2011 年 9 月から 11 月まで開催され
た)。

上野　土偶は縄文時代に発達したまつりの道具です。縄文人の精神世界に関
わるということで、日本の基層文化を抽出できるだろうと考えたことが
あり、以前に土偶などをふくめた祭祀遺物を中心に『祈りの原像』とい
うテーマで展示会をおこなったこともあります。それを梅原猛先生など
もご覧になっていかれました。今回は縄文時代の地域性を考えるという
視点と、女性像の変遷という点からも考えてみたいと思います。とくに
今回は土偶の地域性について、土偶を作らない地域もあり、作る地域の
なかでも様相はそれぞれに複雑であるという点を主張したいと思ってい
ます。

阿部　最近は草創期の土偶も見つかってきましたが、その場所が連綿と土
偶を作り続けるという地域はひとつもありませんね。土偶の用途がすべ
て同じかどうかという点も重要ですが、長い時間軸でみた場合、みなブ
ツ切りのようになっていて、出ては消えるという変化を繰り返していま
すね。

上野　原始美術としてのすばらしさは見ていただければわかりますが、縄文
時代のこうした遺物は地域差が著しいということも是非知っていただき
たいと思います。

阿部　八木さんはどうですか。

八木　東日本大震災で当初予定していた土偶展はできなかったのですが、で
きるだけ子供たちにわかりやすい形で説明したいと思いました。

阿部　具体的に何を、ですか。

八木　子供が自分で見て自分で調べるという解説の仕方です。

上野　栃木県立博物館では子供が見ても土偶の変遷がわかるように展示した
いと思います。

八木　今回特別展はできませんが、それでも常設展のなかで 55 点ほどの土
偶を展示して解説をしています。むしろ、あまり専門的な解説はせず、
見どころを解説しています。見学者からも専門的な解説よりもむしろ分
かりやすいと好評でした。

阿部　その場合に解説のレベルはどのくらいの年齢の方に合わせるのですか。

上野　栃木県立博物館ではテーマと担当者によってまちまちですが、だいたい中学生程度ですね。

とくに歴史は中学生にならないと詳しく習いませんので。日本の歴史を学んだ人が理解できる程度ということですね。

阿部　たとえば質問される方などは、そうした解説がわからない方なのか、そうしたものを超えた質問ですか。

上野　両方ありますが、興味をもっている人の中には専門的な質問もあります。

八木勝枝氏

八木　岩手県立博物館でも、中学生あたりに分かるよう心がけています。また、講演会などを連動させると相乗効果が大きいと思います。

阿部　たとえば常設展などにこうした特別展等の成果を活かして部分的にでも替えるということはできるのでしょうか。そうすると見学者もすこしずつ研究が進んで、展示がかわる過程を見ることができますよね。

八木　全部をおこなうことはできませんが、一部分であれば十分に可能だと思います。

考古コレクションの活用について

阿部　収蔵考古コレクションの活用についてはどうですか。

上野　栃木県立博物館には後藤遺跡の資料があります。東北自動車道関連の調査の資料で、概報しかありませんでしたので、博物館の展示資料にするために整理をしました。土偶なども多くあり、時期を確定するためにいろいろと調べました。

阿部　そういう意味では発掘の記録がありますね。

八木　岩手県立博物館には小田島禄郎コレクションがあり、県内各地の資料がありますが、展示には結び付きにくい点があります。

阿部　それはどうして？

八木　小田島さんの資料の中には由来がいまひとつはっきりしないものがあるからです。もちろん、コレクションコーナーというような枠組みを作れば展示は可能ですが。

阿部　考古学の歴史の中でどのような経歴をもつのかという意味もあります

考古コレクションの活用について　257

ね。これらの資料はそれぞれの時期の研究者のなかで注目され、さまざまな図録や書籍の中で使われています。これらの資料を良く観察してみると、時期が経つとだんだんと復元されてゆく過程を追うこともできるものがあり、明治期からの考古学の歩みを考える中での資料の意義づけは大切な仕事になってくると思います。こうした資料はいろいろな研究者の研究とかかわりをもっているようで、コレクションの利用の仕方から、考古学の歴史を紐解くという視点も重要だと思います。

図10　梅垣焼の土偶（個人蔵）

八木　小田島コレクションは現在は書簡類の整理を進めているので、その過程で資料の由来や評価がだんだんとわかってきています。これらは岩手県の考古学の歴史を考える際の重要な資料になると思います。

阿部　また、土偶には贋作といわれる資料も相当多いのですが、たとえば江見水蔭が掘った千葉県江原台遺跡の晩期土偶などは、石膏模型が東京国立博物館にあります。これはわざわざ補修した部分がわかるように型取りをしています。つまり、復元品の中には完全無欠なもののレプリカではなく、標本としての意味をもっていたものがあった可能性が高いのです。こうした資料が作られる一方で、たとえば梅垣焼と称されるような粘土でつくり、実際に焼成をして本物と区別できないくらいの出来栄えに仕上げるものなども登場してきます。梅垣焼も本物と区別するために足裏に印鑑を押しているものもあるといいますが。こうしたレプリカが作られる背景についても調べると、考古史料学としての意義も高まると思います。

八木　東北では頭と胴部が異なる接合がなされるものもありますね。

阿部　考古コレクションにも、それが必要とされた時代や、それを手にした人々の価値観や考え方の違いが表されているので、それはそれで学史的にも意味のある資料だと思いますね。

土偶研究の現在

阿部　次に土偶研究の現状について考えてみたいと思います。多摩ニュータウンの調査の中で安孫子さんの中にどのようにして土偶研究が根付いていったのでしょうか、その辺からお話をしていただければと思います。

安孫子　多摩ニュータウン遺跡調査会の時分にはまだ意識して土偶を研究したわけではないのです。それが先ほども申しましたが、昭和の終わり頃に、全国規模で土偶を収集し、コンピューターで処理してみようとする研究会がもたれるようになり、わたしも東京都を担当して資料集成した、というのが動機なのです。資料収集してみると、『季刊考古学』30号で土偶を特集した際に「その他の土偶」に一括されていた中期後半の土偶の類が多摩地域に数量的にやや纏まっていて、連弧文土器に伴うらしいと見当がついたのです。

阿部　東京都の恋ケ窪遺跡の土偶などはわたしも知っていましたが。

安孫子　そうですね。吉田格さんが報告されたものですね。あの土偶は連弧文土器でも後半のものです。連弧文は加曽利 E2 式期になりますが、千葉県方面では遺跡は多いのに土偶はほとんど出土しないですね。それで、中期土偶のシンポジウムを準備している時に、たまたま多摩ニュータウン No. 9 遺跡からこの類の土偶が 100 点ほども出土し、じっくり観察することができました。

　その後、この土偶が東京都の指定文化財になって、地元の稲城市教育委員会からこの土偶を解説するよう依頼があったのです。報告書には考察がなかったものですから、部外者でしたが改めてこの報告書を見直したのです。そうしたら、土偶が出土するピークは連弧文土器期よりもその直後の加曽利 E・曽利折衷タイプの時期であり、その直後の加曽利 E3 式半ばになると急転、土偶も姿を消すことがわかったのです。

阿部　多摩ニュータウンの調査のなかで具体的に土偶の在り方を検討する機会があったということですね。

安孫子　またすこし細かく土偶を観察すると胎土等が異なる土偶があるのです。地元のものもありますが、他の場所で造られた土偶が持ち寄られたのではないか、と考えたりもしました。

阿部　それでは鈴木さんに土偶研究のきっかけをお願いします。

鈴木　1971 年大学 1 年の秋でした。埼玉県高井東遺跡の発掘でしたね。遺跡の発掘から報告書の作成まで関わりました。とくに土器では専門の方も多くいましたので勉強になりましたが、土偶というのは多くは出土状

況がわからないのです。もちろん調査の記録からは発掘区のどこから出土したかはわかりますが、何式土器に伴ったかがわからないので、モノとしての型式学的な研究からはじめたのです。報告書は３年生の時に執筆しました。しかし、土偶がどの土器型式に伴うのか、当時はなかなかわからなかったのです。

阿部　土器の文様と土偶の文様の比較などはされたのですか。

鈴木　高井東遺跡の土偶にはほとんど対比できる土器の文様がありませんので、それもできませんでした。その頃は江坂先生の『土偶』という本もありましたが、江坂先生はミミズク土偶をすべて後期に置かれていました。そういう時代でした。そこで住居址を単位に後期の土器が多ければ後期の土偶、晩期が多ければ晩期というように時期を推定し土偶の形態と検証したのです。それでも山形土偶については皆目わかりませんでした。

　整理と報告は担当できませんでしたが、ただ１つだけやりたい資料があったのです。それは環状形態の顔付き注口土器です。その時から土偶と土器につく顔の分類をしました。高井東遺跡は、土偶を時系列に置く作業と土偶の顔と土器につけられた顔の関係をつかむという、そういうきっかけを与えてくれた遺跡でしたね。

阿部　ありがとうございました。安孫子さんも鈴木さんもそれぞれの具体的な遺跡の調査のなかで土偶と出会い研究をはじめられたことがわかりましたが、その目的や背景は異なる点があることもわかりました。それでも、まず土偶がどの土器型式に伴うものかを明らかにするという基本的な考え方は良く一致していたように思いました。

土偶の分類

阿部　次にひとつの遺跡のなかでどのように土偶を分類するかという、型式学的な手続きについてお聞きします。安孫子さんは多摩ニュータウンの遺跡のなかで、多数の土偶を出土する遺跡を分析されましたが、先ほどのお話にもありましたが、土偶の胎土に異なる産地のものがある。つまり、１遺跡における土偶の多さの背景には流通量が関係しているとお考えですか。

安孫子　そうですね。

阿部　胎土の異なる土偶は型式や形態も異なるのですか。

安孫子　No.9遺跡からは土偶もそうですが、土器が大量に出土したのです。中には何処で作られた土器なのかはっきりしない型式も混じっている。この遺跡は三沢川流域の拠点的集落なのでしょうが、土偶も見た目でち

がっていますし、多くのモノが他所から持ちこまれているようです。

阿部　あとは遺跡の継続性は土偶の多量性に関係するのでしょうか。

安孫子　住居跡から出土した土器を基準に土偶の時期を判定しました。それよりも捨て場から出土した遺物量の方がずっと

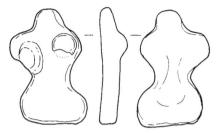

図11　茨城県花輪台貝塚の土偶
(茨城県 1979『茨城県県史料・考古資料編 先土器・縄文時代』)

多かったのです。その意味では明確な伴出事例は少ないですが、複数の時期にわたって土偶が存在したことは確かなようです。

鈴木　捨て場とはどのような概念ですか。

安孫子　この遺跡は環状集落なのですが、片側は崖面に面していて、もう片側は地表面は平坦でしたが表土を剥いだら小規模な埋没谷が現れました。そこが長年にわたり生活残渣の捨て場となっていて、土器や石器、土偶などものすごい大量の遺物が埋没していたのです。逆にそうした場所を調査したから多くの土偶が出土したということですね。

阿部　鈴木さんはどうでしょうか。明確な共伴関係が難しい状況のなかで土偶を分類した鈴木さんの発想を教えてください。

鈴木　まず、見て直感的に違う形態がありますね。土偶には土器と同じように丁寧に磨くものもありますし、形態が小形で調整もナデのみのものもあります。ですから、1つの遺跡の土偶群として観た場合、あまりにも様式化されている土器のようにはグルーピングされていない。作り方にある程度の自由度があるものなどもあります。

　これらを上位土偶と下位土偶として分類したのです。

阿部　これは土器型式に対応関係をもとめる考え方とは異なるものですね。

鈴木　はい。全く異なります。それは大学生の時に茨城県史のお手伝いで、花輪台貝塚の土偶の実測をおこなう機会がありました。顔がないですね。古い土偶にはない。顔無しは晩期などにもありますね。

　土偶の成立期の役割と、それが社会の変化とともに多様化し役割が異なってくる状況があるのではないか。発生の段階の役割から長い変遷のなかで、各時期の土偶の役割はそう単純ではないだろうと考えたのです。そういうことが高井東遺跡と花輪台貝塚の土偶を比較しながら観察した時に思ったことなのです。

阿部　下位とは世帯とか個人に対応する。上位は社会と考えたわけですね。
鈴木　そうですね。土偶の発展段階、進化における分岐と理解したのです。

土偶群の成り立ちを考える

阿部　つぎに1つの遺跡の土偶群の成り立ちに話題を移したいと思います。安孫子さんは遺跡内の土偶群の成り立ちを考えるために、どのようにして周辺地域の土偶との比較をおこなったのでしょうか。

安孫子　土偶シンポジウムまでは、加曽利E式、連弧文土器、曽利式で共通する東京と神奈川・埼玉の資料に眼を馳せるだけでした。けれども、シンポジウムで各地の研究者同士が資料を持ち寄って討議し、情報交換すると新たな視点が見えてきます。土偶研究会ではそれを見越して、発表者がその成果を持ち帰って論文に仕立て、『土偶研究の地平』に寄稿することにしたのです。わたしの「背面人体文土偶」もその成果ですが、蓋を開けてみましたら、山梨の新津健さんも同じ視点で「曽利土偶」の広域な分布に注目していて、びっくりしました。

阿部　曽利式土器の分布圏を超えて中部地方の土偶が広がっているということですね。

安孫子　そうです。そうした点は共通する認識だったですね。

阿部　なるほど、そうした契機があって広域に土偶を型式学的に比較検討することになったわけですね。

安孫子　そうですね。また、広域分布という点では、町田市の田端環状積石遺構の横にある田端東遺跡から、函館市近郊の著保内野遺跡の土偶の姉妹品のような中空土偶の頭部が出土してびっくりしました（図12）。残りの部分がどこにあるのか気になりますが、何しろ、町田市と函館市

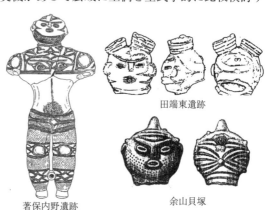

図12　類似型式の広域分布例
（小笠原忠久 1976「北海道著保内野出土の中空土偶」『考古学雑誌』61―4、川口正幸 2010『田端東遺跡』町田都市計画道路2・1・5号線用地内遺跡調査会、坪井正五郎 1907「下総余山発見の有髯土偶」『東京人類学雑誌』23―262）

とでは900kmも離れていて、向こうで造られたものが運ばれて来ているのです。しかもこの土偶の類例は、青森、千葉県余山貝塚、新潟県三面元屋敷遺跡など数遺跡からしか出土していないのです。

鈴木　それは大森貝塚の東北系の注口土器と同じ状況ですよ。

阿部　鈴木さんどうですか。

鈴木　晩期の関東地方でいえば、土器型式がすでに東北の影響を受けていますからね。ただ、安孫子さんの検討された中期ですと、やや状況が異なるようで、中部地方から持ち込まれたような土偶があり、それを模倣して在地化を進めるような積極的な構造はもっていないようです。つまり、土偶には地域的なまとまりを認めることができる。これに対して晩期の場合は、イデオロギー自体が関東地方の中に入ってきて複合している。在地独自のイデオロギーがあるとすると、それとは異なる土偶のイデオロギーが一つの遺跡の中で共存している。とくにそうした傾向が晩期には強いと思います。

阿部　鈴木さんの見方のなかで上位と下位の土偶のそれぞれで、そうした状況が認められるということになるでしょうか。

鈴木　たとえば岩手のような遮光器土偶は福島にはほとんどないのです。東北地方といっても広いので土器型式も大洞式1つで括ってしまうというのも問題で、実際にはより小さな地方差をもちますので、福島に岩手の土偶がくるとすると、比較的明確に識別できます。とくに大洞C2式期では、福島は茨城や栃木の土偶との関係が深いのです。つまり、既存の土器型式単位での土偶の見方ではなく、土偶形態の在り方から土器型式の現在の考え方自体を見直す契機になるのではないかと思うのです。

阿部　東北でも一時期に複数の土偶がありますよね。そうすると中空の遮光器土偶や小形の中実土偶などは、それぞれに異なる階層のイデオロギーでの地域間の関係を形成したということになるのですか。

鈴木　岩手に分布の中心をもつ大形の中空土偶は周辺地域で出土しても、みな良く似ていますね。しかし、たとえば千葉県宮内井戸作遺跡で出土した遮光器土偶は、東北地方の研究者の方が、東北そのものと言われたことがありますが、文様構成

図13　千葉県宮内井戸作遺跡の遮光器土偶
（小倉和重ほか2009『宮内井戸作遺跡』
（財）印旛郡市埋蔵文化財センター）

土偶群の成り立ちを考える　263

は東北に類例が希少です。関東で多くの方はこの土偶は搬入品と言いますが、表面的な感触はそうでも、類似のものを東北地方に見出しがたいという現象があります。2つ目は中村良幸さんが小田遺跡から出土した大量の小形遮光器土偶を紹介されていますが、同じ類例は茨城県那珂港の藤本弥城さんが紹介されたなかにもあり、やはり形態は流通していますね。つまり、これは土偶を作る人の構成に関わり、大きな土偶を作る人とは異なる印象がありますね。それに中空大土偶は数が少ない。

阿部　これらの関係は上位土偶と下位土偶に対比されますか。

鈴木　いや、東北の晩期には従来の上位の上にもう一つの階層の土偶が存在すると思います。

安孫子　東京都町田市のなすな原遺跡はどう考えるのですか。多くの土偶が出土していますね。

鈴木　なすな原遺跡は高井東遺跡とは交流関係レベルでは格が違う。さまざまな系統の上位土偶が検出されますから。

安孫子　土器も中部・東海から北陸と多系統のものが出土していますね。

阿部　なるほど。土偶の型式からみた場合でも、それぞれの遺跡は等質的ではないということですね。

地域研究と土偶

阿部　つぎに、土偶研究と縄文の地域社会の問題について考えてみたいと思います。

安孫子　わたしは地域社会の中に土偶祭祀がどのように反映されているのかに関心をもってきました。そうすると土偶だけでなく、集落における土偶の出現から消滅までの、土器型式との関わり方が問題になります。多摩地域では、土偶は加曽利E1式期にはなく、E2式期になって出現し、そしてE3式期の中に廃れる。つまり土偶は連弧文土器とほぼ同じころに現れ、それから加曽利E・曽利折衷タイプに引き継がれるが、加曽利E3式に統一されるようになると廃れるのです。加曽利E式とは異質な土器型式が展開した200年足らずの限られた期間だけ土偶祭祀がおこなわれたのです。これらを総合的に見ないと、土偶の実態が見えてこないのではないか、と思います。

阿部　たとえば、そうした視点に立った場合、この時期の土偶の文様は土器の文様とどのような関係をもつのでしょうか。

安孫子　背面人体文モチーフが描かれた深鉢形土器が1個体だけありますが、これは特殊な例でして、ぜんぜん関係をもたないんですね。多摩地域の

土偶は、もともと出自が中部地方ということもありましょうが、中部地方でも土偶独特の文様だと思います。

阿部　そうすると多摩地域の集団は中部地方の土偶祭祀を受け入れたということになりますか。

安孫子　基本的にはそう思いますが、むしろこちらの集団が土偶を勧請したのではないか。勝坂式の半ばまでは多摩地域でも中部地方と同じ十字形土偶を保有していたのですが、見当たらなくなるのです。その後、加曽利E2式期の前半から見られるようになりますが、当初の土偶は曽利式土偶と共通するものがあるのです。それで、多摩地域の集団が独自に造ったというよりも、山梨側からもたらされたのでしょう。

阿部　たとえば時期が異なりますが、関東地方では後期初頭の段階では土偶がいったん無くなり、後期前葉の堀之内式になると東北地方からハート形土偶が伝播してくる、という図式とも共通する部分があるのでしょうか。

鈴木　因果関係の共通性を検証するためにも、もっと別な視点から地域社会で何が起こっているのかを考える研究も重要だろうと思います。

阿部　それでは土器の系統との関係はどうでしょうか。多摩地域の中期では、連弧文になると中部方面から土偶がもたらされるのですよね。

安孫子　そうですね。

鈴木　それはどの遺跡でもそうですか。

安孫子　そこまではわかりません。

鈴木　たぶん、大きな遺跡が出来ることが土偶をもつ契機になるのではないですか。

安孫子　というよりも、わたしは加曽利E2式という安定した土器型式のなかになぜ、連弧文土器が成立してきたのかという問題が重要であって、土偶はその文化変化の一部と考えたいのです。

阿部　そういった観点から考えた場合ですが、土偶の作り手とは誰でしょうか。

安孫子　たぶん連弧文土器を指向した人たちなのでしょうね。そこになると別の要因を考えなくてはなりません。加曽利E1式期には東西関東の加曽利E式の地文や文様モチーフが違っていて、地域差がみられました。それが西側の地文の撚糸文が次第に縄文に変わって、文様モチーフも東側と同じ歩調で渦巻隆帯に変化しましたから、同じE2式になってしまい地域差が解消されてしまうのです。型式学的に円滑に推移したのは東関東の方でしたから、西関東集団の方が吸収合併されたような恰好になっ

地域研究と土偶　265

たわけです。すると西関東集団としては、それまでの集団としてのアイデンティティーが喪失したような焦燥にかられるわけで、これを打開する必要上から止む無く連弧文土器に転換したのだろう。連弧文土器の成立の要因には、関東地方の東西の間での状況の変化が作用したのだろうと思います。

　　　　土偶が出現したのも、まさにその連弧文土器に転換が図られる頃なのです。ですから土偶は、親縁関係にある曽利式集団から苦しいときの神頼みとして勧請したのではないかと思うのです。

阿部　　その時の土偶とは単一のものですか。

安孫子　基本的には、顔面表現がある有脚型、板状の造りの無脚型、それに膝を折ったような両型の折衷型の３形態があります（第Ⅱ章95頁、図6参照）。有脚型は山梨方面では坂上型・釈迦堂型と呼ばれ普遍的な存在ですが、当地では少ないです。多いのは折衷型と無脚型形態で、こちらで発達したものでしょう。

阿部　　これらの土偶の違いとはどのようなものですか。

安孫子　形態による違いが何を意味するのかはよくわかりませんが、顔面表現がある有脚型土偶はやはり大き目ですし、その分布は曽利式が優勢な相模野台地北半から多摩丘陵北部に限られそうです。

阿部　　大きさで並べるとまとまりはありますか。

安孫子　平均すると8cmくらいの大きさでしょうか。ひとつの遺跡から出土する完全な土偶が少ないので何とも言えないのですが、曽利式が優勢な町田市忠生A1遺跡の土偶は、多摩ニュータウンNo.9遺跡の土偶よりも相対的に大振りですね。しかし、ずいぶん小さいのもあるのです。

阿部　　加曽利B式の時期などですと、小形の土偶は無文のものがあり、また大形のものは精製土器の文様と共通したクセをもつ例もありますが。

安孫子　中期のものでも、小形のものは文様も描かないものもあります。だけど全体の造作は同じですね。

阿部　　形態的な違いはありますか。

安孫子　はじめの頃は文様もくっきりと丁寧に描かれたり、出尻形態がはっきりしていて系統を辿れるのですが、後半になると文様も手抜きされておざなりになるし、出尻も平板化して、形態・系統がはっきりしなくなりますね。

阿部　　坂上遺跡のような事例はあるのですか。

安孫子　はじめ坂上土偶に代表される臍の周囲の規矩文と呼ばれる文様もわずかですが見られ（第Ⅱ章95頁、図6上段参照）、山梨方面と共通していた

のが、そのうち独自に発達したようです。とくに後半には資料が増える反面、有脚型が廃れるようになるし、三角頭にターバンを巻いたような形態が出たりします。これらは多摩地域というよりも、相模野台地北半もふくめた地域集団の特徴といえるかと思います。

阿部　数的問題はどうですか。たとえば古い段階が少なく、新しくなると数が増えるとか。

安孫子　そういう傾向はありますね。

阿部　集落の形成過程との関係はどうですか。

安孫子　その点はまだ良く分かりません。

鈴木　安孫子さんはこれらの土偶が多摩地域で独自に変遷を遂げたと考えているのですか。

安孫子　山梨方面とは異なる道筋の変遷があると思います。山梨方面は有脚顔面表現のある土偶が中心ですが、多摩地域ではむしろ有脚型は少なく、折衷と板状のほうが多い。そういった地域的な違いがあります。

阿部　では鈴木さんに後晩期土偶についてお願いします。

鈴木　1つは、なすな原遺跡と大森貝塚の違いです。大森貝塚には土偶がほとんどない。なすな原には多くある。多摩川の左岸と右岸の違いなのか。土偶からみると大きく異なります。

　2つめは荒海貝塚の土偶です。たとえば設楽博己さんや石川日出志さんなど多くは有髯土偶の出自を東海地方と決めつけているようです。しかし、わたしはまずは荒海貝塚を中核とする地域のなかで土偶を考える必要があると思います。荒海貝塚C地点の土偶は大洞C2式の終末ですが、福島の土偶と同じ形態が出てきます。荒海貝塚の土偶の変遷のなかで有髯土偶のような顔面表現が出てくる可能性を検討するのがわたしの視点です。有髯土偶だけを荒海貝塚から切り離して考えるのではなく、わたしは土偶も遺跡との関係で検討してみたいのです。

　大洞C2式の末の土偶から有髯土偶が出現する可能性があると考えています。具体的な資料は千葉県茂原市下大田貝塚の土偶です。これは福島の土偶形態です。顔面を装飾する伝統は大洞C2式以来ずっとあるのです。

図14　千葉県下大田貝塚の土偶
（菅谷通保ほか2003『千葉県茂原市下太田貝塚』（財）南総文化財センター）

わたしは大洞 C2 式の終末からは東北地方の影響が強いと考えていますので、有髯土偶も東北地方との地域間の関係としてまず考えて見るべきだと思います。

　3 つ目は、「接圏文化」という概念です。栃木の海老原郁雄さんの概念ですが、安孫子さんの話も含めて土偶の変容もそのように考えることができるのではないか、と考えています。

阿部　その場合は上位土偶になるのでしょうか。

鈴木　上位土偶は精製土器と同等かそれ以上だと考えているのです。

阿部　鈴木さんの土偶と土器文様の考え方は甲野勇の考え方と類似していますね。甲野は後期の土偶が黒く焼き上げてよく研磨する精製土器の文様の描き方と類似していると指摘していますね。

鈴木　そうです。

阿部　早期の土偶はどうですか。

鈴木　撚糸文の時期では花輪台貝塚の土偶は土器と同じ胎土ですが、文様がないですね。これは精製土器以下だと思います。わたしは同じ時期の精製土器を基準にして土偶の相対的な位置づけを考えているのです。

阿部　話は戻りますが、晩期終末の有髯土偶の時期は、この土偶一種類なのでしょうか。

鈴木　いえ、大洞 A 式以降では、たとえば長野県氷遺跡などでも、有髯土偶とそれ以外にも大・小のタイプがあります。東北でも、大・中・小または大・小という相対的な作り分けがあります。

阿部　そのセットのなかで、それぞれの土偶はどのように使うのですか。

鈴木　それはまだわからないですね。なぜかというと愛知県豊田市の麻生田大橋遺跡では 1 つの土壙に大小の土偶を入れています。土偶の使い方が安産のお守りに使う場合と、埋葬と関わる場合などが考えられる。

阿部　遺体への埋葬はどのくらいまで遡りますか。

鈴木　後期の群馬県郷原遺跡や北海道の著保内野遺跡などが該当すると思います。中期では栃倉遺跡で土坑から土偶が出土していますね。

安孫子　宇鉄遺跡でも大きな土偶の一部を割って中に小さい土偶を入れている。

鈴木　そうですね。こうした例をみても、まだこれらの土偶がセットとして使われたのか、または別々に使われ、埋葬時にセットにされたのかなど、検討しなければならない点があります。

安孫子　宇鉄でも実際には小さい土偶がたくさん出ていますね。

阿部　安孫子さん、中期の地域のなかでの土偶祭祀の特徴はどのように説明できますか。出土量も関東の東西ではかなり明確な地域の違いがありま

すね。

安孫子 図15をみてください。分布が濃いのは多摩ニュータウン地域とその周囲ですが、相模川流域でも相模原市域は濃密に分布するのに、海老名市から下流域側はほとんど出土しないし、港北ニュータウン地域も大規模集落が目白押しなのに土偶は希薄です。武蔵野台地でも多摩川流域はそこそこ出土しますが、荒川流域側になると全体に希薄ですね。大宮台地となると出土例がないのではないですか。土偶の分布は、ある程度、曽利式集団が浸透する度合いと関係しそうです。

阿部 その場合、土偶は大きな拠点的な遺跡に集中するのですか。

安孫子 確かにそういう傾向はありますね。以前、谷口康浩さんが季刊考古学に「拠点集落の分布とティーセン多角形による領域設定」を発表されたので、土偶シンポジウムの折りに関東西南部から出土した中期土偶の遺跡をこの図に落してみたら、圧倒的に拠点集落に集中しました。それ以外にも単発の出土例も多いのですが。多摩ニュータウンNo.9遺跡は、谷口さんの原図にはまだ登場しなかったのですが、逆に土偶の多量出土から拠点集落であることが認知されると思います。

阿部 集落の形成初期から土偶をもっているのですか。

安孫子 No.9遺跡の集落は勝坂3式期から中期末までの集落ですが、土偶が出土したのは中期後半に限られます。ところがそれだけではなく、勝坂式の人面把手付土器、各時期の鳥形把手付土器が6個体分、大形石棒といった祭祀的な遺物の出土も多いのです。中期後半以外の時期にそういった祭祀用具が稼働したとすると、この集落には最初から司祭者が居て、拠点集落としての性

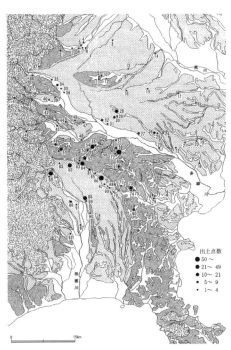

図15 多摩丘陵の土偶出土数の偏在性
（第Ⅱ章97頁、図7より）

地域研究と土偶　269

格が備わっていたのだろうと思います。

阿部　土偶は妊娠や安産を祭祀の中心としたのですか。

安孫子　本当に妊娠した女性なのかな。

阿部　現時点では、ごく少数の資料の評価をめぐって異論もありますが、全体としては定説化していると思いますが。

安孫子　妊娠したようなお腹の大きな土偶もありますが、これをもってすべて出産や安産祈願につなげる考えはどうかと思います。だいたい出産も死も、当時は今よりも身近で日常的なものだったでしょうから、土偶を登場させればキリがない。

佐原真さんと小林達雄さんの土偶論争でも土偶が女性像か否かが焦点になりました。小林説に則ると、アニミズムが差配する世界観にはスピリット（精霊）が居て、たまたま偶像として表現しようとするとオッパイのある女性像がイメージしやすかった。しかし誰も素顔は知らないので、仮面を被ったり怪異な顔面表現になるということでしょうか。

西関東の中期後半に土偶が流布したのも日常的な出産とは別の、もっと大きな悩みや問題を抱えていたからではないか。土偶祭祀が最も盛行したのが東関東の加曽利 E3 式に統一される間際の時期であったのも、何やら示唆的ですし、土偶にはそういう社会的な危機意識が反映されているのではないかと勘ぐりたくなるのです。

阿部　それでは土偶の無い地域とのかかわりはどうですか。安孫子さんはさきほどのお話のなかでは、相模川の上流と下流地域との間での違いと、武蔵野台地と下総台地などの台地単位での違いについてお話をされていましたが。

安孫子　東関東も北関東の群馬も多くの遺跡があるにもかかわらず、土偶がほとんど出土しないですね。

阿部　山間部や平野という地形的な対応関係ではないということですね。

安孫子　東関東から北関東は、本来、土偶祭祀を執行しない地域なのです。千葉県でも東京湾に面する市川や鎌ヶ谷、松戸の辺りからぽつぽつ出るけれどもどれも小さいですね。西関東から移住してコロニーを形成した人たちが細々と土偶祭祀をおこなった、いわば隠れキリシタンのような存在ではなかったかと想像したりしています。

阿部　一部では遺跡数の増加などの現象が見られると土偶が出現してくるという考えもありますが、それほど単純ではない、ということですね。

安孫子　そうですね。連弧文土器から引き続いた系統も廃れて、加曽利 E3 式に統合されると土偶もなくなります。これが何を意味しているのか、或

いは、東関東集団の政治的な圧力が土偶祭祀を廃れさせた可能性は考えられないでしょうか。

阿部　土偶がなくなると遺跡間の関係で他に変化が何か認められますか。

安孫子　その後、中期末葉につれて環状集落が縮小して解体するようになります。遺跡の規模が小さくなって集石遺構や敷石住居跡が各所に分散するようになりますね。

阿部　中期終末は本当に文化が衰退した時期だとお考えですか。

安孫子　そうですね、中期末は人口が少なく、集落も希薄なのか、この間隙を縫って加曽利E4式が中部地方まで分布を広げます。この間、土偶は姿を消したままで、石棒祭祀だけが盛んになってきます。

阿部　石棒は焼かれたものが多くなりますね。

安孫子　そうです。意図的に熱を加えて、熱で剥離した状態の事例が多いですね。それまでの土偶の祭から石棒の祭へと大きく切り替わってゆくのでしょう。

阿部　後期だと石棒と土偶がありますよね。

安孫子　田端環状積石遺構は面白いですよ。中期の環状集落を踏襲したような恰好で二つのグループが広場をはさんで対峙していて、それぞれグループが３単位の石棒や立石を囲んで構成されているのです。石棒は大形品で中期から継続したようです。

阿部　後晩期の地域は台地単位などで見るとどうでしょうか。そこから何が見えてくるでしょうか。

鈴木　今回はミミズク土偶の成立に注目してみました。大宮台地では南半までしか安行２式土器の主体分布がない。栃木県も安行２式の主体分布圏の外ですが、この地域にある九石古宿遺跡などでも異なる系列の土偶があります。こうした地域変容と年代変遷としての土偶の在り方は上野修一さんや阿部さんもまとめられていますけれども、大宮台地周辺ではまだまだ編年すら出来ていない。そういう段階ですね。

　下総では「充填細密刺突文」と呼んだ文様の土偶があります。安行２式終末から3a式初頭に限定的に展開するものです。これが土器に転写されて新しい文様が生まれる流れがおもしろいのです。

　土偶様式は共通していても施文手法などで明確にほかと識別される細かな差異があるということです。安行3a式になると栃木にもあるようです。

　安行3a式では千葉県中沢貝塚に変わった土偶があります。どうも南奥に求められそうですが、文様は異なるようです。安行式の影響も受け

地域研究と土偶　271

ています。南奥が中心ですが、ミミズクの系統も混じるという複雑な在り方をします。

中空土偶も下総にはありますが、良く見ると中沢貝塚には晩期初頭の中空土偶もある。その延長上にあるのが宮内井戸作遺跡の例ですね。晩期では地域ではなく、遺跡の中に複数の系統が共存し複合しているのです。つまり、集落としてよそ者だらけの構造を考えなくてはならない。

最後は八幡一郎さんが示していますが、3d式に収斂しているのです。在地の様相が一変する。下総でも様相は複雑ですね。

晩期初頭と中葉のあいだでも、中間の年代的変遷を介して様相は大きく異なってきています。これは、安孫子さんが研究されている中期の変化に乏しい様相とはずいぶんと異なっていますね。

阿部　これは安孫子さんが遺跡群という視点で研究されていますね。

鈴木　そうです。多摩ニュータウン地域と同じようには比較が出来ないです。なぜならば住居址単位での出土事例などが乏しいのです。安孫子さんのところでは土器編年も最先端の細別でおこなわれていますが、後晩期では古典的な細別でしか構成できません。土器の細別は検証できますが、土偶の編年ができない、というのが現状ですね。

阿部　土偶の在り方からよそ者の存在が見えてくるということですが、土器などもそうですか。

鈴木　土器型式も同様ですが、土器は生活用具ですが、土偶はイデオロギーとして考えた場合、複数のイデオロギーの共存した社会とは、いったいどんな構造と構成なのかと考えるのですよ。そこにこれからの大きな課題がありますよね。

阿部　これまで土器型式とは、同じ文様や規範をもつ集団の存在を前提として語られてきた部分があります。しかし、土偶の場合はそうした単純な在り方をしていないということが見えてきたわけですね。そうすると、今度は土器型式にかかわる認識そのものをこうした多様な構造性をもつ枠組で逆に照射してみると、実は土器型式自体もそう単純な実態をもつものではない、ということが再認識できるのではないでしょうか。

鈴木　だから土器の作り手の社会的な役割が中期と晩期では異なっているのでしょうね。たとえば土器に複数の器種がありますね。それを全部同じ人々が作ったのでしょうか。そうした土器製作やその後の流通と分配という問題も考えなくてはならないと思います。

阿部　たとえば大森貝塚の注口土器などもそうですか。その場合、モノの流通なのでしょうか。人の移動なのでしょうか。

272　第Ⅴ章　座談会　土偶研究と縄文社会

鈴木　土偶の場合は人だと思います。イデオロギーなので、モノだけが動く
ことはないだろうと思っています。それが土器と土偶の違いです。

阿部　たとえば宮内井戸作遺跡などの遮光器土偶の事例などがそうですか。

鈴木　そうだと思います。下総には東北と同じ製作環境がないわけですよ。
同じ土偶を見ながら作るとか、複数の製作者が同じ場所にはいないので
参考にできない、そうした環境の中で、東北とまったく同じものはでき
なかっただろう。一部に違いができるのは、そうした製作環境の違いで
はなかったかと思います。

阿部　そこに揺らぎができるのですね。

安孫子　羊歯状文などをみても本場と関東は異なりますね。同じ要因だと思い
ます。

鈴木　そうです。そう考えたほうがいいと思います。

阿部　多摩丘陵の中期ではどうですか。

安孫子　勝坂の段階では、中部と同じものばかりではなく、地域的な形態があ
りますね。本場に比べると本来の規範とは異なるようです。

阿部　忠生遺跡などでは規範は認められますか。

安孫子　もっと細かく比較しないといけないですね。つくりや胎土なども含め
て。大きくみてもそっくりな土偶が複数の遺跡にあります。

阿部　遮光器土偶などでは東北の中でもどこでも一元的に製作できたので
しょうか。

鈴木　違いますね。金子昭彦さんは土偶の文様は土器文様と同じなので、土
偶自体に固有の文様はないと指摘されていますが、土偶には土偶の文様
があります。それが大事です。遮光器土偶を考えると阿部さんが言われ
たように、ある程度共通のものが広がっていないといけない。

　で、遮光器土偶を集めて全体としてみると個々の変化は僅かですよ
ね。少しずつ変わっているのです。短い間での変化が累積され、変遷の
はじめと終わりを比較すると大きな変化に見えるのです。ということ
は、きっちりどこかで作っているのだろうと思います。東北でも青森、
秋田、岩手などであれば特定の土器型式において大形遮光器土偶を作れ
る環境を集落に持ち込めると思います。しかし、広域に見た場合はどこ
の集落でも同じように作れるわけではないと思いますね。小形の中実土
偶とは別に考えるべきだろうと思います。

阿部　だいぶ土偶から社会の問題に踏み込んでもらいました。

地域研究と土偶　273

土偶研究の展望

阿部　今後の土偶研究の展望について、それぞれの視点からお話をいただけますか。

上野　まずは一遺跡の土偶の組成を型式学的に分類することだと思いますね。土偶の多い遺跡といっても、その成り立ちはさまざまでしょうから、こうした検討を進める必要があると思います。わたしが研究を進めている栃木県は関東と東北地方を結びつける地域ですので、土偶研究にはたす役割も大きいと思います。やはり地域から何が発信できるかということを問い続けて行きたいと思います。

八木　東北地方では全体的な枠組みを前提にして、地域単位での在り方をまず明らかにしたいです。また岩手県から見ていると青森県と秋田県の様相の違いの大きさも感じられます。これらの課題を解決するためには、やはり土器型式の編年的な整備が重要だと思います。中期末から後期の時期などです。

阿部　ただ、中期と後期の境を考える際はどこに後期の線を引くかという問題も大切ですが、土器群の時間的な新旧関係がひっくり返らなければ、土偶は土偶で進めてゆける研究があるようにも思いますが。

八木　そうです。

阿部　現在の考古学では個別的に細分化された研究が旺盛に進められてきましたが、その反面で、相互に接点をもたずに進められている場合が意外に多いので、土器はあの人、石器はこの人という研究を足しても、なかなか知りたいことがわからない。中には自分でやってしまった方が早い場合もあります。とくに土器型式などは粘土製品という共通性もあるので、自分で勉強したほうが土偶自体を考える際にヒントになることも多いですね。個別細分化した研究の短所が表れているように思います。土偶の情報化という点からはどうでしょうか。

安孫子　やはり実測までして情報化することが大切だと思います。また、報告書の活用とも関わりますが、大半の報告書は事実を報告するだけで手いっぱいで、個々の土偶に考察を付けることなどは時間的にも無理ですね。できれば色調や写真などもあると良いと思います。

鈴木　実測も必要ですが、土偶は何を観るべきかの標準が確立していないために実測が難しいですね。とくに顔の表情や感じなどは写真が有効だと思いますね。

阿部　写真であれば現在では簡便な情報化も可能ですね。

鈴木　　現状の研究レベルであれば映像や画像でも土偶は十分に議論できると思いますよ。

阿部　　最後に今後の土偶研究についてご意見をいただけますか。

鈴木　　土偶とは何かということを考えるときには、同時に考古学が出来ることは何かということを考える必要があると思います。テーマ性としては宗教や芸術という観点も必要でしょう。これは土偶が日常的な工具や道具とは異なる形態だからです。しかし、現時点では、まだこの土偶とあの土偶といったように無作為に取り出して個人の趣味で解釈を加えるという段階にとどまっています。もちろん、考古学者だけが土偶とは何かを考えるのではだめだと思いますが、まず、他の分野の人たちが安心して議論できる学問的な成果について環境を整備してあげなくてはならないと思うのです。

阿部　　それは個々の土偶の地域的・時間的な変遷の上での解釈することが前提だということですか。

鈴木　　そうです。体系的網羅的な研究環境としての記述考古学がないから、飛躍した解釈をしてとんでもないことを言う人が出るのです。

阿部　　数百年もはなれた時期の土偶同士を「縄文の土偶」と一括して解釈しても、意味はありませんね。また、本日の議論では土偶自体が存在しない時期や地域の内実が少しずつわかってきましたので、なおさら土偶の編年的な整備が必要な状況が理解できたと思います。今回の議論で土偶の型式学的な研究の意義とその重要性が確認できたと思います。

　　　　明治大学日本先史文化研究所も活動を開始してから 3 年がたち、これまで貝塚形成と生業の問題、資源の利用形態や集団移動と流通の問題などを取り上げてきました。今回は縄文文化を特徴づける遺物として注目されてきた土偶を中心的なテーマとして議論を重ねてきました。

　　　　近年では原始美術という観点からも海外でも注目を浴びている土偶ですが、そこから縄文社会を読み解くという作業は、まだまだ基礎的な部分に多くの課題を残していることがわかりました。

　　　　今後もこうした視点から縄文の祭祀について研究を進めたいと思います。それではこれで土偶の座談会を閉じさせていただきたいと思います。どうもありがとうございました。

（本座談会は 2011 年 7 月 25 日、8 月 1 日に明治大学において開催されたものである。）

土偶研究の展望　275

あとがき

　明治大学日本先史文化研究所の研究叢書第3冊として、「土偶と縄文社会」というテーマのもとに、研究の成果をまとめた。

　祭祀研究は縄文文化の性格を考える際に、避けては通れない重要なテーマの1つでもある。多岐にわたる祭祀遺物の中で今回取り上げたものは土偶である。そして、そのための研究手法として選んだのは、型式学であった。また、土偶そのものだけでなく、遺跡の形成や地域社会の中での在り方を検討に加えることにより議論に奥行きを加えることができた。

　本書での研究の目的とするところは、土偶の外面的・経験的な理解や解釈を排し、その研究の基礎として型式学を位置づけることでもあった。人工遺物研究において型式学は根であり、根の無い大木は自立できない。そうした意識をお互いに共有化して取り組んだ土偶研究であったが、それぞれに課題として浮上したことも、また多い。

　しかし、これらの課題は根を張った議論の上で新しい枝を伸ばす若芽のようにも見える。本研究を縄文祭祀研究の一里塚として、今後も研究を続けたいと思う。

　なお、本書編集の途上で、東日本大震災が起こった。東日本に甚大な被害をこうむったその年に、被災地の中で文化財のレスキューに身を投じながら，玉稿をいただいた方もいる。

　またご多忙な中で惜しまぬ協力をいただいた研究者や関係機関の方々に改めて感謝の意を表したいと思う。

2012 年 4 月 31 日

阿部芳郎

執筆者紹介（掲載順）

阿部芳郎（あべ　よしろう）1959 年生
明治大学文学部教授　明治大学日本先史文化研究所所長
主要著作論文「山形土偶の型式と地域社会」『縄文時代』18、2007　「顔面付土版と
　　土偶」『考古学集刊』7、2011

上野修一（うえの　しゅういち）1956 年生
栃木県立博物館学芸部長
主要著作論文「縄文時代の北関東・東北地方南部における有溝土錘について」『列
　　島の考古学』渡辺誠先生還暦記念論集刊行会、1998　「内陸の道―峠の旅人―」
　　『海を渡った縄文人―縄文時代の交流と交易―』小学館、1999（共著）　「余山系
　　列ミミズク土偶の成立と変遷」『野州考古学論攷』中村紀男先生追悼論集刊行会、
　　2009

鈴木正博（すずき　まさひろ）1951 年生
元 ㈱東芝情報システム部参事
主要著作論文『取手と先史文化』上・下、1979・1981　「縄紋学再生」『古代探叢』
　　Ⅳ、早稲田大学出版部、1995　「土偶に学ぶ」『古代』126、早稲田大学考古学会、
　　2011

藤沼昌泰（ふじぬま　まさやす）1974 年生
桶川市教育委員会職員

安孫子昭二（あびこ　しょうじ）1944 年生
大成エンジニアリング株式会社　顧問
主要著作論文「東北地方における縄文後期後半の土器様式」『石器時代』9、1969
　　「遮光器土偶の曙光」『東北文化論のための先史学歴史学論集』1992　『縄文中期
　　集落の景観』アム・プロモーション、2011

瓦吹　堅（かわらぶき　けん）1948 年生
茨城キリスト教大学文学部　非常勤講師
主要著作論文「常陸の土偶―那珂郡東海村を中心として―」『常陸国風土記と考古
　　学』1985　「茨城県の土偶」『国立歴史民俗博物館研究報告』37、1992　「大珠の
　　出土状況を考える」『季刊考古学』89、2004

八木勝枝（やぎ　かつえ）1974 年生
公益財団法人岩手県文化振興事業団岩手県立博物館　専門学芸員
主要著作論文「新潟県内出土の後期中葉土偶について」『新潟県考古学談話会』23、
　2001　「北上川中・下流域盛土遺構―縄文時代晩期包含層分析からの一視点―」
　『岩手考古学』16、2004　「岩手県北上川流域における後晩期集落の立地と分布」
　『岩手県立博物館研究報告』26、2009

川口正幸（かわぐち　まさゆき）1956 年生
町田市教育委員会
主要著作論文「真光寺・広袴の石器時代」『自由民権（紀要）』11、町田市立自由民
　権資料館、1998　『発掘された町田の遺跡』（共著）、町田市教育委員会、2005
　「東京都忠生遺跡群」『考古学ジャーナル』571、2008

吉岡卓真（よしおか　たくま）1979 年生
さいたま市立植竹中学校事務職員
主要著作論文「安行式注口土器の研究」『利根川』28、2006　「後谷遺跡―台地上の
　居住域と低地の活動領域―」『『環状盛土遺構』研究の現段階』2007　「関東地方
　における縄文時代後期後葉土製耳飾りの研究」『千葉縄文研究』4、2010

加藤俊吾（かとう　しゅんご）1970 年生
大阪歴史博物館　学芸員
主要著作論文「近世大坂の鋳物師」『鋳造遺跡研究資料2008』鋳造遺跡研究会、
　2008　「龍文を施した用途不明七宝（琺瑯）装飾品について」『大阪歴史博物館研
　究紀要』7、2008　「石川年足墓誌の発見にかかわる国学・儒学者の動向―関連
　史料の解題を通じて―」『大阪歴史博物館研究紀要』9、2011

2012 年 5 月 25 日　初版発行　　　　　　　　　　　　　　　　《検印省略》

明治大学日本先史文化研究所　先史文化研究の新視点Ⅲ

どぐう　　　じょうもんしゃかい
土偶と縄文社会

編　者　　阿部芳郎

発行者　　宮田哲男

発行所　　株式会社　雄山閣

　　　　　〒102-0071　東京都千代田区富士見２－６－９

　　　　　TEL 03-3262-3231　FAX 03-3262-6938

　　　　　振 替 00130-5-1685

　　　　　http://www.yuzankaku.co.jp

印刷所　　ワイズ書籍

製本所　　協栄製本株式会社

Printed in Japan　ⓒ YOSHIRO ABE 2012　　　　　　N.D.C. 210　279p　21cm
ISBN978-4-639-02198-8　C3021